옛 사람의 발길을 따라가는 우리 건축 답사 1

옛사람의 발길을 따라가는
우리 건축 답사. 1

최종현 교수의
인문지리 기행

© 최종현 2010

초판 1쇄 발행 2010년 12월 10일
1판 2쇄 발행 2011년 6월 24일

지은이. 최종현

기획. 최명철 (주)단우건축사무소
자료정리. 한미연 정호균
교정교열. 조윤주

펴낸이. 김수기

편집. 신헌창 한고규선 여임동
제작. 이명혜

디자인. workroom

펴낸곳. 현실문화연구
출판등록. 1999년 4월 23일 제300–1999–194호

주소. 110-090 서울특별시 종로구 교북동 12-8, 2층
전자우편. hyunsilbook@paran.com
문의. 02.393.1125(편집), 02.393.1128(팩스)

ISBN 978-89-6564-004-2(04900)
      978-89-6564-003-5(세트)

최종현 교수의
인문지리 기행

옛 사람의
발길을 따라가는

우리 **건축** 답사

1

감사의 글

책을 마무리하며 먼저 생각나는 분들이 있다. 이 땅에서 태어나 삶을 꾸리면서, 그 삶의 흔적들을 이 땅 위에 남기셨거나 글로 기록해 전해주신 여러 세대의 선조들. 그리고 격변의 시대인 근·현대를 살아내면서 경험했던 것들을 글과 말로 후세에게 전해준 분들. 그 분들은 이 책이 만들어지는 데에 말로 표현할 수 없을 만큼의 깊은 영향을 주셨다. 책을 만드는 데에 근본적인 도움을 주신 그 분들에게 이 작은 책을 바치고자 한다.

필자가 이 땅의 사람들이 삶을 영위했던 근거와 그 흔적들을 본격적으로 추적한 것은, 소위 '근대'가 그 무시무시한 기관을 본격적으로 가동하기 시작한 시기와 일치한다. 5·16 군사 쿠데타로 정치권력을 잡은 주체 세력은 '우리도 한번 잘 살아보자'는 구호 아래, 1960년대 말 '농촌 새마을 사업'을 범국민운동으로 전개했다. 이와 더불어 수자원 확보를 위해 국토 여러 곳에서 댐 공사가 추진되었다. 이 운동이 진취적인 결과를 가져왔다고들 하지만 그와 동시에 우리의 전통 취락과 주거 건축이 무차별하게 파괴되었다. 이 사업과 비례해 철거 이주민들도 생겨났다. 그들은 누대로 살아오던 정든 고향을 떠나 낯선 어디에서 자리 잡아야 하는 절박한 과제를 외부적인 강요로 떠안아야 했다.

당시 나는 약관의 나이로, 도시학에 깊은 관심을 갖고 있던 젊은 건축역사 학도였다. 유럽으로 유학을 떠나 그곳에서 선진 학문과 문화를 익히고 고국으로 돌아와 도시 건축 문화 부문에서 꿈을 펼치는 것이 나의 계획이었다. 그런 미래를 위해 내 나름대로 준비를 하던 시기, 농촌 새마을사업이 시작되었다. 나의 눈에 그 사업은, 기나긴 역사를 거쳐 뿌리를 내리며 우리 겨레가 품어온 가장 중요한 문화 요소들, 즉 전통 취락과 전통 건축을 무자비하게 파괴하고 궤멸시키는 과정으로 보였다.

유럽, 유학, 선진 학문과 문화 같은 내 꿈들은 들끓는 더위에 증발되어 사라져버렸다. 우리나라에서 급하게 할 일들이 엄청나게 많으며, 그 일을 할 수 있는 시간이 터무니없이 모자란다는 생각이 나를 압박했다. 우선 전국 곳곳에서 흔적도 없이 사라져가는 역사의 현장을 찾아가 실측하거나, 그것이 여의치 않으면 사진이라도 찍어 놓아야 한다는 생각에 온통 사로잡혔다. 나는 1970년대 초부터 80년대 말까지 교수직도 접어버리고 집안 일도 팽개친 채 필사적으로 전국토를 돌아다녔다. 한편으로 무책임한 처사였다고 생각되기도 한다. 그러나 내게 있어 이 시기는 가장 활동적이고 밀도 있는 연구 작업이 이어진, 행복한 시기였다고 기억된다.

경제적으로 어렵고 쫓기는 생활 속에서도 주변 친구들의 직접적인 도움으로 1990년대까지 연구 작업을 계속할 수가 있었다. 항상 활기차게 5~6명이 떼를 지어 다닌 답사에는 최기수, 이학동, 정승모, 이원교, 권오영 등이 단골로 참여하였다. 이들과 함께 토론하면서 시각도 넓히고 지식의 깊이를 다져가며 즐겁게 공부했다. 이학동 교수가 항상 앞장서서 기획을 하고 분위기를 잡아주었다. 모두들 훌륭한 논문을 쓰고 각각의 분야에서 연구 활동을 하고 있는 이 친구들에게 깊은 애정과 감사를 보낸다.

쉽지 않은 오랜 연구를 가능하게 해준 또 하나의 집단이 있다. 단우건축, 모람건축 소장님들이 바로 그들이다. 김원규, 이승권, 최명철, 강영건, 이정규, 손두호, 허준구, 김흥수, 임홍래 등은 대학 강사료만으로 궁핍하게 지내며 답사에만 미쳐 있는 나에게 그간 전국 각지를 누비며 갈고 닦은 지식 보따리를 풀어보라는 권유를 해왔다. 한 달에 한 번 정도 건축사무실 직원을 위해 강의를 해달라는 최명철 소장의 제의를 승낙하면서 시작된 강의가 17차에 걸쳐 계속되었다. 내친 김에 강의와 더불어 답사도 해보자는 제안으로 매년 봄 4월 말경에 답사를 떠난 것이 13차에 이르렀다. 이 강의와 답사들이 모아져서 이 책으로 만들어지게 되었다. 그동안 지루하고 재미없는 답사를 잘 참고 따라준 단우·모람의 모든 구성원들에게 감사드린다.

답사 진행을 다른 사람에게 물려주고 물러날 때가 되었다는 생각에 답사 진행을 사양했는데, 이왕이면 그동안의 답사 내용들을 정리해 책자로 만들어보자는 제의를 거절하지 못하고 선뜻 받아들여 시간을 보낸 지 3년여가 흘렀다. 교수직 은퇴가 목전에 이르러 이것저것 정리할 일들도 많아 심리적으로 허둥대는 터에 이렇게 거칠게라도 책을 만들게 되었다.

책이랍시고 만들고 보니 잊지 못할 선배님, 선생님 두 분이 떠오른다. 이제는 고인이 되신 두 분은 지금의 나를 있게 만든 정신적 지주이시다. 먼저 대학 시절 은사이시고 《서양건축사정론》이라는 책을 저술하신 박학재(朴學在) 선생님. 고인이 되신 지 올해로 어느덧 30년이 되신다. 학생 시절 천방지축으로 나대는 필자를 넓은 이해심과 자비로움으로 감싸 서양건축사 연구실로 품어 안으시면서, 끝까지 감싸주신 스승이다. 한때 서양건축사를 포기하고 우리 것을 해야 되겠다고 말씀드렸을 때, "재미가 없을 걸…… 해보아라!" 하시던 말씀이 지금도 생생하다. 현재 세계도시사, 조경학, 도시 설계 등을 가르치고 있는 나를 보시면 무슨 말씀을 하실까? 이 분은 항상 내 가슴에 머물러 계신다. 또 한 분은 강병기 선생이다. 내가 '건축은 한계가 있구나'라고 생각하고 메소포타미아, 헬레니즘 시대 히포다모스식의 도시를 상기하면서 도시에 대한 집착이 깊어가던 와중에 도시공학과가 생기면서 이 분이 부임하셨다. 선생의 〈도시론〉을 청강하면서 강의의 진미를 깨우쳤다. 시시때때로 도시설계 연구실 문을 두드리면서 드나들었고 선생은 항상 웃으면서 말을 받아주셨다. 게다가 나에게 소중한 실무 경험의 기회를 주셨다. 1970년대 초 경주 보문단지 관광개발사업 프로젝트의 조경 부문에, 그리고 1980년대 초 서울 사대문 안 도시설계 프로젝트에 나의 참여를 허락해주셨는데, 이것이 계기가 되어 필자는 건축학에서 도시학으로 방향을 전환하게 되었다.

이 책을 만드는 데 직접 도움을 준 고마운 분들이 있다. 우선 거칠고 무딘 글체를 쉽고 정갈한 글로 다듬어 독자들이 부담 없이 읽게 해준 조윤주 선생, 복잡하고 읽기 난해한 지도와 사진을 선별하고 배열하는 데 노력을 아끼지 않은 제자 한미연 차장과 서민욱 군이 있다. 허술한 내용의 책을 책답게 분장하느라 디자인 책임을 수행한 워크룸에게도 감사의 말을 전하고 싶다. 또 한양대학교 도시역사 및 이론 연구실의 김윤미와 김영일의 자질구레한 수많은 수고를 언급하지 않을 수 없다. 졸업 후 연구실을 떠나 현업에 종사하면서도 휴가 중 시간을 내어 책의 편집을 도와준 정호균의 노고도 잊을 수 없다.

경제적 전망이 불투명한 이 책의 출판을 기꺼이 받아들여준 현실문화의 김수기 사장과 편집진에게도 깊이 감사드린다. 끝으로 항상 깊은 애정을 가지고, 까칠하면서도 섬세하게 매사를 지켜보는 나의 아내, 나의 모든 글을 항상 먼저 읽고 문장부터 글귀 마지막 단어에 이르기까지 꼬집고 따져 고쳐주면서 용기를 북돋아준 최은숙에게 깊은 애정과 감사의 마음을 전하고 싶다.

2010년 6월 25일 더운 바람 속 자군당(子群堂)에서
최종현

우리 옛 건축이
자리를 잡는 방법
— 정면성의 법칙 / 14

권 1

1부
옛사람의 발길을 따라가는
우리 옛 건축 답사

대동여지도

옛사람들은 우리나라의 국토체계를 하나의
조직으로 보았습니다. 백두산에서 지리산까지의
백두대간을 중심으로 한 산 체계가 바로 그것입니다.
«대동여지도»는 이러한 국토관을 바탕으로 만들어진,
국토의 구조를 표현한 지도입니다.

반면 요즘 우리가 흔히 쓰는 지형도는 지형을 사실
그대로 담은 지도입니다. 위성사진과 같이, 있는
그대로를 표현하였지만 특별한 국토관(혹은 전통
국토관)이 담겨 있지는 않습니다.

산맥도

현대의 지형도에 옛사람들의 국토관을 바탕으로 그린
것이 '산맥도'입니다. 산맥도는 «대동여지도»와 같은
방식의 지도입니다.

«대동여지도»는 산세의 흐름이 강조되어 있고, 큰
범위의 지형만 간략하게 표현되어 있어 읍치, 산 등 주요
지점들의 위치와 길을 쉽게 파악하기가 어렵습니다.
그래서 현재의 지형도에 산맥도를 그려 이해를 돕고자
했습니다.

산맥도는 지형도에 익숙한 현대인들에게 옛사람들의
국토관을 효과적으로 이해할 수 있는 수단이 됩니다.
그리고 현대에 들어서면서 각종 개발로 변한 국토를
반영하였으며, 세부적인 지형까지 알 수 있습니다.

그래서 답사집의 각 장 앞부분에 «대동여지도»와
산맥도를 넣고 답사 위치를 표시해, 옛사람들의
국토관을 쉽게 이해할 수 있도록 비교하였습니다.

해동지도

1750년대 초, 47.0X30.5cm, 8책,
서울대학교 규장각

«해동지도»는 1750년대 초에 제작된 군현지도집입니다.
이 지도집에는 조선전도, 도별도, 군현지도뿐만
아니라 세계지도, 외국지도, 관방지도 등이 있습니다.
«해동지도»는 민간에서 제작된 지도집이 아니라
국가적 차원에서 정책을 결정하는 데 활용된 관찬
군현지도집입니다. 또한 당시까지 제작된 모든 회화식
지도를 망라하고 있다는 점에서 중요한 의의가
있습니다.

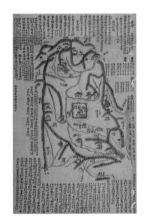

«해동지도»는 지도를 중심으로 지리지(지역 정보에
대한 내용을 글로 쓴 책)를 결합한 책자입니다.
군현지도를 살펴보면 지도 주위로 지역 정보에 관한
글이 적혀 있는 것을 알 수 있습니다.

지도에는 산계(山界), 수계(水界), 읍치를 중심으로 한
지형지물들을 표시하였습니다. 또한 도로도 빼놓지
않고 그려넣었습니다. 지역 정보는 호구, 전결, 곡물,
군병, 건치연혁, 산천, 군명, 고적, 역원, 서원, 불우(佛宇),
토산 등의 항목과 방위를 표시하는 방면주기를 담고
있습니다.

각 장 뒷부분에는 답사에서 둘러본 도시에 해당하는
‹해동지도 군현지도›를 넣어, 그 시대의 국토와 사회
현황을 가늠해볼 수 있도록 하였습니다.

부안군 진서면 운호리의 제각(祭閣)
우리나라에서 사람은 산에 둘러싸여 살다 간다. 산이 인간들의 정신적, 육체적 삶의 '터전'이 되는 것이다.
인간이 터를 잡고 살아갈 때 정면(앞쪽)에 바라다 보이는 산(산이 없을 경우엔 바다나 물, 구름)은 터전이나
영역의 경계가 되어준다. 또한 이 산들은 인간이 살아가면서 느끼는 감정들을 이입하는 대상이며, 생각을
할 때 바라보는 대상 —즉 경물(景物)— 이 된다.

우리 옛 건축이
자리를 잡는 방법

정면성의 법칙

혹시 우리 건축이 재미없다고 생각하십니까? 한국 전통 건축은 다 비슷비슷하고 다양하지 못하다, 그래서 재미가 없다, 연구를 하기 위한 자료도 충분하지 않다고 하는 사람들이 꽤 많습니다. 한편, 건축에 관심이 있고 공부를 좀 한 사람들 가운데 한국 건축에는 '정면성'이 없다고 단정 짓는 사람들도 많습니다.

　이런 생각들은 지극히 서구중심적인 것으로 볼 수 있습니다. 한국 건축과 서양 건축은 각각 그것을 바라보는 눈이 달라야 제대로 볼 수 있습니다. 한국 건축을 이해하기 위해선 이것이 어떤 시각에서 지어졌는지를 알아야 한다는 말이 되겠습니다. 그 이후에야 비로소 한국 전통 건축이 정말 다양하지 못한지, 한국 건축물에 볼거리가 있는지 없는지를 따져볼 수 있을 것입니다.

정면성에 관한 동양과 서양의 차이

건축을 잘 모르는 사람들에게 정면성(正面性, Frontality, Facade)이란 생소한 개념일 것입니다. 그렇지만 서양 건축에서 정면성은 상당히 중요합니다. 정면성이란 말 그대로 '정면에서 바라본 방향이 갖는 가치'를 뜻합니다. 서양 건축에서는 건물의 4면 중 한 면에 특별한 가치와 방향성을 부여하곤 하는데, 그 한 면은 대개 사람이 그 건축물을 바라보는 일정한 방향이 됩니다. 그러므로 정면성이란 인간이 건축물 '바깥'에서 그 건축물을 바라본다는 것을 전제로 한 개념입니다.

　서양에서 정면성은 그리스 시대에 시작됩니다. 그리스 시대의 신전에서 4면 중 인간에게 정면으로 보이는 부분에 중심을 두고 상소한 것을 발견할 수 있습니다. 이 시기 이후 서양에서는 종교 건축이나 궁전 건축처럼 공공성을 지닌 중요 건축물에 이 정면성이 적용되곤 했습니다.

　서양 건축물들을 보면 주출입구의 정면부, 즉 파사드에 각 시대의 독특한 건축 양식들이 고도로 집약되어 표현된 것을 볼 수 있습니다. 특히 고딕 시대에는 정면(전면)에 '파사드'라는 양식으로 구현되었습니다. 부조나 조각을 비롯한 장식물들을 파사드에 아름답게 표현해서 정면성을 이루어냈습니다.

　이 정면성에는 사람이 마주 바라보는 정면에 '지배적이고 중심적인' 지위와 가치를 부여한다는 전제가 숨어 있습니다. 또한 정면성이 성립되기 위해선(그러니까 건축물을 바라보기 위해선) 일단 사람이 건축물과 분리되어, 건축물 외부에서 건축물을 대면해야 합니다.

　건축과 인간의 관계만 이런 것이 아닙니다. 서양에서는 인간과 자연의 관계 역시 서로 마주하여 대응하는 관계로 놓습니다. 자아와 타자, 주체와 객체가 서로 분리되어 있는 상태를 전제하는 것입니다.

　이에 비해 동양(중국 문화권)에서는 지배자가 거주하는 건축물(궁전 건축물)을 제외하고는 건축물의 어느 한 방향에 지배적이고 중심적인 지

부석사 전경
일반적으로 큰 산의 한쪽에 절이 있으면 산을 넘어 반대쪽에 비슷한 규모의 절이 있는 사례가 많다.
부석사가 있는 산 반대쪽 자락인 북지리에는 원래 부석사와 비슷한 규모의 절이 있었다. 임진왜란 때
훼손되고 말았지만 북지리의 절터에 있던 통일신라기의 불상만 부석사의 응진전으로 옮겨져 있다.

위나 가치를 부여한 예가 거의 없습니다. 동양 건축에서는 서양의 정면성과는 달리, 건물의 중심과 그곳에서 본 '사방(四方)'이라는 개념이 중요합니다. 이런 동양의 방향 개념에는 인간이 건축물 내부에서 건축과 하나가 되어 주위 환경과 관계를 맺는 상황이 전제되어 있습니다.

자연에 대한 관점 역시 마찬가지입니다. 자연을 바라보기보다는 자연과 일체가 되어 사방을 바라보는 것이 중국 문화권의 방식입니다. 이때 인간과 자연, 인간과 건축은 분리되지 않은 관계입니다. 인간과 건축이 한 몸이 된 관계, 인간이 내부(중심)에 정재(正在)해서 사방의 외부 자연과 관계한다는 구도인 것입니다.

동양의 우주관과 방향 개념

왜 이런 차이가 나타날까요? 왜 동양의 중국 문화권에서 건축이나 자연을 대할 때 서양의 정면성 대신 사방과 중심이라는 개념을 갖게 되었을까요? 이를 이해하기 위해선 먼저 동양의 우주관을 살펴볼 필요가 있습니다.

일본, 중국뿐 아니라 인도까지 우리 주변의 여러 나라에는 거의 비슷한 우주관이 있습니다. 동양에서 우주관을 표현한 도상은 흔히 만다라 상징체계(Mandala Symbolism)로 알려진 것이 특징입니다.

만다라의 상징체계를 구성하는 도상의 요소는 기본적으로 △ □ ○ 등의 도형입니다. 이런 도형들이 동양적인 우주관에서 공간을 구축하고 이해하는 기본 도상이 되는 것입니다. 처음에는 우주관이자 공간 개념의 바탕이었던 이 만다라가 나중에는 인도, 티베트를 거치면서 불교라는 종교의 상징 도상으로 발전했습니다. 만다라라고 하면 불교 용어로만 생각하는 사람들도 많이 있을 정도입니다.

동양적 우주관에서 이런 도상들이 기본이 된 까닭은 농경 정착민의 소우주적 환경이 반영되었기 때문입니다. 삼각형, 사각형, 원이라는 도상은 천·지·인과 삼라만상, 즉 중심(위, 아래)과 사방(전후좌우/남북동서)이

▲ 스리얀트라(Shriyantra), 인도, 6세기경

▼ 이슬람, 색채주기, *The Sense of Unity*-The Sufi Tradition in Persian Architecture

라는 방향 개념과 맥락이 같습니다. 인간이 중심에 있고, 그 인간이 아래 위와 사방을 바라보는 방식입니다. 사방은 자연스럽게 팔방으로 발전합니다. 사방을 지정했을 때 생기는 모서리가 사우(四偶)이고, 사방과 사우를 더한 것이 팔방입니다. 이 팔방은 곧 팔괘와 서로 통합니다.

중심이 있다는 것이 동양의 우주관, 동양의 방향성에서 중요한 의미를 지닙니다. 중심에 좌우가 더해지면 삼위(三位)가 됩니다. 유교의 삼성(三聖), 불교의 삼존(三尊)—본존불과 좌우 협시불을 더한 개념—이 바로 이 삼위를 표현한 것입니다. 우리 건축에 나타나는 삼간정면(三間正面), 삼문(三門)—정문(正門)과 동협문(東俠門), 서협문(西俠門)— 등의 사례는 삼위가 공간으로 표현된 경우입니다.

동양의 방향 개념은 인간이 존재하는 실존적 의미를 상징적으로 표현하고 있습니다. 그런데 이런 방향성은 건축물뿐만 아니라 회화·공예·문양·고지도 등에서도 그 흔적들을 찾아볼 수 있습니다. 건축을 공부할 때 건축물만 볼 것이 아니라 다른 장르에도 눈을 돌려야 하는 이유도 이 때문입니다. 이를테면 전통 목판화 중에는 옛 건축과 도시 배치, 도시의 구성이 표현된 작품들이 많이 있습니다. 건축을 제대로 공부하고 싶은 이들이라면 이런 분야들에도 깊이 있는 관심을 가져야 할 것으로 보입니다.

삶의 '터전'으로서의 방향 개념

그럼 중국 문화권의 독특한 방향 개념은 실제의 공간에서 어떻게 구현되었을까요?

만다라는 개념으로 존재할 뿐만 아니라, 중국 문화권에서 인간의 실제 생활 터전을 나타내는 도상이 됩니다. 옛 그림이나 고지도에서는 그러한 사례를 쉽게 찾을 수 있습니다. 고지도 가운데서도 우주를 표현한 천하도나 풍수도 형식에서 특히 만다라의 도상을 쉽게 판별할 수 있습니다. 그 중에서 풍수도에 나타난 방위 개념과 표현 기법 등은 만다라의 도상과 같은 맥락에 있습니다. 풍수도에는 중심이 있고 그 주변에 좌청룡·우백호·전주작·후현무가 나타나 있습니다. 전후좌우의 청룡과 백호 등은 실제의 자연이라는 구체적 공간에서 산(또는 물, 바다, 구름)으로 대응되어 나타납니다.

앞서 만다라가 삶의 '터전'을 나타낸다고 했는데, 터전이란 인간들이 존재하는 기반입니다. 인간이 그 위에 태어나 살다가 다시 그 속으로 귀의하는 장(場)이 바로 터전입니다. 따라서 만다라의 방향 개념은 공간 안에 투영된 산 역시 인간들의 터전입니다. 우리나라에서 사람은 산에 둘러싸여 살다 갑니다. 산이 인간들의 정신적, 육체적 삶의 '터전'이 되는 것입니다. 인간이 터를 잡고 살아갈 때 정면(앞쪽)에 바라다 보이는 산(산이 없을 경우엔 바다나 물, 구름)은 터전이나 영역의 경계가 되어줍니다. 또한 이 산들은 인간이 살아가면서 느끼는 감정들을 이입하는 대상이며, 생각을 할 때 바라보는 대상—즉 경물(景物)—이 됩니다. 우리나라에 산을 숭상하는 삼산(三山) 및 오악(五嶽) 사상이 발달한 것, 또 사람들이 마을 뒷산에 올라가 후손의 잉태를 기원하거나 그곳에 조상을 모시는 묘지를 두는 것 역시 이런 사상의 표현으로 보입니다.

이런 사상적 배경 아래, 중국 문화권에서는 중심과 네 개의 방위에 각기 독특한 의미와 가치 구조를 부여해왔습니다. 오행, 오방의 사고방식입니다. 동양적 사고에서 남쪽은 신성하게 생각되는 방위입니다. 남쪽은 밝고 풍요롭고 왕성한 이미지를 표현합니다. 남쪽은 불(火), 앞(前), 여름(夏), 낮(晝), 붉은색(赤), 까마귀(鳥–朱雀) 등을 의미합니다.

한편 동쪽은 일반적으로 농경민들에게는 시원(시초), 여명, 원시, 희망 등의 의미가 있는 중요한 방향입니다. 나무(木), 왼쪽(左), 봄(春), 아침(朝), 푸른색(靑), 용(龍) 등을 뜻합니다. 북쪽은 근원, 원천, 본원 등의 개념과 연관됩니다. 인간이 뒤에 두고 의지하려는 방위이지요. 물(水), 뒤(後), 겨울(冬), 밤(夜), 검은색(黑), 현무(玄武) 등을 의미합니다. 서쪽은 죽음, 멸망, 소멸을 뜻하며 식어가는 차가운 방위를 상징합니다. 쇠(金), 오른쪽(右), 가을(秋), 저녁(夕), 흰색(白), 호랑이(虎) 등을 의미합니다. 가운데는 흙(土), 중앙(中), 노란색(黃), 사람(人)을 의미하며 중심과 사방 개념에서 핵이 되는 위치입니다.

사람이 만들어낸 건축, 도시, 조경 등을 인공적인 조영(造營)이라고 부릅니다. 우리나라에서는 지금까지 살펴보았던 공간 개념과 방위 개념이 조영이나 일상생활에 규범처럼 자리 잡아왔습니다. 조영을 할 때엔 남쪽을 정면 즉 앞면으로 하고 남북(전후), 동서(좌우)를 가로지르는 축이 교차하는 지점을 '중심점'으로 삼았습니다. 건축을 할 때는 우선 선축의 중심축을 정한 후 그 축의 전후좌우에 여러 건축물을 배치했습니다. 그 후 건축 형식에 의미를 부여하거나 권위를 표현할 때는 정면(또는 전면)을 형식이나 의전에 따라 구현해냈습니다.

　이런 중심과 사방이라는 방위 구조를 형식적으로 표현하기 위해 우리 옛 건축에서는 문이나 켜(겹)라는 물리적 장치를 사용합니다. 궁궐이나 읍성·종교 건축을 비롯하여 향교·서원·사당·묘지·사대부 주택에 그런 문법이 적용되었습니다. 궁궐은 3문이 있고 9겹 형식(구중궁궐)으로 조성됩니다. 도성이나 읍성은 사대문 형식에 중심이 있는 개념을 보여줍니다. 왕궁의 정전이나 읍성의 객사 등은 9겹 건축의 중심이 됩니다.

　우주관과 방위 개념의 형성에는 그 나라의 자연환경이 영향을 끼칩니다. 우리나라에는 숭산사상 즉 높은 산을 숭앙하는 사상이 있었습니다. 거기에 부수적으로 숭목사상, 나무를 숭앙하는 사상도 있습니다. 이 두 사상이 어우러져 전통 건축 배치에 영향을 주고 있는데, 아마 산이 많은 우리 자연의 영향으로 고대부터 이런 사상이 발전해온 것 같습니다. 단군기에서도 보면 산—삼위태백—과 나무—신단수—를 신성하게 여긴 사례가 나오고 있습니다.

우리 전통 건축의 정면성

우리 전통 건축에서 특징적인 것의 하나는 산과 산봉우리가 마주 대하는, 즉 상대하는 그 연결선의 축선상에 건물들을 배치하는 것입니다. 이런 원칙을 다른 나라 건축에서는 찾아보기 힘듭니다. 하지만 우리나라 옛 건축의 주요 건물에서는 이 원칙을 거의 반드시 지켰습니다. 주변환경에 마주 보는 산이 없어서 산-산의 축을 만들기 어려울 경우에는 산과 물을 축으로 한다든가, 그나마 물도 마땅치 않으면 나무를 심어 산과 나무를 연결한 축선상에 건물을 배치한다든가 하는 사례도 찾아볼 수 있습니다.

우리 전통 건축들은 분지에 자리 잡은 경우가 많습니다. 각 국가의 도성들도 분지에 입지하고 있는 경우가 많습니다. 분지가 무엇입니까. 산으로 둘러싸인 지형입니다. 산봉우리와 산봉우리를 기준으로 놓고 그 연결선의 축선상에 건물을 놓으면서도, 그 건물이 들어가 앉는 중심점 즉 정점을 정하려면 축이 하나가 아닌 두 개가 필요해집니다. 즉 직각으로 교차되는 두 개의 축이 있어야 건축 배치의 중심점이 잡히는 것입니다. 분지에선 사방이 산이니까 이런 배치가 가능해집니다.

어떤 분지의 사방에 있는 산봉우리를 연결한 중심점, 풍수지리설에서도 이런 자리를 명당이라고 하는데, 거기에 가장 중심이 되는 건물을 배치하는 것이 가장 일반적인 정석입니다. 산기슭처럼 경사가 진 곳에서는 중요한 건물을 높은 곳에 앉히는 것이 일반적입니다. 이건 거의 예외 없이 적용되는 원칙입니다. 산봉우리를 연결하는 축을 중심으로 조영된 건축물에서 중심 건물이 바라보는 방향이 우리나라 건축의 정면성이라고 할 수 있습니다.

평지에선 가장 중앙에 중심이 되는 건물을 배치하는 반면, 경사지에서는 위에 있는 건물이 가장 중요한 건물입니다. 이 중심이 되는 건물을 기준으로 놓고 선을 그어보세요. 앞과 뒤에 마주보고 있는 산봉우리가 있을 것입니다. 중심 건물이 가장 중심이 되는 지점에 놓이고 다른 건물들이 켜, 즉 겹을 형성하여 배치되는 것입니다.

　　처음 답사 다닐 때는 저도 이런 원칙을 알지 못했습니다. 그저 이곳저곳을 찾아다니고 실측을 하고 자료를 찾아 읽으면서 공부를 했습니다. 그런데 전통 건축의 입지에 어떤 원칙이 있지 않을까 하는 궁금증이 생겼습니다. 이런 궁금증을 갖고 오랫동안 전통 건축의 현장을 다니면서 입지의 원칙을 찾으려 노력한 끝에 발견한 것이 이 중심축, 정면성의 원칙입니다.

　　경주의 황룡사(皇龍寺)지는 폐허가 되어 있는 상태에서 고고학적 발굴이 진행되고 있는 곳이기에 그곳을 찾는 사람들은 별로 눈에 띄지 않습니다. 그래서 별 어려움이나 장애 없이 이곳을 주의깊게 살펴보는 것이 가능합니다. 지금까지의 유적 발굴의 결과, 전체의 규모, 그리고 문루, 회랑, 석등, 목탑, 금당, 강당 등의 건물지가 드러났습니다. 특히 황룡사 목탑지는 중심 건축물로 초석이 가운데 위치해 있는데, 남쪽을 향해 남산(금오산)의 동남쪽 부분에 있는 작은 봉우리 하나와 마주하고 있습니다. 그 봉우리는 산자락의 주봉으로, 사면불과 삼면 마애불이 있는 칠불암을 포용하고 있습니다. 이 산봉우리와 황룡사의 목탑지 초석을 연결하는 북쪽에 백률사 사면불을 포용하고 있는 소금강산 주봉우리가 있습니다. 즉 산봉우리를 연결하는 남북의 축선상에 황룡사가 배치되어 있는 것입니다.

　　그렇다면 그 목탑지 초석의 동쪽과 서쪽에는 무엇이 상대하고 있을까요? 확인해보시면, 동쪽으로는 명활산, 서쪽으로는 선도산이 마주하여 상대하고 있는 것을 알 수 있습니다.

　　황룡사는 진흥왕 대인 553년 창건해서 569년에 완성된 사찰로, "새 궁궐을 짓게 하였는데, 그 터에서 황색 용이 나타났다" 하여 궁궐을 고쳐 절을 짓고, 황룡사라는 이름이 붙여지게 되었습니다. 이 때는 신라가 부족국가에서 봉건국가 체제로 바뀌는, 국가의 권력 중심이 이동되는 과정에 있었던 것으로 보입니다. 이에 따라서 도시의 중심축이 바뀐 예로 볼 수가 있습니다. 필자는 이곳에서 '정면성'의 논리를 깨우치고 확신할 수가

있었습니다. 신라의 경우 이 즈음부터 이러한 배치 방법이 자리잡기 시작
한 것으로 생각됩니다.

옛사람들에게는 건축이 단순한 주거 공간이 아니라 외부 세계, 즉 우주
가 축소된 하나의 소우주였습니다. 그 소우주에서 자신의 입지를 닦는 것
입니다. 그러니까 소우주관 즉 마이크로 코스몰로지(micro-cosmology)에
입각해 건축의 입지를 잡는 것입니다. 결코 아무 곳에나 집을 짓지 않았
다는 말입니다. 우리나라 건축의 배치와 정면성에는 이러한 우주관이 반
영된 것입니다. 여러 자료들을 통해 그 사실을 확인해 보겠습니다.

　〈천하국도〉라는 지도는 우리나라에서 만들어졌습니다. 17~18세기 경
의 작품인데 일종의 우주도, 즉 세계의 모습을 기록한 것입니다. 여기에
보면 중국 대륙을 가운데 위치시켜 중국 대륙이 세계의 중심이라는 중화
사상을 보여주고 있습니다.

　환대륙이 있고, 주변을 둘러싼 바다인 환해가 있으며, 가운데 대륙
이 있습니다. 중국 대륙이 '해중지(海中地)'로 표현되어 있는 것입니다. 그
런데 〈천하국도〉 아래에 놓인 유럽 고지도를 보면 세계가 전혀 다른 모습
입니다. 지중해(地中海)는 말 그대로 땅 가운데 바다가 있어서 지중해라고
불립니다. 영어로 'Mediterranean'이라고 하는데, 땅 가운데 있다는 의미
입니다. 유럽의 경우에는 지중해를 중심에 놓고 감아 돌아가면서 문명의
중심이 움직여갔습니다. '리볼빙(revolving)' 했다는 것이죠.

　동양과 서양의 우주관이 이렇게 완전히 다릅니다. 자연환경도 생활
기반도 완전히 다르다 보니 우주관도 다르고, 자연히 문명도 다른 형태로
발전된 것입니다. 건축 역시 마찬가지죠.

우리 국토를 읽는 방식, '산경표'와 '정리고'

우리나라의 지리를 살펴보자면, 열두 개의 강과 열두 개의 중요한 산을

〈천하국도〉, 17~18세기

유럽 고지도, Simon Berthon, *The shape of the world*, PB George Philip, 1991, p.14

국토의 구성요소로 보는 게 일반적인 시각입니다. 가장 북쪽, 북악이 백두산입니다. 그렇다면 남악은 어딜까요? 한라산? 아닙니다. 정답은 지리산입니다. 백두산과 지리산 사이의 공간체계 속에서 우리 옛사람들은 국토를 읽었습니다. 산이 기준이 된 것이죠.

　이것을 잘 정리한 자료가 바로 '산경표(山徑表)'입니다. 신숙주의 아우 신말주의 11대 후손 중에 신경준이란 이가 있는데, 그가 문집에 산경표라는 것을 만들어서 정리했습니다. 산경표는 우리나라의 지리체계를 하나의 조직으로 보고 있는 것이 특징입니다. 백두산부터 지리산까지가 백두대간이고, 압록강 남쪽, 청천강의 북쪽으로 청북정맥, 청남정맥 이런 식으로 선을 쭉 연결해서 산을 하나의 체계로 보기 시작한 것입니다. 이러한 생각은 《고려사》에 두 번 정도 등장한 이후 조선 시대 말에 체계적으로 정리된 것 같습니다.

　장백정간, 청북정맥, 청남정맥 등등 이런 이름들이 좀 낯설게 느껴질 수도 있습니다. 하지만 산맥체계를 이해하고 나면 너무나 쉬운 명칭들입니다. 일부러 외울 필요도 없이, 있는 그대로의 자연환경에 따라 붙여진 이름입니다. 예를 들어 '임진북예성남정맥'을 봅시다. 임진강 북쪽, 예성강 남쪽 사이에 있으니 이름이 그렇습니다. 한북정맥, 한남정맥은 남한강, 북한강을 에워싼 산들을 부르는 이름입니다. 낙동강 동쪽에 있으니까 낙동정맥. 얼마나 쉽습니까?

이런 산경표의 정리체계와 더불어 여러분들이 새롭게 알아두시면 좋을 내용이 또 하나 있습니다. 바로 '정리고'라는 것입니다. 여러분들 모두 고속도로 같은 곳을 다니면서 이정표를 본 경험이 있을 겁니다. 그런데 예전에도 그런 이정표가 있었습니다. 그게 바로 정리고입니다. 정리고는 고산자 김정호의 《대동지지》[1] 518쪽에 나오는 내용입니다.

　"이정표를 정리고라고 해서, 10리마다 있고, 30리마다 큰 것을 배치

했는데 그것을 장승이라고 한다. 장승이라는 것은, 용주척 육척의 일보,
삼백육십 보의 일리, 삼천육백 보의 십리, 매 십 리마다 작은 것을 세워 거
기에 각을 하고 지명을 썼는데 속칭 장승이라고 한다." 대동지지의 설명

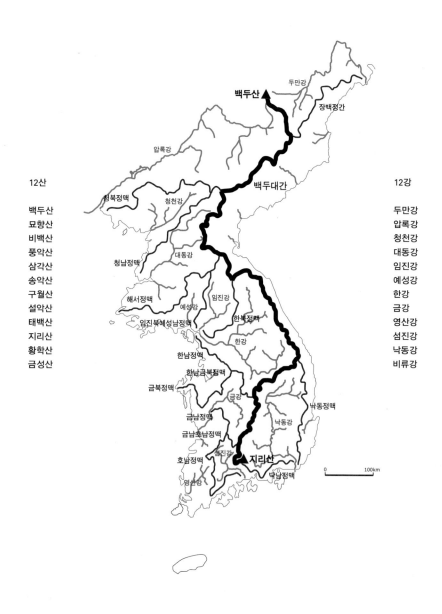

12산

백두산
묘향산
비백산
풍악산
삼각산
송악산
구월산
설악산
태백산
지리산
황학산
금성산

12강

두만강
압록강
청천강
대동강
임진강
예성강
한강
금강
영산강
섬진강
낙동강
비류강

산경도
옛사람들은 우리나라의 지리체계를 하나의 조직으로 보았다.
백두산에서 지리산까지의 백두대간을 중심으로 1정간, 13정맥이 있다.

은 이렇게 되어 있습니다. 제가 이 구절을 읽고 나서도 실제로 장승의 실물은 찾지 못했어요. 아무 데에도 남아 있지 않았습니다. 그러다 우연히 제주에서 딱 하나 남아 있는 장승을 발견했습니다. 답사를 갔는데 그 지역 분이 이상한 글씨가 새겨진 돌이 있다고 해서 가봤더니 그게 바로 장승이었습니다. 사진을 한번 자세히 보십시오.

여기에는 '지명두모 자주서거 구십리(地名頭毛 自州西距 九十里)'라고 되어 있습니다. 두모는 지명이고, 자주, 즉 주에서부터 서거 구십리, 서쪽으로 90리에 있다는 내용입니다. 과연 그런지 확인해볼까요? 김정호의 «대동여지도»에서 제주 부분을 찾아봅시다.

«대동여지도»에 보면 제주도 부분에 '두모촌'이라는 지명이 보입니다. 그렇다면 이 두모촌이 제주 읍치 즉 주에서 90리인지 살펴보면 '정리고'의 구절이 올바른지 알 수 있을 것입니다. «대동여지도»에서는 선 하나가 10리입니다. 주, 즉 제주 목사가 있는 제주 읍치에서부터 세어보면 정확하게 90리 거리에 두모촌이 있습니다. 제가 발견했던 돌 장승의 높이는 102cm, 폭이 78cm, 두께가 13.8cm였습니다. 그런데 몇 년 있다가 다시 이

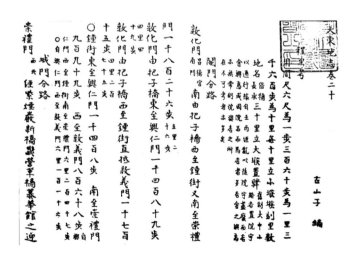

«대동지지» 중 '정리고', 김정호, 1864년

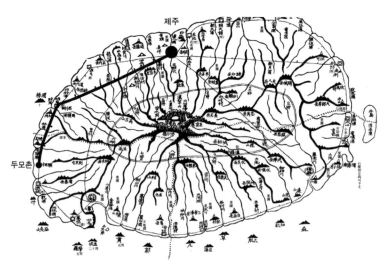

▲   제주에서 발견된 장승
　　'지명두모 자주서거 구십리(地名頭毛 自州西距 九十里)'라는 구절이 보인다.

▼   《대동여지도》 중 제주도 부분, 김정호, 목판영인본, 판각, 1책 22장, 30.2x20.1cm
　　제주에서 두모촌까지 마디가 9개, 즉 90리 거리에 해당한다.

곳을 찾아가니 이 장승이 사라지고 없었습니다. 누구도 그 행방을 알지 못한다고 하니 참으로 안타까운 일입니다.

옛 지도에 나타난 정면성 법칙

앞에서 산의 네 봉우리를 연결하는 두 축의 교차점이 우리 옛 건축 조영의 중심이 된다고 했습니다. 그렇다면 어떤 봉우리를 기준으로 삼느냐에 따라 건축물의 중심점도 얼마든지 달라질 것입니다. 우리나라의 궁궐부터 도성의 배치 양식, 작게는 묘지에서 정자까지 좋은 입지에선 이 원칙이 다 적용되고 있습니다. 특정한 건축에서 중심점을 찍고 선을 연결해보면 산봉우리가 보인다는 것이죠. 건축물의 중심축에서 바라다보는 산봉우리 방향이 '우리 건축의 정면성'이라 할 수 있습니다.

　다음에 볼 자료는 우리나라에서 공자의 사당을 건립한 일 등을 기록한 문헌으로, 《궐리지(闕里誌)》라고 합니다. 《궐리지》 기록 중 '안모산 니산 상대'라는 구절이 보입니다. 안모산과 니산이 서로 마주보는 축선상의 한 위치에 사당을 세웠다는 내용입니다. 니산은 니구(尼丘)라고도 하는데 중국 산동성 곡부현 동남쪽에 위치한 산입니다. 전하는 이야기로는 공자의 아버지인 숙량흘이 안징재와 니구 언덕에서 야합(野合)하여 출생한 인물이 공구(孔丘) 즉 공자[2]라 합니다. 그리고 안모산에는 공자 부모의 묘지가 있습니다. 그래서 니산과 안모산 사이에 사당을 세웠는데, 두 봉우리의 축선상에 자리잡은 것이라 생각됩니다.

　궐리(闕里)라는 지명은 춘추시대 제자들을 가르치던 곳으로 주수(洙水) 북, 사수(泗水) 남 사이를 말하는데, 공자가 생존하던 때에는 궐리라는 지명이 없었습니다. 이 지명이 기록된 가장 오래된 책은 《한서(漢書)》 권(卷)67 매복전(梅福傳)입니다. 후한 시대에야 공자의 고향으로 궐리라는 지명이 성행하기 시작했다고 합니다.

다음은 〈신라대도도(新羅大都圖)〉라는 목판화입니다. 그림을 잘 보면 산 모양이 좀 이상해 보이지 않습니까. 이 그림은 우리나라 전체의 산맥을 하나로 집약해서 그린 지도입니다. 중심에 무엇이 보입니까? '신라대도' 즉 신라의 큰 도읍이라면 경주를 말합니다. 이 지도는 경주를 중심으로 놓고 모든 산맥과 강을 다 넣어서 집약해 그린 것입니다. 그러니까 자연히 현실적인 산과 강의 크기와는 전혀 다른 모양이 되어 버렸습니다. 어떤 부분은 어마어마하게 과장되어 있습니다. 울산과 포항의 방향을 보시면 실제 경주의 위치와는 방위 자체가 바뀌었습니다. 이 지도의 위는 북쪽을 나타내지만 아래 방향은 지리적으로 동쪽입니다. 실제의 지형을 비틀어서 휘

《궐리지》 중 '안모산 니산 상대(顔母山 尼山相對)'라는 구절이 보인다.
이섭재 편, 목판본, 21x31cm, 1805년

어버린 것입니다.

〈신라대도도〉는 산과 물만을 이용해서 지도를 그렸습니다. 여기에 보면 대도 즉 경주가 보이고, 그곳에 반월성, 숭덕전, 서악, 금척 같은 경주의 지명도 보입니다. 대도에 있는 물이 바로 경주의 남천입니다. 형산이란 지명을 찾을 수 있을 텐데요, 이 산은 경주에서 포항 가는 길에 있는 산인데 요즘도 형산이란 이름으로 불립니다.

요즘 개념으로 볼 때 이런 지도는 부정확한 것이겠지요. 하지만 이 지도를 만들던 당시 사람들의 개념에서 볼 때는 이 지도가 올바르고 정확했습니다. 이런 차이는 우주관의 차이에서 옵니다. 지금과 그때는 공간을

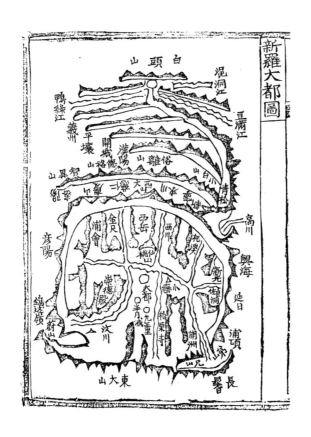

〈신라대도도〉, 박용성 교정, 《심원록》, 목판본, 22x17cm, 1923년

구성하고 이해하는 우주관이 다른 것이죠. 우주의 중심에 수도인 경주를 놓고 전체 국토를 재구성한 이 지도에, 현대 지리학적 개념의 잣대를 들이 댄다는 것은 옳은 일이 아닐 듯합니다.

조선 시대에 설치된 공자의 신위를 모신 궐리사는 두 곳입니다. 충청도의 니산과 경기도 수원 궐동에 있는데, 니산의 궐리사는 유생들에 의한 것이지만 수원의 궐리사는 공자의 후손인 공씨가 우리나라에 건너와 처음으로 정착하여 사당을 짓고 취락을 이루어 살아왔습니다. 정조가 궐리사를 새로 짓도록 명함으로써 1792년 10월에 착공되었고, 이듬해인 1793년 5월에 완공되어 정조가 직접 궐리사란 편액을 내렸습니다. 정조가 명하기를, 지방수령에게 향과 축을 내려 공자 후손으로 하여금 봄, 가을로 공자의 진영과 성상을 모시고 제사를 지내게 하였습니다. 자세한 내용은 《정조실록》에 나와 있습니다.

다음의 그림은 조선 말의 성리학자 송래희(1791~1867)가 편찬한 〈곡

〈곡부궐리도〉, 송래희 편, 《노성궐리지》, 목판본, 1859년

부궐리도(曲阜闕里圖)로, 중국 산동성의 공자 묘와 그 주변을 목판화로 묘사한 그림입니다. 사방에 있는 산봉우리를 축으로 해서 건물이 배치되었습니다. 그런데 한쪽 부분이 이상하게 뒤틀려 있습니다. 왜 그럴까요?

앞의 《궐리지》, ‹신라대도도›에서 말한 것과 연결해보십시오. 이 그림의 뒤틀림은 건축 입지를 축선상에 놓으려는 의도에서 비롯된 것입니다. 산에 의지해서 건축물의 방향을 맞추기 위해 인위적으로 이미지를 실제와 달리 뒤틀어 표현한 것입니다. 옛사람들에게 축을 맞춰서 정면성을 유지하는 것이 얼마나 중요하면 이렇게 현실과는 다르게 이미지를 왜곡해가면서까지 표현했겠습니까.

궁궐의 정면성 배치

이제 ‹한양도(漢陽圖)›와 ‹한성전도(漢城全圖)›라는 옛 그림들을 한번 살펴봅시다. 두 그림에는 모두 한성을 중심으로 그 안에 창덕궁과 경복궁이 자리를 잡고 있습니다.

먼저 ‹한양도›를 보면 창덕궁 바로 뒤에 북한산이 축으로 자리 잡고 있는 것으로 보아, 창덕궁이 의도적으로 이 축선상의 위치에 배치되었음을 알 수 있습니다. 실제로 창덕궁 돈화문에서 북쪽을 바라보면 날씨가 청명한 날에는 북한산(삼각산) 봉우리가 똑바로 보입니다.

한편 창덕궁 전면, 남쪽에서 이 삼각산을 마주보는 산은 한강을 건너 남쪽의 청계산입니다. 다시 말해 창덕궁은 삼각산과 청계산이 마주하여 상대하는 축선상의 응봉에 의지하여 배치된 궁궐인 것입니다.

이 목판화는 몇 가지 정보를 제공해주고 있습니다. 우선 이 그림에서는 경복궁의 건물들이 보이지 않는다는 점이 의아하게 여겨질 것입니다. 그것은 이 목판화가 임진왜란 이후에 제작되었기 때문입니다. 이 그림을 제작할 당시 경복궁은 전란으로 폐허가 되어 있었기에 그 상태를 그대로 표현한 것입니다.

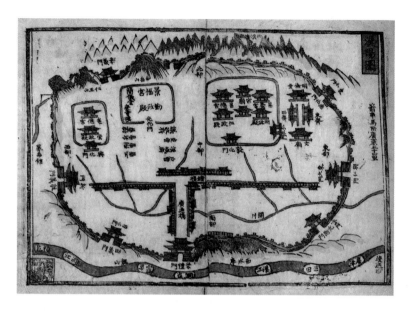

▲ 〈한양도〉, 위백규 편, 《신편표제찬도환영지》, 1822년, 24x36cm, 서울역사박물관 소장

▼ 〈한성전도〉, 《古地圖帖》, 채색필사본, 18세기 후반, 31.4x51.8cm, 영남대학교 박물관 소장

〈한양도〉에서 또 한 가지 주목할 점은 운종가, 즉 종로의 시전 행랑이 잘 표현되어 있다는 사실입니다. 종로에 시전이 있었음은 익히 알려져 있지만 시전의 존재가 드러난 옛 지도는 찾아보기 어렵습니다. 아직까지는 고지도에 시전을 표현한 사람은 이 지도의 편찬자인 위백규(1727~1798) 한 사람밖에 알려져 있지 않습니다. 이런 행적에서 실학자로 알려진 위백규의 학문적, 사상적 토대를 구체적으로 가늠해볼 수 있을 것입니다.

그렇다면 이번에는 앞의 〈한양도〉에서 보지 못했던 경복궁의 배치를 한번 보겠습니다. 〈한양도〉와 〈한성전도〉를 잘 살펴보시기 바랍니다. 경북궁의 중심점에서 이 궁궐의 중심축을 살펴보면 어디와 어디로 이어지겠습니까? 경복궁 뒤쪽에 있는 삼각산에서 남쪽을 향해 축을 곧장 이어보면 바로 관악산이 보입니다. 이 축선상에 서울의 정궁, 법궁이라 일컫는 경복궁이 놓여 있습니다.

　그러면 이번에는 창덕궁의 경우를 확인해 보겠습니다. 〈한성전도〉에서 창덕궁을 찾아 남쪽으로 내려가 보면 무슨 산이 있습니까? 이번에는 관악산이 아니라 청계산이라는 것을 볼 수 있습니다.

　흔히들 백악산을 경복궁의 진산(鎭山)이라고 합니다. 하지만 위의 지도들을 잘 살펴보면 경복궁의 진산은 삼각산이 됩니다. 백악은 경복궁의 주봉우리는 됩니다. 하지만 궁궐이 배치된 중심축에서 연결시켰을 때 진산이 되는 것은 삼각산이라고 봐야 할 것입니다.

　경복궁의 진산이 백악산이 아니라 삼각산이라는 근거를 한번 찾아볼까요? 38쪽의 첫 번째 사진은 경복궁 근정전에서 바라본 백악산의 모습입니다. 두 번째 사진을 비교해 보십시오. 이쪽에서 보면 근정전과 백악산은 같은 축선상에 놓여 있지 않습니다. 근정전에서 본 백악이 옆으로 어긋나 있습니다. 그러니 백악은 경복궁의 중심축이 아닙니다. 삼각산이 정답입니다. 진산인 삼각산과 주봉인 백악산을 혼동한 것입니다.

경복궁 근정전 뒤로 보이는 백악산

〈백악춘효도〉, 안중식, 지본담채, 1915년

이러한 사실은 ‹백악춘효도(白岳春曉圖)›라는 그림을 보면 보다 분명해집니다. 1915년 일제강점기에 안중식이란 화가가 그린 그림입니다. 뒤쪽으로 보이는 높은 산이 바로 북한산의 보현봉입니다. 경복궁이 진산으로 향하는 산은 어디입니까? 경복궁 뒤쪽으로 삼각산이 제대로 놓여 있는 것이 잘 보입니다.

민간 건축에서의 정면성 원칙

궁궐의 정면성 배치를 보았으니 이런 배치가 사소하다고 여겨질 수 있는 민간 건축에까지 적용되었는지를 확인해보겠습니다. 다음의 자료는 창녕 성씨[3] 집안의 문집에 나오는 그림 두 점(41쪽)입니다.

첫 번째 그림을 보면, 먼저 건물이 보이고 그 건축물 바로 뒤에 산봉우리가 보입니다. 민간의 건물 역시 정면성과 축의 원칙이 적용된 사례라고 할 수 있습니다. 그 다음의 그림은 창녕의 물계서원인데 방금 본 창녕 성씨 집안의 서원입니다. 이 그림을 보시면 앞에는 물이 보이고, 뒤로는 산이 있습니다. 마주 보는 산과 산을 연결한 선을 건축물의 중심축으로 삼되, 산이 없으면 물로 대신하는 경우도 있다고 말씀드렸습니다. 그림에서 볼 수 있듯이 물계서원은 물을 축으로 삼은 경우입니다. 서원 건물의 양편으로 나무가 대칭으로 서 있죠? 중요한 건물에서는 이렇게 나무를 좌우 대칭으로 심는 경우가 흔합니다. 이런 사실은 각 지역의 건축물을 살펴보면서 더 확인하실 수 있습니다.

이런 정면성 원칙을 옛사람들이 얼마나 투철하게 지켰느냐 하면, 건축물을 배치할 때가 아니라 심지어 그냥 그림을 그릴 때도 건물이 등장하는 구도에서는 정면성, 축선상의 배치를 강조해서 그릴 정도였습니다. 조선 시대의 작품인 ‹계회영정도(契會影幀圖)›(1814)가 그 좋은 예를 보여줍니다. 이 그림은 눌옹 송석충이 네 명의 벗과 더불어 1481년 8월 8일에 목멱산 서쪽 모퉁이의 산자락(현재 남대문시장 남쪽 지역)에서 계회를 치른

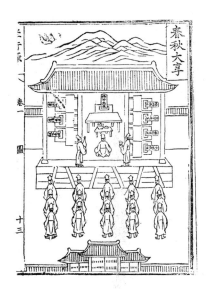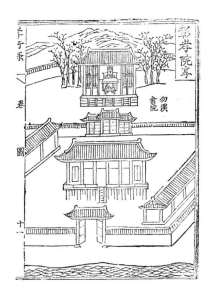

것을 기념하는 목판화입니다.

송석충(1454~1524)은 본관이 야성이며, 자는 원노, 호가 눌옹입니다. 1478년(성종 9년) 진사시에 합격하고 성균관에 입학하여 김굉필, 최부, 박담손, 신희연 등과 교유하면서 학문을 닦았습니다. 1498년(연산 4년) 무오사화가 일어나 교유하던 인물들이 사화에 연루되자, 세속을 떠나 향리인 영천에 내려가서 서사에 몰두하였다고 합니다. 추강 남효은이 그를 평가하기를, "성품이 강결하고 정직하고 명성과 영달을 구하지 않았다" 했습니다.

눌옹의 후손으로 추측되는 송응망이 제작한 이 목판화 속 등장인물은 눌옹과 김굉필, 최부, 박담손, 신희연이라고 합니다. 그림을 잘 보시면 모임을 즐기는 다섯 명의 뒤쪽으로 언뜻 기호처럼 보이는 이상하게 생긴 그림이 있습니다. 이것이 바로 산입니다. 산 앞쪽에 있는 건물 그림은 정자를 표현한 것입니다. 산과 정자 다음으로 수목을 대응시키고 있는데, 우리는

〈춘추대향도〉, 성환(1655~?) 편,
《성시중효행록》. 목판본, 22x15cm, 1732년

〈창효원향도〉, 성환 편,
《성시중효행록》. 목판본, 22x15cm, 1732년

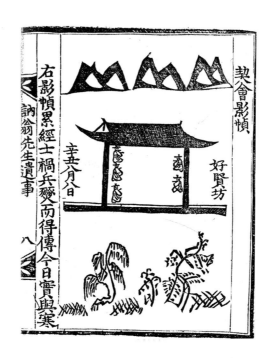

이 그림에서 산과 정자에 대해 나무로 대응시킨 이유를 찾을 수 있습니다.
정자의 위치가 정확하게 밝혀지지 않았기 때문에 정답을 내는 것이 불가
능하겠지만 남산을 등지고 북쪽을 향해서 자리를 잡았다고 가정한다면
상대할 주산은 백악산이거나 인왕산이라고 추측할 수 있습니다. 그렇다면
여기서는 의도적으로 나무를 그렸다고 생각됩니다. 남산 자락에서 북쪽을
향하면 법궁인 경복궁을 비롯해서 동궐과 서궐이 있고, 종묘, 사직 등을
비롯해서 왕실과 관련된 시설물들을 바라볼 수밖에 없는데, 이것들을 상
대해서 표현하는 것이 일반 사대부한테는 심리적으로 부담이 될 수 있기
때문입니다. 건축 배치를 알려주는 자료로도 가치가 있지만 이 그림은 그
림만 놓고 봐도 명화 수준입니다. 한 폭의 그림 속에서 많은 이야기를 읽어
낼 수 있기 때문입니다.

〈계회영정도〉, 송석충(1454~1524), 목판본, 송응망 발문, 20x15cm, 1814년

'지도식'을 통해 읽는 조선 시대의 건축 배치 원칙

건축의 정면성은 옛사람들 머릿속에 아예 기본적인 생각의 틀로 들어가 있었던 것 같습니다. 그러한 사례가 고산자 김정호가 만든 〈청구도〉입니다. 이 지도는 그가 가장 먼저 만들었던 지도이기도 합니다.

흔히 우리는 옛 지도를 보면 본문의 지도만 보기에 바쁩니다. 그렇지만 사실 〈청구도〉에서 놓치지 말아야 할 부분이 바로 '지도식(地圖式)'입니다. 〈청구도〉에 지도식이 있다는 사실을 들어본 적이 있으십니까? 지도식은 지도를 어떻게 볼 것인가를 가르쳐주는 설명도입니다. 요즘 말로 인덱스(index)죠. 그런데 달리 생각해보면, 지도식이란 가장 보편적이고 전형적인 지형과 조형물들을 사례로 들어 설명하고 있기 때문에, 조선 시대의 건축물 입지 원칙도 더불어 읽을 수 있게 해줍니다.

지도식을 가만히 보면 참 많은 것을 공부할 수 있습니다. 옛사람들이 건축물 하나하나를 어떤 원칙에 따라 배치했는지 알 수 있고, 관아가 있는 읍치(邑治)와 그 주변 주요 건축물들의 배치 원칙도 알 수 있습니다.

먼저 〈청구도〉의 지도식 중에서 읍치를 봅시다. 〈청구도〉에서 표시된 둥근 원과 원 사이의 거리는 10리라고 계산하면 됩니다. 이 원의 중심에 놓인 곳이 읍치, 관아가 있는 곳입니다. 읍치 뒤에는 산이 있습니다. 읍치의 앞은 물이 있고 이 물을 건너면 산을 마주 봅니다. 산과 산이 상대하는 축선상에 읍치를 배치하는 것이 가장 기본적 원칙임을 지도식이 보여주고 있는 것입니다. 정면성의 원칙이 증명되고 있죠.

읍치라는 것이 기본 개념상 으레 산과 물, 산과 산의 축 위에 놓이는 것이란 사실이 지도식에도 표현되어 있습니다. 읍치의 물가에는 누(樓)가 놓였습니다. 경치가 좋은 곳, 그러면서도 읍치에서 멀지 않은 곳에 누가 있습니다.

읍치를 중심으로 해서 첫 번째 원 즉 10리 거리를 살펴보시면 향교(鄕校)가 보입니다. 관아에서 가장 가까운 거리에 있는 주요 건축물이 향

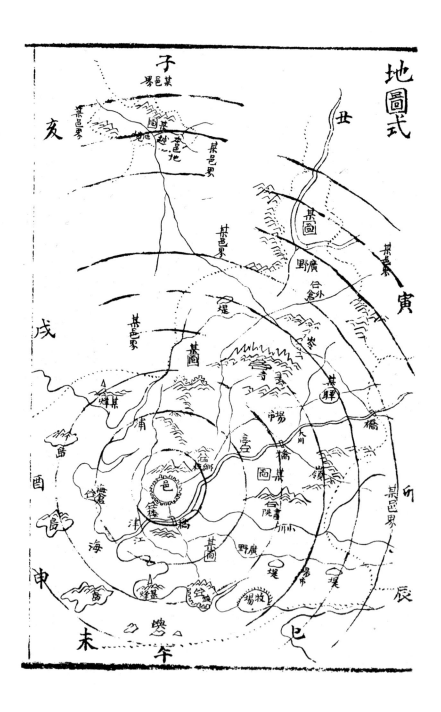

'지도식', 〈청구도〉, 김정호 편, 필사영인본, 22.3x17cm, 1834년

교입니다. 이것으로 보아 이 시대의 지배 이념, 통치 철학의 교육이 중요했다는 사실을 증명하고 있습니다. 반면에 절(寺)은 어디에 있는지 보이십니까? 읍치에서 40리나 뚝 떨어진 곳, 험한 산성 뒤에 있습니다. 이 지도식 그림은 조선 시대에 불교가 처한 위치를 이렇게 보여주는 것이죠. 읍치에서 조금 벗어난 물가를 보면 정자(亭)도 보이는데, 누와 달리 읍치에서 좀 떨어진 경치 좋은 곳에 배치되었습니다. 시장(장시, 場市)은 읍치에서 멀리 떨어진 40리 거리의 외진 위치에 있습니다.

이 지도식에서 보이는 내용은 조선 시대의 건축 및 주요 시설 배치에 기본이 되는 입지 원칙이기도 합니다. 이제 지도식이 지리 공간과 건축물에 어떻게 적용되는지 실제 읍치의 지도를 보면서 확인해 보겠습니다.

"함양은 두류산(지리산) 기슭에 있는데, 기이한 봉우리와 깊은 구렁과 천리에 구름과 안개의 변화하는 모습이 보통이 아니어서 아침 저녁으로 보이는 것이 달라진다"고 기술한 신숙주의 제운기(題雲記) 내용처럼, 함양은 산수가 높고 깊어서 숨어 살고자 하는 사람들이 즐겨 찾던 지역입니다. 고려 말 조승숙(趙承肅), 박충좌(朴忠佐) 등과 조선 시대에는 박자안(朴子安), 박실(朴實), 오응(吳凝), 여자신(呂自新), 여윤철(呂允哲) 등과 유효인, 정여창, 강익, 노진, 표연말 등이 있고, 특히 최치원은 이곳 태수를 지내면서 학사루를 지어 지금까지도 유래되고 있습니다.

함양의 옛 지도(47쪽 《여지도서》)는 읍치를 하나의 소우주로 표현하고 있는 사각형 형태의 지도입니다. 이는 천원지방(天圓地方, 하늘은 원형의 곡면으로 보고, 땅은 평면으로 본다는 뜻. 이에 따라 하늘이 땅을 덮고 있는 형태의 구조가 나옴)의 사상을 반영한 것으로, 중국의 전통 우주관을 반영해서 그 개념틀로 실제의 지형을 표현한 것입니다. 여기에서 읍치는 어디에 있습니까? 역시 산봉우리를 연결한 축선상에 놓여 있음을 볼 수 있습니다.

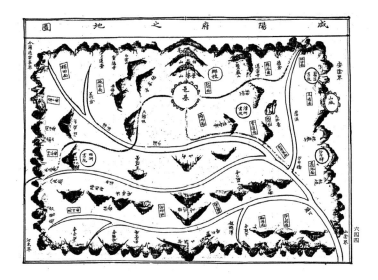

▲	〈함양부지지도〉, 《여지도서》, 서명응 성책(成冊), 전 55권, 31x20.5cm, 1765년(?)

▼	함양 주변 산맥도, 최종현, 자료: 1:25000 지형도(국립지리원 제작)에 직접 작성.

이번에는 다른 유형의 읍치를 예로 들어 보겠습니다. 이곳은 경상북도 선산[4]이란 곳입니다. 선산은 북에서 남으로 흐르는 낙동강과 감천이 합류하는 북쪽에 있습니다.

앞서 도읍이나 읍치는 주로 산으로 둘러싸인 분지에 자리 잡는 경우가 많다고 했습니다. 그런데 선산 지역은 일반적인 분지형의 입지와 달리, 강과 천 주변에 평지가 넓게 형성되어 있어서, 시선이 막히지 않고 열려 있어 허하다는 느낌이 듭니다. 그러한 지형의 허함을 극복하기 위해서 이곳의 읍치에는 땅을 파서 못을 조성하고, 천변을 따라 나무를 심어 수대(樹帶)를 이루었습니다. 지형에 대한 일종의 성형수술을 한 것입니다. 이런 보완책을 우리는 비보(裨補)라고 부릅니다.

비보는 터를 잡을 때 지형에서 모자라거나 결함이 있는 부분을 보완하기 위해 원래의 지형에 덧붙이는 방책을 가리키는데, 흔히 못을 파거나 나무를 심거나 가산(假山)을 만드는 세 가지 방법 중에서 선택하곤 합니다. 가산이란 인공적으로 조성한 산입니다. 비보의 이런 세 가지 방법은 옛 건축에서 도시계획이나 개별 건축물의 터를 잡는 과정에서 종종 쓰입니다. 선산은 정면성의 원칙을 잘 구현함과 동시에 '비보'의 방책도 적용하는 읍치 조성의 한 사례입니다.

그런데 읍치 중에서 정면성의 법칙을 어길 수밖에 없는 상황이 발생하는 곳이 있습니다. 바로 산성(山城)이 있는 지역입니다. 산성은 주로 산정상에 기대어 축성되기 때문에 산봉우리를 연결한 축선상에 놓이기 어려울 때가 많습니다. 따라서 읍치가 산성인 경우에는 정면성의 법칙에서 예외가 되곤 합니다.

지금까지 우리 옛 건축의 좌향, 건물 배치의 원칙이 되는 정면성의 법칙을 설명했습니다. 다음에는 전국 곳곳의 여러 건축물들을 자료로 만나면서 옛 건축을 볼 때 여러분들이 주의 깊게 보아야 할 몇 가지 점들을 말씀드

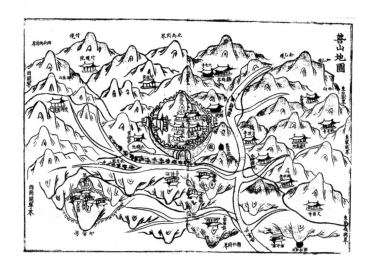

▲ ⟨선산부지도⟩, «여지도서», 서명응. 성책(成冊), 전 55권, 31×20.5cm, 1765(?)

▼ 선산 주변 산맥도, 최종현, 자료: 1:25000 지형도(국립지리원 제작)에 직접 작성.

리겠습니다. 그때마다 여기서 공부했던 정면성의 법칙이나 기본적인 사항들이 다시 등장하곤 할 것입니다. 기억해 두신다면 이해에 도움이 될 것 같습니다.

　우리의 옛 건축을 볼 때 단순히 아름다움이나 미학에 근거해서 감탄만 하기보다는 좀 더 원론적이고 개념적인 부분들도 공부해가면서 볼 수 있다면 좋겠습니다. 그렇다고 제가 무슨 건축 전문용어를 설명하겠다는 것은 아닙니다. 건축을 전공하는 사람들이 아니라면 굳이 어려운 개념 용어에 기죽을 필요도 없습니다. 저는 전문성 있는 어려운 말들도 가급적 피하려고 합니다. 듣기에 그럴 듯하지만 사실은 모호한 풍수지리의 용어도 쓰지 않겠습니다. 대신 우리나라의 자연환경을 읽는 법, 그 자연 속에서 개별 건축물들이 배치되는 원칙을 이해하는 법 등을 여러분과 함께 공부하고 싶습니다.

삼년산성
산성은 탁 트인 조망을 우선으로 하기 때문에 시계가 트인 산정에 위치하는 경우가 대부분이다. 삼년산성은 모든 방향이 다 트여 있어서 적이나 외부의 상황을 정확하게 파악할 수 있다.

옛사람의

발길을
따라가는

우리

옛 건축
답사

서울에서 남한강의 물길을
거슬러 올라가다

《도담행정기》를
따라가는 여정

《도담행정기(島潭行程記)》라는 책을 아십니까? 순조 때의 인물인 한진호(韓鎭호; 1792~?)가 쓴 문집입니다. 도담이라는 단어에서 단양팔경을 연상하는 분들도 많으실 겁니다. 도담삼봉이 아주 유명하니까요. 행정기란 요즘 말로 기행문이란 뜻이니, 《도담행정기》는 단양팔경을 보고 온 기행문입니다. 이 기행문의 저자가 순조 23년인 1823년 4월 21일부터 5월 13일까지 한강을 따라 서울에서부터 단양까지 유람을 하고 온 내용을 일기 형식으로 기록했습니다.

한진호는 당시 과거에 응시했다 낙방했습니다. 원래 원주 쪽의 대단한 향촌 집안 출신인 그는 낙방한 후 실망해서 친구들 몇 명과 여행을 떠납니다. 요즘과 크게 다르지 않은 정서지요? 현재 유원지로 조성된 뚝섬에서 출발하여 단양까지 갔습니다. 한진호의 선대가 원주 쪽에 근거가 있는 관계로 이 분이 이 지역을 아주 잘 알고 있었습니다. 한진호는 《도담행정기》를 쓴 이후 나중에 과거에 급제해서 꽤 높은 벼슬까지 올랐습니다. 한백겸[1]의 8대손으로, 문과에 급제한 이후 이조참의, 공조참판을 지내고 영의정까지 추존되었습니다. 그 아들 계원은 우의정까지 지냈습니다.

이번에는 《도담행정기》의 행로를 따라가면서 한강 주변의 인문지리와 주요 건축물들을 보려 합니다. 한진호가 이 지역을 잘 알고 있었기 때문에 다른 기록에서는 찾아볼 수 없는 흥미로운 부분도 이 책에는 나와 있습니다. 서울에서 출발해서 한강을 따라 단양에 이르는 이 행로는, 조선 시대에 꽤 유명한 여행 행로였기 때문에 이 길을 따라 여행을 한 사람들이 많았습니다. 요즘 표현으로 인기 있는 관광 노선이었던 셈입니다. 이자벨라 버드 비숍[2]도 이 길을 따라 여행한 사실을 기록에 남겼습니다. 비숍은 아마 조선이 쇠망할 때쯤 가장 마지막으로 이 노정의 여행기를 남긴 사람일 것입니다.

요즘은 한강이 물길로서의 의미가 별로 없습니다만, 예전에는 한강을 통해 상업적인 교류도 했고 여행도 다녔습니다. 목적이 있어 길을 갈

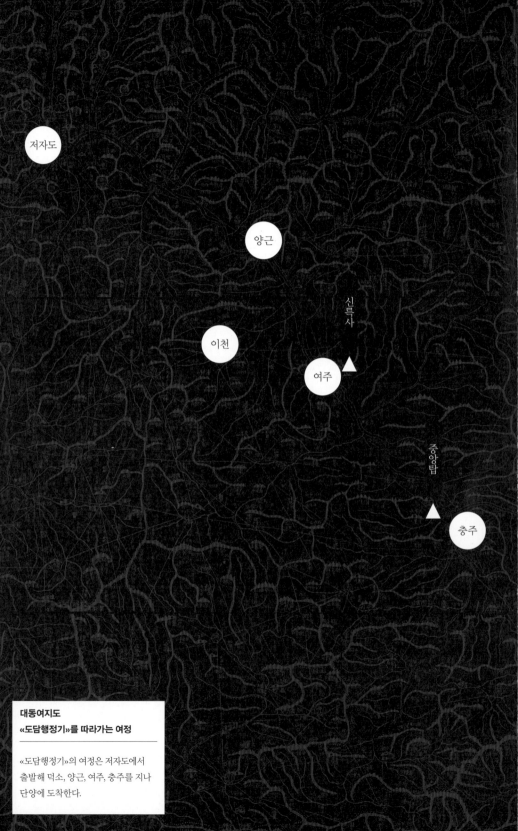

저자도

양근

신륵사

이천

여주 ▲

중앙탑

▲

충주

대동여지도
«도담행정기»를 따라가는 여정

«도담행정기»의 여정은 저자도에서
출발해 덕소, 양근, 여주, 충주를 지나
단양에 도착한다.

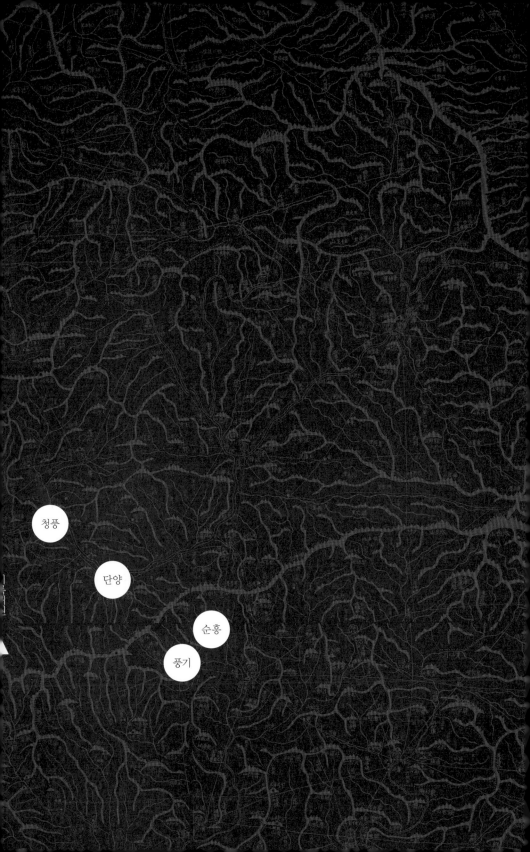

청풍

단양

순흥

풍기

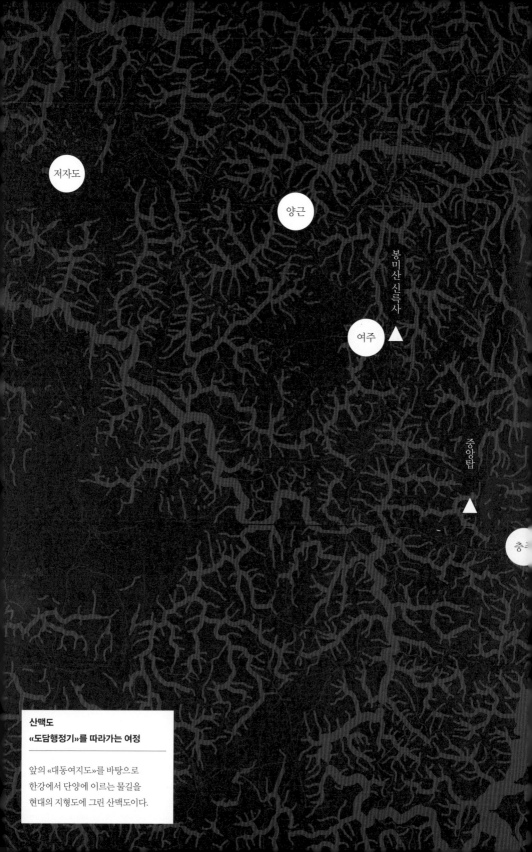

저자도

양근

봉미산신륵사

여주 ▲

중앙탑

▲

충

산맥도
«도담행정기»를 따라가는 여정

앞의 «대동여지도»를 바탕으로
한강에서 단양에 이르는 물길을
현대의 지형도에 그린 산맥도이다.

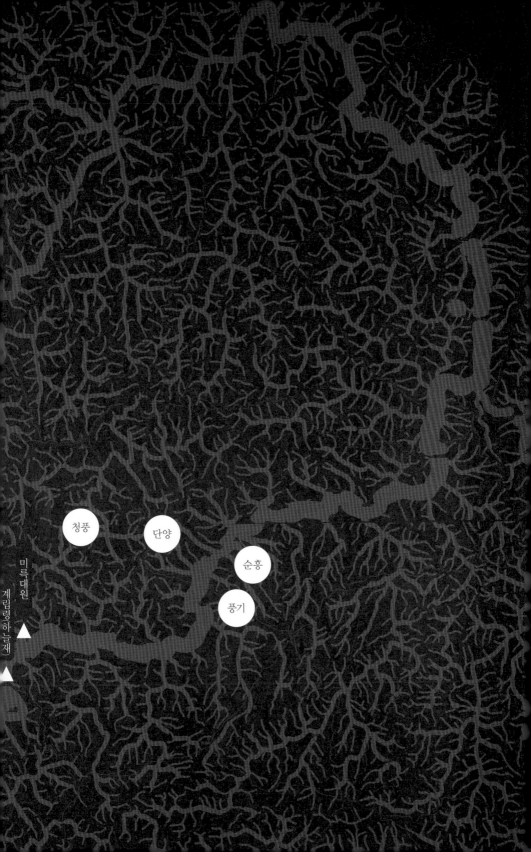

때도, 육로가 아닌 수로를 흔히 이용했습니다. 퇴계 이황이 안동으로 갈 때도 수로를 통해 단양까지 갔다가 육로로 죽령을 넘어 풍기 쪽으로 갔던 기록이 있습니다. 퇴계는 배를 타고 다닌 노정을 기록한 기행문을 문집에 남기기도 했습니다.

고려 후기의 학자 우탁[3]이란 인물을 아실 겁니다. 우탁의 본관은 단양입니다. 퇴계는 단양 현감을 자원해서 한동안 가 있기도 했는데, 그 기간에 퇴계가 우탁의 비를 세웠습니다. 이를 통해 우탁에서 퇴계로 이어지는 학문적인 흐름도 짐작할 수 있습니다.

잘 알려지지 않은 사실인데 서애 유성용(1542~1607)도 이 근방인 운선(雲仙)에서 구곡(九曲)을 경영했습니다. 자세한 내용은 다시 설명하겠습니다만 유성용이 이 지역으로 간 데에는 우탁에서 퇴계에 이르는 학맥의 흐름도 작용했을 가능성이 큽니다. 운선 지역에 서애라는 지명도 있는데, 유성용의 호인 '서애'가 이 지역에서 비롯되었을 가능성이 있습니다.

저자도에서 시작되는 «도담행정기»의 여정

본격적으로 여정을 출발해봅시다. «도담행정기»의 여정은 뚝섬에서 시작됩니다. 그러나 뚝섬보다 더 자주 이용하던 곳은 '저자도(楮子島)'입니다. 저자도는 한강과 중랑천이 모여 물이 합하는 곳에 생긴 섬입니다. 고려 후기의 문신 한종유가 여기에 별장을 두었는데, 이규보의 문집에도 등장했었죠. 이규보는 여주가 우거[4]이고, 어머니가 상주에 거처했습니다. 그래서 자주 이 물길을 오갔다고 합니다.

고려 때부터 문헌에 등장하는 저자도는 한강 하류에 있으며 물의 흐름이 느려지는 하구에 퇴적되어 생겼습니다. 이 섬 이름의 '저(楮)'는 닥나무를 가리키는데, 섬에 닥나무가 많아서 붙은 이름입니다. 닥나무는 전통 한지를 만드는 재료입니다.

이 섬은 원래 세종의 셋째 딸이 죽산 안씨와 혼인할 때 세종이 딸에

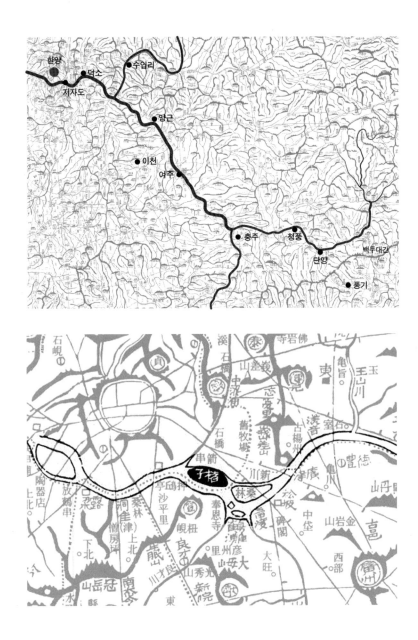

▲   서울에서 단양에 이르는 행로

▼   《대동여지도》에 보이는 저자도

게 하사했던 곳입니다. 그런데 이 섬이 공주의 아들 안빈 이후로 그 집안에 대대로 전해지다가 다시 왕실 소속이 되어 돌아왔으니 운명이 평탄한 섬은 아니었죠. 현대에 들어서 군사정권 이후로는 팔당 댐이 들어서면서 한강의 물길을 이용하는 시대가 완전히 끝났습니다. 저자도의 중요성이나 의미도 더불어 사라졌지요.

옛날에는 강원도 정선 쪽에서 나무를 베면 그것으로 뗏목을 만들고, 물길을 통해 뗏목을 서울까지 운송했습니다. 정선에서 뗏목이 힘겹게 내려오면 단양쯤에서 응원군을 모집하고 서울 뚝섬까지 와서 뗏목을 팔았습니다. 1970년대만 해도 직접 이런 체험을 한 어르신들을 만날 수 있었습니다. 저도 양평에서 그런 노인을 만나 재미있는 이야기를 들었던 기억이 있습니다. 이제는 사라진 길, 사라진 이야기입니다.

고려 말부터 한강의 물길을 따라 주변에 유학자들이 모이기 시작하면서 그들의 향촌이며 별서(別墅, 별장)가 한강을 따라 들어섰습니다. 반면에 조선 시대는 한양이 도읍이니만큼 한강의 중요성도 훨씬 커졌습니다.

태조실록 태조 4년의 내용에 용산에서 연탄까지 배가 머무는 곳 일곱 군데에 민호(民戶)를 모아서 취락을 만들었다는 기록이 있습니다. 연탄이란 지금의 충주의 금탄입니다. 용산과 연탄, 양쪽 끝의 정박지를 빼고 가운데 다섯 곳에 배가 설 수 있는 곳을 만들었다는 말입니다. 이 정박지는 조세 선박이 정박하는 곳이지만 군사적인 목적에서 개발된 곳이기도 합니다. 그래서 이 정박지에 나라에서 노비도 내려주고 배를 관리하는 특권도 주었습니다. 제가 나중에 기록을 찾아본 바에 따르면 이 지역을 관리한 사람들은 주로 태조 이성계의 집안 출신들이었습니다. 원래 왕실 인척들은 공직에 나아갈 수 없었습니다. 정치에 참여하지 못하게 한 것이죠. 하지만 아무리 왕족이라 해도 뭔가 생업이 있어서 생계를 꾸려나가야 할 것 아닙니까. 그래서 나라에선 왕실 종친들이 염전이나 포구 등을 관리하며 생계를 꾸릴 수 있도록 해주었습니다.

　　그 예를 지금의 양평, 양근 쪽에 있는 대탄이란 곳에서 찾을 수 있습니다. 강과 관련된 지명에서 '탄(灘)'이란 글자는 '여울'이란 뜻입니다. 대탄은 지방에서 조공을 가지고 오다 머무는 곳이었습니다. 이곳 주변을 관리한 사람들 역시 왕실 종친으로, 태조 이성계의 동생과 조카였습니다. 이들은 조선의 개국 공신이었던지라, 나라에서 대탄 지역의 땅을 주고 수운을 관리할 권한을 주었습니다.

　　대탄도 여강(驪江, 남한강 상류)의 하류에 있는데, 돌이 물 가운데를 가로지르고 있었습니다. 물이 넘으면 불지 않고, 물이 얕아지면 파도가 부딪혀 격동하고 쏟아져 흘러 하도(下道)로 운행하는 배들이 가끔 이곳에서 표몰되었다고 합니다. 세조 때 구달충을 보내 돌을 제거하려 하였으나 인부 1천 명으로도 끝내 성공하지 못하였다고 합니다.

한양에서 뱃길로 반나절 거리

이제 한양의 저자도에서 배를 타고 출발해 반나절에 오갈 수 있는 지역을 살펴보겠습니다. 반나절이란 거리는 꽤 중요합니다. 배를 타고 반나절 거

지방에서 조공을 가지고 오다 머무는 곳의 하나인 양평 부근의 대탄

리면, 서울에서 출발해 일을 보고 술도 한 잔 한 후 다시 배를 타고 느지 막이 당일로 집에 돌아올 수 있습니다.

한양에서 물길로 반나절 거리에 경기도 덕소가 있습니다. 서울에서 덕소 가기 전에 보면 수석동이란 곳이 있고 이곳에 석실서원이란 서원지도 있습니다. 이 석실서원은 효종 병신년(1656)에 건축하여 현종 계묘년(1663)에 사액하였습니다. 장동 김씨 가문의 김상용, 김상헌, 김수항 등과 노론의 핵심으로 같이 활동하던 민정중, 이단상 등을 모신 서원인데 대원군 때에 훼철되는 운명을 맞습니다. 그 후손인 김원행, 김매순 등이 석실서원을 지키면서 가학(家學)을 이어갔습니다. 특히 김매순은 '여한십가문(麗韓十家文, 고려 말 이후부터 대한제국 시기까지의 열 명의 문장가를 일컬음)'의 한 사람으로 문명을 떨쳤는데, 그는 삼연 김창흡의 4대손이기도 합니다.

이쪽 지역에 세종 때의 인물인 조말생의 묘가 있습니다. 대제학까지 지낸 인물입니다. 조선 초의 묘임에도 특이하게 조선 말인 1919년 무렵 이리로 옮겨왔습니다. 흥미로워서 자료를 찾아보니, 이 무렵 명성황후의 능을 천장(遷葬)한 일이 있었습니다. 원래 청량리 쪽에 있던 명성황후의 능을 고종의 장례와 더불어 현재의 홍유릉으로 옮긴 것입니다. 그 과정에서 홍유릉 뒤쪽 산 이름도 바뀝니다. 원래는 묘적산이었는데 능이 옮겨지면서 천수산이 되죠.

묘적산이란 이름에서도 알 수 있겠지만 이곳은 특이한 사연을 지니고 있습니다. 원래 이 산에는 절이 있었습니다. 또 양주 조씨 조말생의 묘가 바로 이 산에 있었습니다. 홍유릉이 들어서면서 묘를 이장하게 되었고, 그 결과 조말생의 묘가 수석동으로 옮겨진 것입니다.

수석동은 대대로 안동 김씨와 관련 깊은 곳이었습니다. 중종 때 권신인 김안로와 윤선도 집안도 이 근처에 별서가 있었습니다. 당대의 세도가였던 안동 김씨의 세력이 강하던 이 지역으로 묘를 옮기게 된 데에는 모종

조말생 신도비와 묘지

의 정치적인 거래가 작용하지 않았을까 짐작해봅니다. 이 지역은 풍광도 뛰어나게 좋지만, 서울에서의 거리로 볼 때 정치가들이 이목이 집중되는 서울(한성부)을 피해 은밀한 회합 목적으로 오가기에도 딱 좋습니다.

고종의 별장도 덕소에 있었습니다. 요즘 많은 사람들이 고종 황제가 정치적으로 무능했었다는 이미지를 갖고 있는데 저는 그렇게 보지 않습니다. 제가 근대의 도시 건축과 도시계획을 공부하면서 갖게 된 인식이지요. 고종은, 다른 건 몰라도, 조선의 근대화를 위해 열정적으로 노력했던 군주입니다. 특히 천연자원을 관리하는 광산학 계통과 전기 등의 시설에 관한 한 치적이 대단합니다. 이자벨라 비숍도 그런 이야길 남겼고, 독일 쾰른의 신문기자이며 지리학자였던 켄터가 고종의 업적을 칭찬한 기록도 있습니다. 동양에서 기차, 전차, 전기, 전화 등을 한번에 설치한 도시는 경성밖에 없다고 했습니다. 이런 고종의 별장이니만큼 조선이 멸망하는 시기, 정치적으로 중요한 의미가 있는 모임들이 벌어졌을 가능성이 충분히 있습니다.

그 외에도 이 부근에 별서를 두거나, 이 지역에 근거를 둔 사대부들의 기록이 많습니다. 한강을 끼고 배로 움직이는 것이 가능한 거리라는 이점을 이용한 것입니다. 육로라면 이 시간 안에 이 거리를 오갈 수는 없습니다. 수로를 이용했기에 육로보다는 활동 반경이 길어졌습니다. 남한강 쪽이 북한강에 비해 이런 움직임이 더 많았습니다.

예외적으로 북한강을 이용한 인물로는 이준경, 박순, 남언경, 이항로, 김창흡[5] 등을 들 수 있습니다. 김창흡은 북한강을 거쳐 움직이면서 배가 가는 길을 따라 하루 단위마다 자신의 거점을 두었습니다. 그의 문집에 당시의 건축 도면이 나옵니다. 지금의 백담사 바로 뒤쪽에 별서가 있었습니다. 도면에 별서의 마루며 온돌 등이 분명하게 표시되어 있는 것을 볼 수 있습니다.

김창흡은 저자도에서 출발해 별서까지 가는 길을 기록해 두었는데

하루 거리, 즉 첫 번째로 1박하는 곳이 양평군 양근의 수입리, 노문리란
곳입니다. 백담사까진 총 5일이 걸렸어요. 춘천 호수 북쪽에 백운동이 있
는데 이곳도 하룻밤을 묵었던 곳입니다. 이곳에서도 안동 김씨 일문의 비
석을 찾은 적이 있습니다.

　서울에서 하루 거리인 이 근처에는 유명한 학자며 정치가들의 별서
가 꽤 있습니다. 이곳을 기반으로 거주한 사대부 집안도 있습니다. 서울에
서 하루 코스니까 당시에는 날씨가 좋으면 북한산이며 백악산이 보였을
것입니다.

　다산 정약용도 이 물길을 이용한 기록이 있어요. 형인 정약전이 며느
리를 볼 때 정약용이 춘천까지 갔다고 합니다. 그는 직접 배도 디자인했다
고 하는데, 춘천 쪽 화악산에 들러 '안동 김씨네에서 조성한 화음구곡(華
陰九曲)이 잘못되었다'는 등의 언급도 남겼습니다. 본인이 구곡의 이름을
새로 붙이고 위치를 새로 바꾸기도 했는데, 이러한 내용을 문집에서 찾
아볼 수 있습니다.

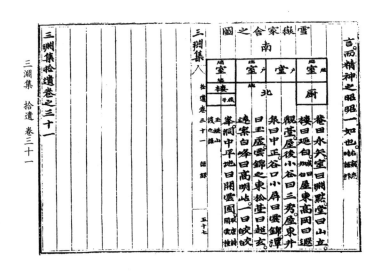

조선 후기의 학자 김창흡(金昌翕)의 시문집. 36권 18책. 목판본. 1753년 문인 유척기(俞拓基) 간행.
필자가 확인한 바로는 문집에 있는 최초의 도면이다. 설악산 백담사 남쪽 둔덕에 위치했던 삼연 김창흡의
별서 도면으로 온돌방과 마루방, 툇마루로 구성되어 있다.

저자도에서 시작되는 남한강, 북한강의 물길은 단순히 교역이나 물자 수송의 역할에 그치지 않았습니다. 문인들에게도 여러 가지 문화적인 의미가 있었으며 정치적으로도 의미가 있었습니다. 원주나 횡성 쪽에도 사대부 집안이 터를 잡고 사는 경우가 많았는데 이곳 역시 서울까지 뱃길로는 하루 거리밖에 되지 않습니다. 강물이 흐르는 방향이 있으니 서울에서 가자면 이틀, 서울까지 오는 데는 하루가 소요되었습니다.

내륙의 수운이 가지는 경제적인 중요성에 대해서는 최영준[6] 교수가 연구하신 바가 있으니 관심 있는 분들은 참고하시면 좋겠습니다. 사람 사는 데에는 경제적인 부분들이 물론 제일 중요하겠지만 저는 약간 빗겨서 한강 물길에서 문화적인 의미를 찾아본 것입니다.

저자도에서 뱃길로 하루 걸리는 신륵사 부근

한강의 물길을 따라갈 때 볼 수 있는 유명한 명승 중의 하나가 바로 여주 여강 변의 신륵사입니다. 신륵사에 이미 가보신 분들도 많으실 겁니다. 신

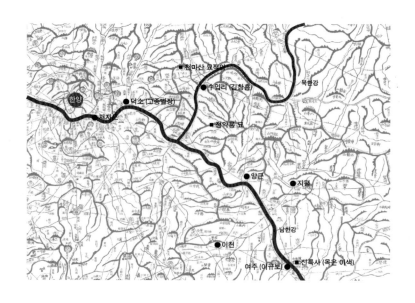

저자도, 양근, 이천, 여주 부분
고종의 별장이 있었던 덕소는 서울에서 반나절 거리이며 수입리나 여주는 하루 거리에 해당한다.

륵사는 벽사(甓寺)라고도 불리었습니다. 조선 예종 때에는 보은사라고도 했습니다.

예종은 본래 광주 서쪽 대모산에 있었던 영릉을 1469년 여주 북성산 양지 편으로 옮겼습니다. 영릉은 세종 장헌대왕의 릉으로 소헌왕후를 합장한 곳입니다. 예종은 또한 신륵사를 원찰로 정하고 보은사라고 액을 내리면서 고쳐 짓고 새로 늘려 2백여 간으로 확장했습니다. 원래 이 절에는 남한강변을 한눈에 내려다보는 강월헌(江月軒)이 있는데 고려 공민왕의 왕사(王師)였던 나옹화상(1320-1376)이 이 절에서 죽은 뒤 그의 제자들이 석종에 사리를 간직하고 전당을 세운 것입니다.

신륵사에는 유명한 다층 전탑이 있습니다. 전탑(塼塔)은 구운 벽돌로 쌓아 만든 탑을 말합니다. 대부분의 사람들이 전탑을 삼국 시대의 양식이라고 알고 있습니다만 신륵사의 전탑은 현존 전탑 중 유일하게 고려 시대의 것입니다. 한편, 신륵사는 려말선초(麗末鮮初)의 목은 이색(1328-1396)이 죽은 장소이기도 합니다. 이색은 조선 건국 세력, 즉 혁명 세력이 아니

〈신륵사도〉, 정수영(1743~1831), 《한임강명승도권(韓臨江名勝圖卷)》, 지본담채, 24.8cmx1575.6cm, 국립중앙박물관 소장

없습니다. 그의 제자 삼봉 정도전이 조선 건국 세력의 핵심이었지만 말입니다. 이색은 임금이 보낸 술을 제자들과 뱃놀이 도중에 마시고 제자 무릎에서 숨을 거뒀다고 합니다. 정도전이 술에 독을 탔다는 설도 전해집니다. 스승과 제자 사이의 의리가 권력 앞에서 허무하게 무너진 사례라고 볼 수 있겠지요.

나옹 혜근(惠勤)은 속성이 아(牙)씨로 경상도 영해(寧海) 괴실(호지) 마을에서 태어났습니다. 나옹 혜근이 태어난 지 8년 후엔 목은 이색도 외가인 이곳에서 태어났습니다. 나옹 혜근은 경기도 여주에 있는 신륵사에서 57세의 나이로 죽었는데, 목은 이색이 지은 비(碑)와 부도(浮屠)가 회암사에 있습니다. 그런데 20년 후에 죽은 목은 이색도 신륵사 앞 강에서 배를 타다 죽었습니다. 무슨 인연일까요.

저자도에서 뱃길로 하루 걸리는 이 지역으로 고려 시대에 많은 인물들이 들어옵니다. 아까 말씀드렸듯이 이규보도 그 가운데 한 명입니다. 《동국여지승람》에서 여주의 고적 조를 보면 고려 시대부터 경승지로 애용되던 곳이 있는데, 조선 초기의 문신 임원준이 지은 마암의 사우당, 고려 후기의 문신 염흥방의 침류정, 고려 말기의 학자 김구용의 육우당 등을 확인할 수 있습니다. 조선 초기에도 김안국, 김정국, 이원익 등이 이곳에서 살았다고 합니다.

이 지역은 요즘도 쌀이 좋기로 유명한, 넓은 평야의 곡창지대입니다. 강이 있어 조운(漕運)도 편리합니다. 제 견해로는 조선이 개국하여 한양에 도읍을 정하는 데에도 고려 시대부터 이 지역을 오가던 사실이 영향을 끼치지 않았나 싶습니다.

한강을 따라 충주, 청풍까지 이르게 되는데, 청풍에 근거를 둔 청풍 김씨 집안은 왕실과 통혼을 많이 한 조선 시대 거족 집안의 하나입니다. 여정을 계속하여 충청도까지 가면, 단양의 도담이 유명합니다. 《도담행정기》의 제목이 된 지명이기도 합니다. 이 지역의 산들은 죄어들 듯 들어서

있어 경치가 매우 뛰어납니다. 퇴계 이황이 이 부근을 즐겨 다녔다는 기록
도 남아 있을 정도입니다. 조선 시대에는 충주 지역까지 강을 통한 조운이
가능했는데 이 지역의 경치는 가히 절경이라 부를 만합니다. 산들이 대단
히 높고 뾰족해서 강물과 대조를 이루며 더욱 아름답습니다.

한강 연안 충청 지역의 중앙탑과 중원 고구려비

한강 연안 충청 지역에서 둘러볼 만한 곳으로 중앙탑과 중원 고구려비가
있습니다. 일설에 의하면 신라가 삼국을 통일하고, 북으로 의주에 이르는
국토의 가운데가 되는 지역이 여기라서 중앙탑을 세웠다고들 합니다. 하
지만 그런 사실에 대한 역사적 기록이 남아 있지는 않습니다.

　제가 보기에 이 탑은 고려 시대의 양식을 따르고 있습니다. 이런 사실
에 기인해서 탑이 과연 고려 시대에 만들어진 것인지를 알아내기 위해 이
런저런 문헌을 뒤져 보았습니다.

　고려 시대에는 도읍인 개성을 중경이라 하고 경주를 동경이라 했습
니다. 이 동경에 거처순행(居處巡行) 했던 왕 성종이 997년 10월 경주를
다녀오다 병을 얻어 죽은 일이 있습니다. 그 이후로 동경에는 왕이 가지
않았고 대신 지금의 서울인 남경이 부각되기 시작했습니다. 하지만 경주
를 중요하게 보았던 시대이니만큼 개성과 경주를 왕래할 수 있는 길이 중
요했겠지요. 경주에서 개성으로 올라갈 때 옛날엔 하늘재를 통과하는 길
을 이용했습니다. 하늘재는 계립령이라고도 하는데, 신라가 156년에 처음
으로 뚫은 대로입니다.

　고려 시대의 길은 경주에서 출발, 하늘재를 넘어 충주를 지나 개성까
지 연결되었습니다. 그 통로의 중간쯤 되는 곳에 중앙탑이 있고, 근처에
고구려비가 있습니다. 그러므로 이 지역은 국토의 중앙에 해당했다고 봐
도 무리가 없을 것 같습니다.

고구려비는 고구려의 영역임을 표시하는 비입니다. 중앙탑보다 먼저 생겼죠. 한동안 개울에 쓰러진 채 디딤돌로 쓰이고 있었습니다. 그러다 이 지역의 향우회인 예성향우회(충주의 다른 이름이 예성임)에서 지역사를 연구하다가 디딤돌로 쓰이던 비석을 찾아냈고, 미술사가인 황수영 박사에게 자문을 구해서 고구려비임을 밝혀냈습니다. 디딤돌로도 빨랫돌로도 쓰였던지라 발견 당시 비석의 글씨가 많이 마모되어 있었습니다.

　고구려비는 중앙탑보다 조금 북쪽에 있습니다. 남한강 유역은 고구려와 신라가 대단한 각축을 벌였던 장소입니다. 충주라는 지역이 골이 아주 큰 곳이었고, 백두대간과 가까운 큰 산인 월악산이 있는 전략적 요충지였습니다. 월악산은 지금도 아주 큰 바위산입니다. 몽고군이 이곳에 있다가 반격을 당해 참패를 당한 기록도 있습니다. 그 정도로 지형이 험하죠. 그러

중앙탑

니까 삼국 시대 때도 신라와 고구려, 백제가 패권을 놓고 경쟁할 수밖에 없었습니다.

그런 역사적 배경을 놓고 생각하면 설령 통일신라가 중앙탑을 세운 주체라고 하더라도 이 지역이 분쟁이 잦은 국경 지역으로서 역사적 의미를 가진 것은 통일신라 이전의 일임을 기억해야 합니다. 우리 역사 전체를 놓고 볼 때는 중앙탑 못지않게 고구려비의 의미도 중요한 것입니다.

곡류단절 탄금대

충주를 지나면 탄금대가 나옵니다. 탄금대는 산이 가야금같이 생겼다 해서 붙은 이름입니다. 신라 진흥황 때 악사 우륵[7]이 이곳에 머무르면서 가야금을 연주했다는 말도 있습니다. 임진왜란 때 신립(1542~1592)[8]이 조령에서

중원 고구려비

방어를 하려다 탄금대로 와 배수진을 치고 적과 싸우다 전멸했다는 곳이기
도 합니다. 근처에 신립 장군의 묘지가 있어 더욱 유명합니다. 원래 월낙탄
이라 불린 이곳은 조선 시대 지명으로는 금천(金遷) 월탄(月灘)입니다.

　　이곳에서 가까운 북쪽에 있던 개천사는 역사에 관심 있는 분들에게
는 기억할 만한 장소입니다. 고려 때 역대 왕조의 실록을 합천 해인사에
보관해 두었다가 왜구의 침입이 심하자 훼손을 우려해 선산 득익사, 죽주
(현재 안성시의 죽산) 칠장사로 옮긴 적이 있습니다. 실록들은 다시 공양
왕 2년(1390)에 개천사로 옮겨 보관했는데, 조선 세종 때 «고려사»를 편
찬한다는 명분으로 이 기록들을 서울로 옮겼습니다. 그리고 그 이후 고려
역대 왕조실록들의 행방은 알려지지 않습니다.

　　탄금대의 지형은 강을 뒤로 한 낮은 구릉으로, 벼랑 즉 낭떠러지이긴
하지만 제가 보기엔 군사작전상 배수진을 칠 만한 산세는 아닌 것 같습니

충주와 단양 지역
금탄 창지와 하늘재, 충주의 위치를 보여주는 지도

다. 가야금을 연주하기에도 불편한 장소인 것 같아요. 그래서 우륵이나 신립 등의 이야기는 오히려 전설에 가까운 것이 아닐까 싶기도 합니다. 실제 지형에 근거해 볼 때 그렇다는 말입니다.

이곳은 남한강이 흘러 내려오다 조그만 산덩이를 감아 들면서 흐르는 지형입니다. 산 한쪽은 지금은 벼랑입니다. 지형으로 봐선 원래는 강물이 이 앞으로도 휘감아 돌았던 것으로 추측됩니다. 그런데 가운데 산이 깨진 흔적이 있습니다. 현재의 탄금대가 있는 땅은 앞쪽, 즉 남쪽을 흙으로 메워 만든 곳입니다. 그런데 잘 들여다보면 이곳은 강물의 흐름에 의해 끊겨 있는 산이었습니다. 이런 지형을 곡류단절(曲流斷切)이라고 합니다. 물이 산줄기를 따라 휘감아 돌아 흐르다가, 시간이 지나면서 지형이 약한 산의 맥이 물줄기에 의해 끊어져, 고립된 산봉우리 형태의 지형이 만들어진 것이 곡류단절입니다.

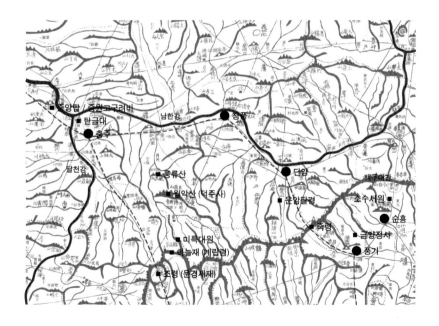

충주와 단양 지역
충주는 수로교통과 육로교통의 중심지였다. 특히 하늘재를 이용하는 길은 신라 시대부터 있던 길인데, 하늘재를 지나서 자리 잡고 있는 미륵대원은 고려 시대까지 인기 있던 여행지였다.

곡류단절은 최소한 5천 년에서 몇만 년에 걸쳐 형성되는 지형입니다. 그리고 강물의 흐름과 함께 계속 진행됩니다. 우리나라에서도 곡류단절이 진행되는 곳이 몇 곳 있습니다. 강릉 인근 지역, 경북 영양, 또 지금은 수몰된 전북 용담 지역 등이 그 예입니다.

충주 지역의 건축물

충주 지역에는 예성 관아가 있습니다. 예성은 앞서도 말씀드렸듯 충주를 일컫는 옛 지명입니다. 현재 관아 건물의 일부가 남아 있고 일부는 무너졌습니다. 관아가 있는 곳은 강과 거리가 많이 떨어진 내륙 지역으로, 현재는 시내입니다. 이 관아는 한강을 통해 오가는 조운을 관리하는 역할을 한 중요한 곳이었습니다.

그러므로 강을 중심으로 하는 지역임에도 관아를 내륙에 두었다는 점이 좀 의아하게 여겨질 수도 있습니다. 그런데 충주는 강뿐만 아니라 벌판 역시 상당히 넓습니다. 평평한 농경지도 꽤 있습니다. 이 지역은 우리나라의 중원 지역입니다. 그래서 오랜 과거부터 육로를 중심으로 행정과 생활이 형성되었습니다. 관아도 육로 교통의 중심에 자리를 잡았던 것입니다. 나중에 조선 시대에 이르러 조창이 설치되면서 물길이 지역의 중심이 되었다고 보는 것이 자연스럽습니다.

원래 충주는 하늘재에서 내려와 만나게 되는 가장 큰 평야 지역입니다. 강을 따라 올 때도 충주에서 내려와 금탄과 연결되었고, 남한강을 통해 움직이는 물자 등을 하적하는 곳이었습니다. 금탄에는 창고도 남아 있어요. 그러니까 이 지역은 정치적, 군사적으로 물과 뭍을 거의 같은 비중으로 두고 관리했던 곳이라고 보입니다.

충주와 인연이 있는 인물은 참으로 많은데 우리가 알 수 있는 조선 시대 사람으로 정도전(고려 말 충주사록을 지냄), 심덕부, 김사형, 맹사성, 권진, 김단, 최린, 박상 등이 이곳의 목사를 거쳐 갔습니다. 권근은 고려 말 충주에 귀양 와서 양촌에 살았는데, 이로써 호를 양촌(陽村)이라고 했고 《양촌집》이라는 문집도 남겼습니다. 또 권근과 그 아들 권제, 손자인 권람 등 3대의 묘가 충주의 읍치 서쪽인 미법곡이라는 곳에 터를 잡았습니다. 집현전 직제학으로 한글 창제에 기여했던 정인지의 묘도 이곳에 있다고 알려져 있습니다.

　하늘재에서 넘어오면 달천강이 있습니다. 충주의 유명한 강입니다. 달천강은 속리산 북쪽에서 흘러와 남한강에 이르는데 그 합수 지역에 금탄 창고 자리(倉地)가 있습니다. 한편으로 지도를 보면 덕주사와 월악산이 있습니다. 이 길이 바로 신라에서 넘어오는 길이에요. 하늘재에서 북쪽으로 가는 길입니다.

　하늘재[9] 즉 계립령 부근에는 중요한 길들이 몇 개 있습니다. 하늘재 이외에 풍기 쪽에서 넘어오자면 죽령을 거칩니다. 요즘은 경북 쪽에서 오는 길로 문경새재, 조령을 넘어옵니다. 그런데 이 중에서 월악산 계립령을 통하는 도로는 원래 신라 시대부터 있던 것입니다. 고려 시대까지는 문경에서 충주까지 오는 길로 계립령을 이용했습니다. 그 고개의 역원 기능을 한 절이 바로 미륵대원입니다. 군사적으로나 경제적으로 이 지역은 상당히 중요한 요충지였던 것입니다. 현재 계립령은 길이 험해 자동차 통행이 쉽지 않습니다. 지프를 타야 무리 없이 넘을 수 있는데, 가다 보면 군데군데 옛 사람들이 노숙했던 자리로 추정되는 장소들을 볼 수 있습니다.

　조선 시대에는 하늘재가 아닌 조령이 중요한 통로로 떠올랐습니다. 새로운 길이 생긴 것입니다. 신라가 길을 뚫고 통일 이후에 정비하여 고려 때까지 하늘재가 쓰이다가 조선 시대에는 조령이라는 새로운 길을 이용했습니다. 문경새재는 그 결과 오늘날까지 중요한 요충지로 남아 있습니다.

　미륵대원은 계립령 북쪽 어귀에 있는 절로, 고려 시대에 조성되었습니다. 그런데 독특하게도 절 이름에 '원(院)'이란 글자가 붙어 있습니다. 절의 이름 중에 원으로 끝나는 절은 고려 시대까지 역원의 기능을 하던 곳

미륵대원 불상

입니다. 조선 시대에는 국가에서 원을 관리했습니다. 반면 고려 시대에는 역원을 절에서 관리했습니다. 그러한 사례로 미륵대원, 죽령의 보국사, 안동의 제비원 등이 있고, 또 경기도 벽제 부근의 회림령에 남아 있는 두 기의 큰 불상이 고려 때의 흔적입니다. 고려 시대에는 대체로 30척, 즉 10m가 넘는 불상이 있는 곳에 '원'으로 끝나는 절이 있었던 것으로 보입니다.

말씀드린 대로 역원은 사람들이 여행을 하면서 숙식을 해결하던 곳입니다. 예로 들었던 절들에는 모두 10m에 이르는 불상이 남아 있는데, 정식 불상이 아니면 큰 바위에 불상의 머리를 얹어 놓는 형태로라도 남아 있습니다. 경기도 벽제에 있는 불상이 그런 형태입니다. 죽령에 있는 보국사지의 대형 불상은 네 토막 난 형태로 남아 있습니다. 미륵대원의 불상역시 높이가 약 10m 정도 됩니다. 이 불상이 바라보는 곳이 풍류산인데, 월악산 방향에서 한강 쪽, 즉 물 방향을 바라봅니다.

대형 불상이 남아 있는 절들은 역원의 역할을 했다고 했지만, 역원은국가에서 설치했고 관리는 절에서 한 것입니다. 현재 남아 있는 이런 대형불상의 흔적들은 국가의 국경이나 중요한 의미가 있는 지역에 남은 것이아닐까 추정됩니다만 전체적인 설치 계획은 알기 어렵습니다.

조선 시대의 역은 30리마다 설치되었지만, 고려 시대에는 그런 원칙을 따랐던 것 같지 않습니다. 단지 큰 산을 넘거나 물을 건너는 등의 중요거점 지역에 역이 있었던 것으로 보입니다. 고려 시대의 기문(記文)에는 대형 불상에 대한 기록들이 꽤 있습니다. 전국적으로도 많았던 것 같은데, 이제는 몇 군데 말고는 다 없어졌습니다.

미륵대원은 불상 말고는 절터만 남아 있기 때문에 원래 절의 형태를 추론하는 것은 별 의미가 없을 것 같습니다. 다만 고려 시대에 이 절의 규모는 매우 컸다고 전합니다. 구전으로 전하기는 미륵대원 앞에 디딜방아가 따로 있었으며, 절에서 쌀을 씻으면 엄청난 양의 하얀 물이 남한강으로 흘러들어 갔다는 말이 있습니다.

한벽루와 유성룡의 운선구곡

남한강 유역에서 경치가 가장 좋은 곳 하나를 꼽는다면 월악산 쪽에 있는 황강에서 단양까지를 들 수 있는데, 청풍이 바로 이 지역에 들어갑니다. 앞서 말씀드렸듯이, 청풍은 조선 시대 왕실과 두터운 통혼 관계를 유지한 집안인 청풍 김씨의 근거지입니다. 이곳 청풍에서 사람들이 많이 가보는 곳으로 한벽루[10]가 있는데, 청풍의 지리적, 정치적 의미를 생각하고 보면 더 좋습니다.

우선 한벽루는 계곡에 있기 때문에 여름에는 이름 그대로 시원합니다. 차가운 물을 면하고 있으니까요. 하지만 충주 댐이 생기면서 원래 있던 자리에서 옮겨 위쪽으로 올라갔습니다. 원래 있던 자리에서 보면 누로 진입해서 양쪽 옆을 향해 모두 전망이 열려 있습니다.

경치가 좋은 지역이다 보니 예로부터 시인묵객들이 청풍의 한벽루를 둘러보고 이 지역에 많이 머물렀습니다. 손님들이 많이 드나들고 머물게 되니 이 지역 양반 주택들의 구조도 재미있는 게 아주 많습니다.

집은 크지 않은데 남자 손님들이 많이 오니, 집안 여자들을 그들의 시선에 노출되지 않도록 평면을 기술적으로 구성하거나 간단한 칸막이 벽으로 공간을 가로막는 구조가 많습니다. 이런 예들은 단지 그 주택의 예외적이고 개별적인 특성으로 단정하고 넘어갈 것이 아니라, 이 지역의 문화적인 특성에서 비롯된 결과로 이해해야 합니다.

단양은 산수가 기이하고 빼어난 곳으로, 천 개의 바위와 만 개의 구릉에 강이 감아 돌아 돌을 깎고 언덕을 만들어 그 청숙한 기운이 빼어난 곳입니다. 유명한 단양팔경은 모두가 물길을 끼고 있습니다. 도담은 물길 가운데 세 개의 바위가 뾰족하게 솟아올랐고, 강의 흐름을 거슬러 수백 보쯤 올라가면 푸른 벽이 만 길이나 되고, 황양목과 측백이 돌 틈에 거꾸로 나 있으며, 바위 구멍이 문과 같아서 바라보면 따로 한 골이 있는 것 같다고 문헌에는 표현되어 있습니다.

이 외에도 옥순봉, 상선암, 중선암, 하선암, 문암, 운주암, 용추, 사인암 등의 경물들이 물을 끼고 산재했습니다. 이 지역의 인물로는 "흰 옷으로 도끼를 가지고 거적자리를 베고 대궐에 나아가서 소를 올린다(白衣斧荷藁席詣闕上跣)"고 했던 고려 시대의 우탁이 있습니다.

여기서 사람들이 많이 찾지 않는 곳 한 군데를 설명할까 합니다. 제가 이 글 첫 부분에 유성룡 이야기를 했습니다. 유성룡이 운선이란 곳에 구곡을 경영했다는 말이 있는데 이 사실은 잘 알려져 있지 않습니다. 저도 문헌이 아닌 답사를 통해서 찾아낸 곳입니다.

　서애 유성룡이 선조 때 영의정을 사직하여 임금이 선물한 호피를 받아 들고 고향으로 내려갔는데, 그때 단양 남쪽의 예천으로 이어지는 싸리재와 갈라지는 길을 따라 사인암 부근의 운선에서 운선구곡을 경영하며

〈단양군지도〉, 《여지도서》, 서명응 성책(成册), 전 55권, 31x20.5cm, 1765년(?)
지도에 있는 산봉우리 중 선으로 표현된 8~9개 지점이 단양군에서 아름다운 곳으로 '단양8경'이라 불리는 곳이다. 도담삼봉을 비롯해서 상·중·하선암, 사인암, 운선 등이 두드러진다.

이곳에서 한동안 머물렀던 것으로 보입니다. 이 사실에 관해서는 한진휴의 관련 기록이 남아 있고, 《여지도서》에 보면 운선이란 지명과 물과 계곡이 나와 있습니다. 이 지역에는 서애라는 지명도 남아 있어서, 유성룡과의 연관을 충분히 짐작할 수 있습니다.

풍기향교와 금양정사

다음으로 살펴볼 만한 곳이 풍기향교입니다. 풍기는 단양에서 죽령을 넘어서 처음 도착하는 경상도의 읍치입니다. 농사를 지으면 무엇이든 잘 되는 땅이라 해서 이런 이름이 붙었습니다.

풍기향교는 평지에 있습니다. 그러나 평지에 있는 향교임에도 불구하고 일직선 배치가 아닌 다른 형태의 배치를 보여줍니다. 평면도에서 보듯이, 교육을 담당하는 명륜당과 제사를 담당하는 대성전의 영역이 나란히 위치한 것이 아니라 약간 어긋나 있습니다. 진입하다 보면 대성전과 동무, 서무가 나옵니다. 그리고 약간 엇물려서 교육을 담당하는 명륜당과 동재, 서재가 있죠. 이는 시대적으로 연대가 좀 앞서는 배치 평면입니다.

대체로 고려 시대에는 불교가 정치 권력과 가까웠습니다. 그래서 읍치 같은 행정 중심에 불교 사찰이 가까이 들어와 있었습니다. 그러나 조선이 건국하며 명목상의 정책으로 배불숭유를 주장합니다. 그러면서 읍치 가까이 있던 절들이 폐사되고 향교로 변모하는 경우가 많았습니다. 풍기향교도 이러한 사례에 해당합니다. 지반에 깔려 있는 석물을 자세히 보면 알 수 있습니다. 이런 경우는 전국적으로 너무나 많은 사례가 있습니다. 절이 서원으로 바뀐 경우도 많습니다. 옛 절들이 용도 변경을 한 것이죠. 입지가 괜찮고 경치도 좋은 절은 더욱 그랬으리라 생각합니다. 읍치에 가까웠으니 접근성도 좋았을 것이기 때문입니다.

풍기에는 주세붕이 중종 37년(1542)에 이곳의 군수로 부임하여 창건한 백운동의 소수서원이 있습니다. 퇴계 이황도 한때 이곳의 군수로 있으

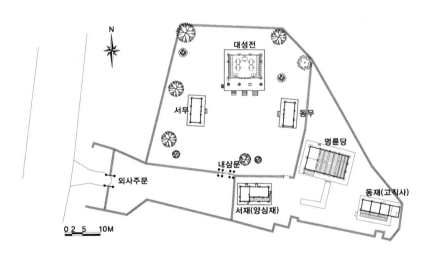

▲ 풍기향교 명륜당

▼ 풍기향교 평면 배치도

면서 소수서원을 임금이 이름을 지어 내리는 사액서원(賜額書院)으로 만들었습니다.

풍기는 퇴계가 아끼던 제자이며 퇴계보다 먼저 세상을 떠나 그를 안타깝게 했던 황준량의 연고지이기도 합니다. 황준량[11]은 한때 이황의 총애를 받았는데 성주(星州) 목사를 지내다 아깝게 1563년에 요절했습니다. 퇴계의 문집에는 황준량과 주고받은 편지도 많이 남아 있습니다. 편지를 보면 황준량에 대한 퇴계의 애정을 잘 느낄 수 있습니다. 퇴계가 황준량에게 쓴 편지에는 '우리가 함께 힘을 합해 이단적인 학문을 몰아내고 정학을 바로 세우자'는 내용도 있습니다. 제자에게 그런 취지의 부탁도 많이 할 정도였는데, 그런 제자가 일찍 죽으니 퇴계의 낙담이 얼마나 컸었는지를 짐작해볼 수 있습니다. 하지만 도산서원에 배향된 퇴계의 제자에는 황준량이 포함되어 있지 않습니다. 퇴계의 제자를 꼽을 때도 황준량은 서열이 꽤 뒤로 밀리죠. 아무 준비 없이 일찍 세상을 떠난 영향이 아닐까 짐작합니다.

금양정사는 황준량이 천신만고 끝에 정자 건축을 시작해 후학들이 완성했다고 합니다. 공사가 시작될 무렵에 퇴계가 이 지역의 원에게 편지를 썼습니다. '이 사람이 이러이러하게 훌륭한 인물인데 지금 정사를 짓고 있으니 도와주라'는 부탁을 했던 것이죠. 원래 이 자리엔 황준량이 공부하던 서재·별서가 있었고 정자가 있었습니다.

이곳의 입지는 꽤 흥미롭습니다. 예전엔 닭실이라 해서 금계포란지지(金鷄抱卵之地), 즉 '황금 닭이 알을 품은 형세의 땅'이라고 했고, 십승지지(十勝之地, 천재지변이나 싸움이 일어나도 안심하고 살 수 있다는 열군데의 땅)의 한 곳이었어요. 그런 의미에서 안전하게 살 수 있다고 하여 한국전쟁 때 이북에서 피난 온 사람들이 이곳에 많이 정착했습니다. 이런 이유로 이 지역에 평양식 냉면집이 하나 있는데 한국전쟁 이후 지금에 이르는 역사를 자랑하는 곳이기도 합니다.

풍기향교뿐 아니라 소수서원, 순흥향교 등이 다 옛 절터에 있습니다. 현재 남아 있는 향교와 절의 배치가 거의 비슷하게 느껴지는 이유가 바로 여기에 있습니다. 권력의 주체가 바뀌면서 공간 이용의 주체가 바뀐 경우라고 할 수 있습니다.

그런데 순흥에 향교가 있는 까닭을 아십니까? 세조 때 단종 복위운동으로 죽임을 당한 사육신과 생육신을 아시죠? 그런데 당시 순흥도호부가 단종 복위 사건과 연류된 까닭에 부 자체가 없어진 사건이 있었습니다. 세조 3년인 1455년 세종의 여섯째 아들인 금성대군(錦城大君) 유(瑜)는 형인 세조의 왕위 찬탈에 불만을 품고 부민들과 함께 단종 복위운동을 하려다가 사전에 발각되어 모두 죽임을 당하면서 순흥부는 없어졌고, 부석(浮石) 무짐이(水息), 관천(串川), 파문단(破文丹) 등 4리는 영주군에, 문수산(文殊山) 동쪽의 땅은 봉화현에 떼어서 붙였던 것입니다. 그러다가 숙종 조에 들어서 현으로 다시 태어났습니다. 그래서 순흥에 향교가 있는 것입니다.

이상으로 《도담행정기》의 노정을 따라 서울에서 남한강의 물길을 따라가 보았습니다. 단양이나 충주 쪽으로 놀러 가서 그곳의 경치를 즐기는 분들도 많은데, 이 지역에 얽힌 역사적, 문화적 의미를 알고 나면 경치가 달리 보일 것 같습니다. 또한 한강이 갖는 의미도 풍부하게 다가올 것이라 기대합니다.

권근, «신증동국여지승람»,
권40, 충주, 우거(寓居)

이색(李穡)의 기에 "양촌(陽村)은 나의 문생(門生) 영가(永嘉) 권근(權近)의 자호(自號)이다. 근이 말하길 '근이 선생의 문하에 있어서 나이가 가장 적고 학문이 가장 낮아, 사모하고 바라는 것은 가까운 데서 멀리 가려고 하는 것입니다. 그러므로 자를 가원(可遠)이라 하였습니다. 천하에서 가깝고도 먼 것은 안에서 구하면 성(誠)이라는 것이고, 밖에서 구하면 양(陽)이라는 것인데, 성(誠)은 오직 군자인 연후에야 실천할 수 있지만, 양은 어리석은 지아비와 어리석은 지어미도 다 아는 것입니다. 봄에는 따뜻하고, 여름에는 뜨겁고, 가을에는 간조하고, 겨울에는 따스한 데로 돌아갈 수 있어서, 세공(歲功)이 이루어지고 민생(民生)이 이루어지는 것입니다. 근은 그윽이 스스로 생각건대, 성인(聖人)이 인재를 교화 육성하는 것이 또한 이것과 같으니, 시(詩)·서(書)·예(禮)·악(樂)의 가르침이 모두 천시(天時)를 순히 하는 것입니다. 중니(仲尼)가 일찍이 제자들에게 말하기를, '나더러 숨긴다고 하느냐. 나는 너희들에게 숨김이 없노라.' 하였으니, 대개 중니는 천지와 같고 밀월과 같으니, 천지는 넓고 커서 포용하지 않는 것이 없고, 일월은 교대하여 밝아서 비치지 않는 것이 없어서, 그 사이에 물건으로 생긴 것이 형형색색이 남김없이 드러나는 지라 그러므로 «중용(中庸)»에 이르기를, («시경»에 이른바) 솔개가 날아 하늘에 닿고 물고기가 못에서 뛴다는 것은 그 위 아래로 나타나는 것을 말한 것이라 하였으니, 다시 무슨 그윽하고 숨기는 것이 있겠습니까. 비록 그 음험(陰險)하고 간사한 무리라도 또한 모두 그 정상(情狀)을 숨길 수가 없으니, 부자(夫子)의 알지 못하는 것이 없고, 감화시키지 못하는 것이 없어서, 소소(昭昭)하게 밝고, 호호(浩浩)하게 큰 것입니다. 기수(沂水)에 목욕하고 무우(無雩)에 바람 쐬고, 읊은 것으로도, 화기(和氣) 유행(流行)하는 것이 당우(唐虞)의 기상과 다름 없음을 오히려 알 수 있으니, 그 때 맞춘 비처럼 화육시키는 것이 번영하고 자라나는 것이야 다시 말할 것이 있겠습니까.' 하였다. 아, 중니가 그에게 종유(從遊)하는 삼천 명과 속초(速肖)하는 칠십 명 사이에 천지가 되고, 일월이 된 것이 모두 양(陽)의 도가 발하여 밝게 나타난 것인데도 보고 아는 자가 심히 적었다. 증자(曾子)·자사(子思)가 다행히 글을 저술하여 오늘에 이르렀고, 염락(濂洛)의 학설이 행한 연후에야 배우는 학자들이 글을 읽고 나서 중니의 천지에 노는 것 같고, 중니의 일월을 본 것 같아서, 진(秦)나라·한(漢)나라 이래로 가리고 막히고 아득하고 어두워 거의 귀(鬼)와 역(蜮)이 될 뻔하였던 것이 마치 맑은 바람이 일어나매 자취 없이 쓰러져 버린 것 같이 되었으니, 얼마나 쾌한 일인가. 10월에는 양(陽)이 없는데 그래도 양월(陽月)이라고 하는 것은 성인의 뜻이니, '큰 과일은 먹지 않는다(碩果不食)' 한 교훈에 보면 성인이 양을 붙든 것이 지극하다. «춘추(春秋)»는 성인의 뜻이다. 기린(麒麟)은 양물(陽物)인데 잡힘을 당하였으니, 성인이 심히 슬퍼하였기 때문에, «춘추»를 지으면서 '춘왕정월(春王正月)'이라고 썼는데 해석하는 자가 말하기를 '일통을 크게 여긴다' 하였다. 아, 선비가 이 세상에 나서 때를 만나지 못하면 할 수 없지만, 때를 만난다면 천자를 도와 일통을 크게 하며 사해에 양춘을 펼 뿐이다. 나같은 사람은 늙었으니 다시 무엇을 바라겠는가. 가원(可遠)은 스스로 (양촌이란) 호를 지은 까닭을 생각하여 더욱 힘쓸지어다. 힘쓰기를 어떻게 하여야 할 것인가. 반드시 성(誠)으로부터 시작하여야 할 것이다." 하였다.

«신증동국여지승람»에 나타난 권근

한벽루, «신증동국여지승람», 권14, 청풍군, 누정(樓亭)

하륜(河崙)의 기에 "내가 옛날에 여러 번 죽령길을 지났는데, 청풍군사가 매양 길 옆에서 맞이하고 전송하였다. 고을의 형승을 물으니 한벽루(寒壁樓)를 일컫고, 또 주문절공(朱文節公)이 네 귀 시를 외웠다. 내가 듣고 즐거워하였으나, 총총하기 때문에 한번 들어가서 올라 구경하지 못하였다. 지금 정군(鄭君) 수홍(守弘)이 편지로 내게 청하기를, '이 고을의 한벽루가 한 방연에 이름나서 참으로 기이하고 절승하며, 구경할 만한데, 수십 년 동안에 비에 젖고 바람에 깎이어 거의 장차 폐하게 되었다. 내가 고을에 이르러 다행히 국가가 한가한 때를 만나서 금년 가을에 공장을 불러 수리하여 들보, 도리, 기둥, 마루의 썩고 기울어진 것을 새 재목으로 바꾸지 않은 것이 없으니 청컨대 그대는 다행히 기를 지어서 뒤에 오는 사람에게 보이라.' 하였다. 내가 생각하건데 누정(樓亭)을 수리하는 것은 수령으로서 말단의 일이다. 그러나 그 흥하고 폐하는 것이 실상 세도(世道)와 서로 관계된다. 세도가 오르고 내림이 있으매, 민생의 즐겁고 불안함이 같지 않고 누정의 흥폐가 이에 따르나니, 한 다락의 흥하고 폐함으로써 한 고을의 즐겁고 불안함을 알 수 있고, 한 고을의 즐겁고 불안함으로 세도의 오르내림을 알 수 있다. 어찌 서로 관계됨이 심한 것이 아닌가. 지금이 다락이 수십 년 깎이고 썩은 나머지 정군이 정사하는 날에 이르러 중수하여 새롭게 하였으니, 세도가 수십 년 전보다 다름이 있음을 알 수 있다. 그러나 지금의 군현에 오히려 수리하지 않은 누정이 있으니 또한 어찌 다만 세도의 탓이랴. 정군 같은 이는 가위 세도에 순응하여 다스림을 하는 사람이라 하겠다. 내가 옛날 충청도 관찰사로 있을 때에 정군은 지안성군사(知安城郡事)로 있어서 이름이 치적(治積)의 최(最)에 있었기 때문에 내가 비로소 그 사람됨을 알았다. 그러므로 이것을 써서 기(記)를 삼는다. 또 계산(溪山)의 좋음과 누의 제도가 아름다움은 눈으로 보지 않으면 자세히 알 수 없으나, 청풍(淸風)의 칭호와 한벽(寒壁)의 이름이 듣기만 하여도 곧 사람으로 하여금 뼈가 서늘하게 한다. 다른 날에 혹 능히 적송자(赤松子)와 함께 올 소원을 이루어 다시 죽령의 길을 지나게 된다면, 마땅히 군을 위하여 한번 들어가 올라서 주문절(朱文節)의 시를 읊어 그 사람을 수백 년 위에 상상하여 보고 또 군의 유애시(遺愛詩) 한 편을 짓고 가리라." 하였다.

주열*의 시

물빛이 맑고 맑아 거울 아닌 거울이요,
시냇가에 연하여 푸른 것은 푸른 버들 연기로다.
차고(寒) 푸름(壁) 서로 엉기어 한 고을 되었거늘,
맑은 바람(淸風)을 만고에 전할 이 없네.

---

* 주열(朱悅): 남송(南宋)의 주문공(朱文公) 주희(朱熹)의 5대손으로서 여경(餘慶)의 아들이다. 주희는 증손 잠(潛)이 원나라의 침입으로 난을 피해서 우리나라에 와서 신안(新安) 주(朱)씨의 시조가 되었다. 주열은 자(字)는 이화(而和), 호는 죽수(竹樹), 시호는 문절(文節)이다. 고종 때 문과에 급제, 남원판관을 시작으로 원종 때 병부랑중, 1270년 동경유수, 1276년 정조사로 원나라에 파견, 1278년 삼사사(三司使), 1280년 판도판서(版圖判書)가 되고 지도첨의부사(知都僉議府事)를 지냈다. 능성군(綾城郡)에 봉해졌다.

이요루, «신증동국여지승람»,
권14, 단양군, 누정

김일손(金馹孫)의 기문에 "중원(中原)으로부터 동으로 가서 죽령(竹嶺)을 향하면, 그 사이에 산수가 좋아할 만한 것이 하나가 아니다. 황강(黃江)·수산(壽山) 두 역을 지나면 청풍 땅이 다 되고, 한 고개를 넘어 단양 지경에 들어서면 장회원(長會院)이 된다. 그 아래에서 말고삐를 늦추어 천천히 가면 점점 아름다운 지경으로 들어간다. 홀연히 쌓인 돌무더기가 우뚝 솟고 총총한 봉우리가 첩첩이 푸르러 좌우가 아득하고, 동서가 현혹되어 비록 교력(巧歷)이라도 분명히 셀 수가 없다. 언덕이 열리고 산협이 터지고 한강이 가운데로 유유히 흐르는 것이 똑같이 푸르다. 강 북쪽 언덕 옆 낭떠러지 험한 곳을 수백 보오르면 섬이 있어서 사람이 숨을 만하므로 옛 이름이 가은암(可隱岩)이다. 내가 그 앞에 말을 세우니 연기와 안개에 길이 희미하여 의희(依俙)하게 도끼자루를 썩힐 생각이 난다. 절경이 명칭이 없음을 아깝게 여기어 처음으로 단구협(丹丘峽)이라 이름 하였다. 협(峽)을 거쳐 동쪽으로 가니 산은 더욱 기이하고 물은 더욱 맑다.

10리를 가면 협이 다 되니 머리를 돌이키매, 가인(佳人)을 이별하는 것 같아서 열 걸음에 아홉 번 돌아보았다. 곧장 동쪽으로 적성(赤城)을 바라보면 지척도 못된다. 강에 나루가 있는데 작은 배가 비꼈으니 곧 하진(下津)이다. 절벽 천 길이 나루 강을 둘러 서 있는데 떨리고 두려워서 이어 오를 수가 없다. 처음으로 이름 하기를 서골암(棲鶻岩)이라 하였다. 강물의 근원이 강릉부(江陵府) 오대산에서 나와서 구렁과 골짜기를 돌고 돌아서 서쪽으로 멀리 5~6백 리를 달리나 아무리 가벼운 배라도 그 물줄기를 다 거슬러 갈 수는 없다. 돌이켜 흐름을 따라 하진에 미치지 못하여 남쪽으로부터 오는 내가 있으니 옛 이름은 남천(南川)이다. 내의 좌편 언덕에 누가 날씬하게 서 있는데 날이 이미 컴컴하게 어두워 오를 수가 없어서 드디어 군 관사에 투숙하였다. 이튿날 군수 황후(黃侯) 인(璘)이 누에 오르기를 청하였다. 드디어 더불어 난간을 붙잡고 올라 보니 제비는 날고 닭은 쫓고, 까치는 지저귀고 손(客)은 오고, 영(嶺)의 구름은 상악(上岳)에 연하여 가을빛은 금수산(錦繡山)에 짙어져서 층층 첩첩한 푸른 산이 한 다락을 빙 둘렀으며, 남천의 흐름은 난간 밑에 콸콸 흐르고, 상진(上津)의 물결은 숲 사이로 겹쳐 보이어 어제 말 위와 배 위에서 지냈던 것이 모두 술잔과 궤석(几席) 사이에 있으니, 대개 눈의 수확이 두 다리의 소득보다 더함이 있도다.

«신증동국여지승람»에 나타난 이요루

벽 위를 보니 비해당(匪懈堂)이 편액(扁額)으로 쓴 이요루(二樂樓)라는 세 글자가 환하여 명월주(明月珠)와 야광벽(夜光璧) 같아서 광채를 가까이 할 수 없고 시내와 산이 빛을 머금었다. 내가 흔연히 즐거움을 이기지 못하여 황후를 돌아보며 말하기를, '오직 어진 인자(仁者)인 연후에 산을 좋아하고, 지혜스러운 자(智者)인 연후에나 능히 물을 좋아하나니, 석 달 동안 어긋나지 않은 자라야 거의 인(仁)이 된 것이요, 백세(百世)를 알 수 있어야 지(智)라 할 수 있다. 그 지경에 미치지 못하고 한갓 정을 산수에 달리면 스스로 속이는 것에 가깝지 않은가. 대개 사람이 인과 지의 성품을 갖추지 않은 이가 없으나 능히 인과 지의 발달을 확충하는 이가 적으니, 능히 그 인과 지를 확충한다면 나의 분수 밖의 것이 아니다. 산이 고요하여 옮기지 않는 것을 본받고, 물이 흘러서 막히지 않는 것을 본받아서, 한 마음의 덕을 안정시키고 만물의 변함을 두루 한다면 두 가지의 참다운 즐거움을 내가 얻어 겸할 수 있을 것이다. 황후는 안상(安祥)한 자질로 또 정치에 통달했다.

부모의 봉양에 편의하기 위하여 외방의 수령을 자원하여 왔으니 아마 능히 그 부모에게 인하였고, 효도를 가르쳐 한 경내를 다스려서, 얼마 안 되는 백성을 부리고 척박한 땅에 조세를 거두어, 조처하는 것이 적당함을 얻어서 능히 부서(簿書)를 처리하고 조세를 이바지하며, 또 남은 힘을 누정 짓는 데에 써서 쓰러지고 헐어진 것만을 수리하고 예전 제도를 폐함 없으니, 후(侯)의 인하고 또 지혜스러움을 볼 수 있다. 후가 이 같은 작은 일까지 능히 마음을 다하여 학문이 천리(天理) 유행(流行)의 극진함에 이르러 그 일 없음을 행한다면, 높은 산과 흐르는 물이 곧 나의 인·지의 일체가 될 것이다. 후는 힘쓸지어다. 만일 술잔이나 희롱하고 관현(管絃)에 취하여 올라 조망하는 것으로 낙을 삼아서, 다만 그 높이 서 있는 산이요 흘러 달아나는 것은 물인 것만 보고, 그 빼어나고(山) 맑은(水) 것을 좋아할 뿐이라면, 또 장차 나무 신을 신고 산에 높이 오르고 깊이 들어가기를 사강락(謝康樂) 같이 하고, 투금뢰(投金瀨)에 놀아 공무(公務)를 폐하기를 맹동야(孟東野) 같이 함에 있어, 이요(二樂)의 뜻을 더럽힘이 있을 것이다. 무릇 우리 함께 이 누에 오른 사람은 어찌 서로 더불어 힘쓰지 않으랴.' 하였다. 함께 오른 사람은 누구인가, 화산(花山) 권군(權君), 경유(景裕)와 사열(沙熱), 김군(金君) 세영(世英)과 후의 아우 위(瑋), 필(璋)인데 모두 공자를 배우는 사람이다. 드디어 서로 힘쓰고 또 뒤이어 오르는 자를 영원토록 권면하노라." 하였다.

《신증동국여지승람》에 나타난 이요루

성주 목사(星州牧使) 황공행장(黃公行狀),
«퇴계선생문집(退溪先生文集)», 권48, 22

성주 목사 황공의 휘는 준량이요 자는 중거니 평해 사람이다. 정덕 정축년(1517) 7월에 공을 낳았다. 공이 태어나면서부터 자질이 특이하여 일찍이 문자를 해독하였으며 말을 꺼내면 곧바로 사람을 놀라게 하니 기동(奇童)으로 호칭되었다. 나이 18세에 남성에 시험 보러 나아갔는데 고관이 공의 책문(册文)을 얻어 보고 무릎을 치면서 칭찬하니 이로 말미암아 문명(文名)이 매우 드날리게 되었으며 매양 시험 볼 때마다 번번이 전열(前列)에 있었다. 정유년(1537)에 생원시에 합격되고 기해년(1539)에 정시에서 직부회시하였다. 경자년(1540)에 을과 제2인으로 급제에 올라 권지 성균관 학유가 되고 경신년(1560) 가을에 성주 목사에 임명되었다. 4년 뒤 계해년(1563) 봄에 질병을 얻어 사직하고 귀향하였는데 중도에서 질병이 더욱 악화되어 3월11일 예천 지방에 도달하여 드디어 별세하니 향년 47세였다. 공은 사람됨이 영특하고 빼어남이 범상하지 않았고 명민한 데다 풍표가 있어 미목은 그림과 같고 재조는 화섬하여 장차 어떤 큰일이라도 다 감당할 수 있었는데 이미 주현에 자취를 굽히게 되어서는 또 직무를 비용하게 여기지 않고 문부에 머리를 숙인 채 백성들의 일에 마음을 다하였다.

공은 예안인 찰방 이문량의 딸에게 장가들었는데 자식이 없어 아우 수량의 아들 영으로써 후사를 삼았다. 그 이듬해 갑자년(1564) 정월에 군의 동쪽산 내곡 감좌의 언덕, 선영의 왼쪽에 장사지냈다. 찰방은 바로 농암 선생의 아들이다. 내가 선생의 문하에서 처음 공을 알게 되어 서로 더불어 종유하기를 가장 오래하고 또 긴밀하게 지냈다. 어리석고 비루하여 문견이 없었던 나는 공을 얻어서 경발된 점이 많았다.

공이 물러나서 돌아오면 실로 오고 가면서 옛 우의를 다시 회복하자는 언약이 있었는데 공은 항상 내가 늙고 병들어 보존하기 어려운 것을 우려하였다. 오늘날 늙고 병든 자는 세상에 남아 있고 강강한 나이에 도리어 군을 곡하게 될 줄을 어찌 짐작이나 하였겠는가. 공의 언행은 기록할 만한 것이 정중하기에 감히 다하지 못하고 오직 그 큰 것만을 위와 같이 서술해 둔다. 혹시 뒷날 병필하는 자의 상고가 되길 바랄 뿐이 옹졸하고 어눌한 문장은 발명한 바가 없으니 아! 서글픈 일이다. 공이 저술한 문집 2권과 시집 2권이 집에 보관되어 있다. 가정 42년 계해(1563) 12월에 진성 이황은 삼가 행장을 짓다.

«퇴계선생문집»에 수록된 황준량의 행장

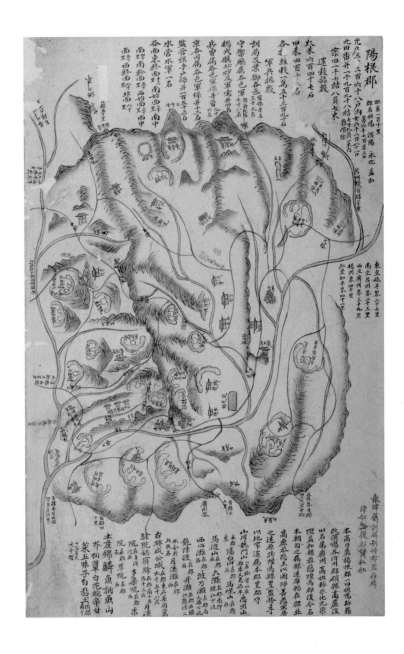

지금의 양평, 양근 쪽에 있는 대탄이란 곳은 지방에서 조공을 가지고
오다 머무는 곳이었다. 이곳 주변을 관리한 사람들 역시 왕실 종친으
로, 태조 이성계의 동생과 조카였다. 조선의 개국 공신인 이들에게 나
라에서 대탄 지역의 땅을 주고 수운을 관리할 권한을 주었던 것이다.

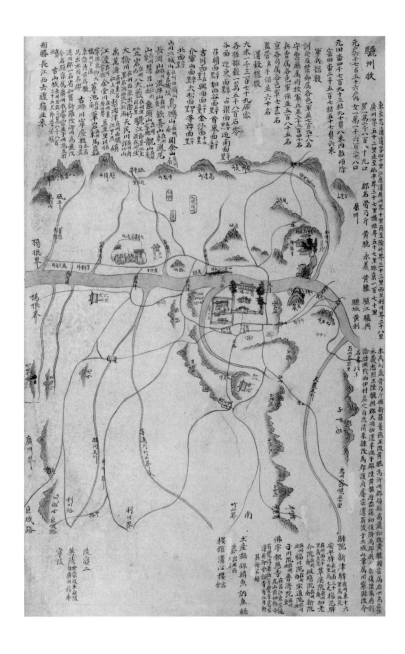

한강의 물길을 따라갈 때 볼 수 있는 유명한 명승 중의 하나가 바로 여주 여강 변의 신륵사이다. 예종은 신륵사를 원찰로 정하고 보은사라고 액을 내리면서 고쳐 짓고 새로 늘려 2백여 간으로 확장했다.

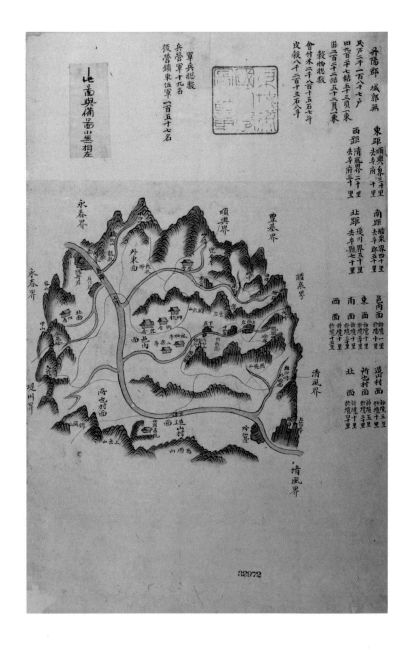

한강을 따라 충주, 청풍을 지나면, 단양의 도담에 이르게 된다. «도담행정기»의 제목이 된 지명이기도 하다. 이 지역의 산들은 죄어들 듯 들어서 있어 경치가 매우 뛰어나다. 퇴계 이황이 이 부근을 즐겨 다녔다는 기록도 남아 있을 정도이다.

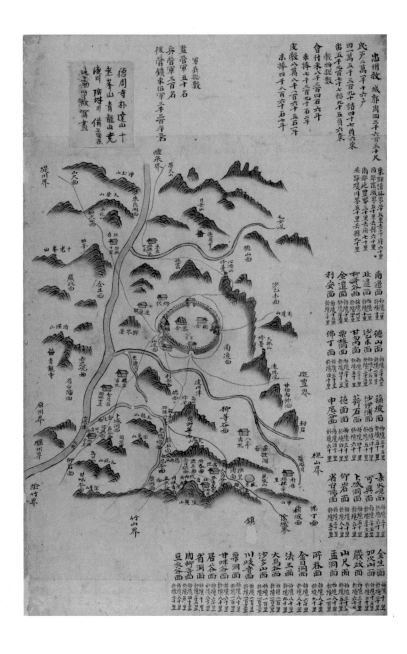

원래 충주는 하늘재에서 내려와 만나게 되는 가장 큰 평야 지역이다.
강을 따라 올 때도 충주에서 내려와 금탄과 연결되었고, 남한강을 통
해 움직이는 물자 등을 하적하는 곳이었다. 그러니까 이 지역은 정치
적, 군사적으로 물과 뭍을 거의 같은 비중으로 두고 관리했던 곳이라
할 수 있다.

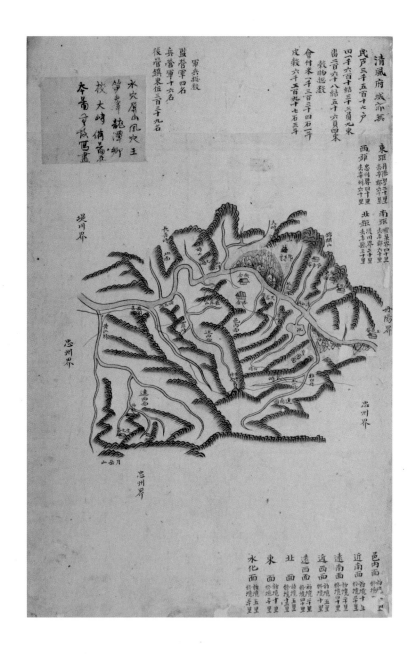

청풍은 조선 시대 왕실과 두터운 통혼 관계를 유지한 집안인 청풍 김씨의 근거지이다. 경치가 좋은 지역이다 보니 예로부터 시인묵객 들이 청풍의 한벽루를 둘러보고 이 지역에 많이 머물렀다. 손님들 이 많이 드나들고 머물게 되니 이 지역 양반 주택들의 구조도 재미 있는 게 아주 많다.

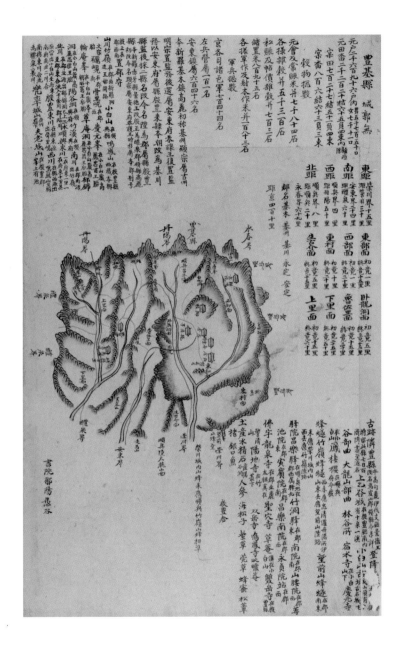

豊基縣　城郭無

元戶二十六百九十六戶內男一萬四千二百四十口
女七千四百十二口

元田畓二千二百二十束結宗五負束為雜頉
宗畓八百六結五十二負三束

各穀摠數
元會及常賑米升七十八百石
各樣糶穀升五十三百石
私賑及帖債雜穀升七百三石
儲置米六百九十五石
各樣軍作米升一百二十三石

軍兵摠數
左兵營屬色軍七百四十四名
安東鎭屬色軍六百四十名
本新羅基本鎭高麗初於基州
明宗置監務後還屬安東府春揭王復置監
務以安東府屬縣殷豊來隸本朝改為基川
縣顯宗朝今名降為郡縣殷豊郡殷豊
縣本順興管縣

郡名 基本 基川 基州 殷豊 安定
永春等六十里
非官基本

東距榮川界十五里
西距順興界八里
南距安東界三十里
北距順興界二十里

東部面
西部面
卧龍洞面
下里面
上里面
生峴面
東村面

古蹟儀豊縣
...

書院郁陽愚谷

풍기는 단양에서 죽령을 넘어 처음 도착하는 경상도의 읍치다. 무
슨 농사든 잘 되는 땅이라 해서 이런 이름이 붙었다. 풍기에는 주
세붕이 군수로 부임하여 창건한 소수서원이 있는데, 퇴계 이황이
한때 이곳 군수로 있으면서 이 서원을 임금이 이름을 지어 내리는
사액서원으로 만들었다.

옛사람들은
왜 동쪽 바다로 갔을까

강원도 관동팔경을
따라가는 여정

강원도 해안은 국내 휴가지로 손꼽히는 대표적인 지역입니다. '동해안'이라는 표현이 강원도 해안 지방을 가리키는 말로 자리 잡혔을 정도입니다. 흥미로운 사실은 이 지역이 옛 사람들에게도 인기 있는 여행지였다는 것입니다. 강원도 해안 지방, 즉 관동의 승경은 고려 때부터 시작해서 꾸준히 시인묵객들이 찾았던 곳입니다.

예전의 강원도는 현재의 강원도보다 남북으로 좀 더 긴 모양이었습니다. 안변 지역이 지금은 함경도로 편입되어 있지만, 예전엔 안변도 강원도였습니다. 현재 경북에 포함된 울진, 평해 지방도 고지도로 볼 때는 강원도에 포함되어 있습니다.

'관동의 승경지'는 고려 충선왕 때 안축에 의해 처음으로 기록되었습니다. 안축은 수도 개성에서 요직에 있다 정치적 이유로 강원도 안렴사라는 외직으로 발령이 났습니다. 그때 그가 갔던 여정이 개성-철원-발단령-철령-안변의 행로입니다. 안변의 학포 호수에서 삼척, 평해까지 여행한 것인데, 이 길을 지나며 안축이 남긴 시와 기(記) 등의 글들이 그의 문집 《관동와주(關東瓦注)》에 수록되었습니다.

안축 이전에 이곳 관동 지방을 여행하고 글을 남긴 문인은 이곡, 임춘 등이 있습니다. 하지만 안축처럼 체계적이고 분량이 많은 글을 남기지는 않았습니다. 고려 말의 학자 이곡은 처가가 영해라서 이쪽 지방으로 걸음을 했던 것 같습니다. 그의 아들 이색이 외가인 영해에서 태어났다는 기록도 있습니다. 고려 중기의 문인이자 고려 죽림칠현(竹林七賢)의 한 사람인 임춘은 이 근방 단양과 풍기 쪽으로 이동한 이야기를 남겼습니다. 어쨌든 제대로 된 관동 지방 기행문의 시초는 안축으로 보는 편이 옳을 듯합니다.

이 지역은 작은 호수들이 쭉 이어지면서 생태적, 지리적으로도 대단히 중요한 곳입니다. 그중에서 안축의 《관동와주》에 초점을 맞추고 그 여정을 따라가 보겠습니다.

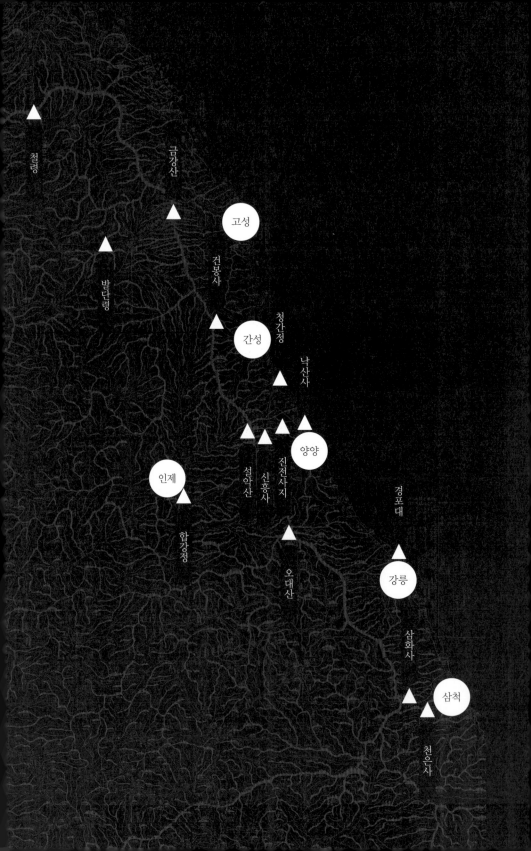

철령

금강산

발단령

고성

건봉사

청간정

간성

낙산사

양양

설악산

진전사지

신흥사

인제

경포대

합강정

오대산

강릉

삼화사

삼척

천은사

대동여지도
옛사람들은 왜 동쪽 바다로 갔을까

금강산과 설악산, 동해 바다가 있는
강원도 지역은 고려 시대부터 인기있던
여행지였다.

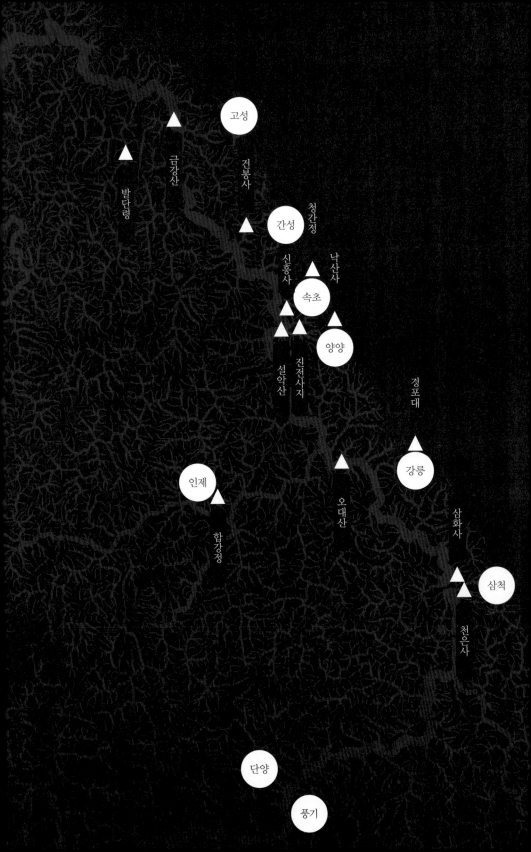

산맥도
옛사람들은 왜 동쪽 바다로 갔을까

앞의 《대동여지도》를 바탕으로 강원도
동해안 일대를 현대의 지형도에 그린
산맥도이다.

건봉사와 인제 부근의 경승지

안축이 살던 당시에는 관동팔경이라는 개념이 없었습니다. 그 당시엔 '관동의 승경지'라는 명칭으로 불리곤 했습니다. 마찬가지로 안축 이후에 이곳을 여행한 이곡 역시 팔경이란 개념을 가지고 있지 않았습니다. 그러나 그도 경치가 빼어난 곳, 즉 승경지라는 개념으로 이곳을 보았습니다.

'팔경'이란 개념이 우리나라에 들어온 것은 고려 무신정권이 시작되던 즈음이지만, 본격적으로 이 개념이 유행하여 쓰인 것은 조선 시대부터입니다. 중국의 소상팔경(瀟湘八景)으로부터 영향을 받아 경치를 여덟 군데로 나누면서 승경지마다 팔경을 골라 명칭을 붙이곤 했습니다.

서울에서 관동 승경지로 가는 길목에 위치한 인제의 합강정 나루터는 교통 면에서 아주 중요한 지점이었습니다. 금강산에서 시작해 인제 쪽으로 내려오던 물길이 오대산에서 발원한 지류와 합해지므로 합강이라고 불렸습니다. 이름부터 '물길이 합해졌다'는 의미를 갖고 있습니다. 이 물길이 한양 쪽으로 흘러내려 오는 것이 북한강입니다. 원래 합강정 나루는 강원도 산간, 영서지방의 모든 물자가 집산되어 뗏목으로 내려오던 곳입니다. 물이 불어나는 여름이면 인제, 양구 등지에서 모인 대부분의 물자들이 인제 합강 나루에서 출발하여 북한강을 따라 한양으로 운반되었습니다. 지금은 댐 공사 등으로 물길이 다 바뀌었고, 인제 역시 지형이 바뀌었기 때문에 예전의 지형을 찾아보기 어렵지만, 고려 시대부터 이 물길을 이용해 물자를 운반했던 것입니다. 특히 조선 시대에 들어 서울이 수도가 되면서 이 물길은 상업적으로도 더욱 중요해졌습니다.

고성의 건봉사는 우리나라의 절 가운데 불교의 독특한 흔적이 있는 곳입니다. 이 절은 내금강과 해금강으로 연결되는 입구에 위치하는 절입니다. 원각사라는 이름으로 고구려의 아도화상이 신라 법흥왕 7년(520)에 창건했다 합니다. 758년에는 발징이라는 스님이 중건하여 '염불만일회'를 자

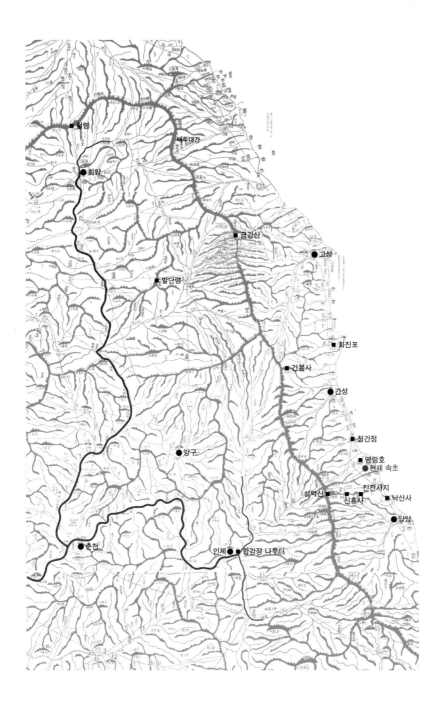

인제 나루터와 금강산, 설악산, 오대산으로부터 한강으로 이어지는 물길의 흐름
인제 합강정 나루터는 강원도 산간, 영서 지방의 모든 물자들이 모이는 곳이었다. 안축은 건봉사-발단령-
금강산으로 이어지는 일반적인 길 대신 철령을 넘어 금강산으로 갔다.

주 베풀었다고 합니다. 한때는 도선대사가 937년 중건하여 서봉사라 했고, 1358년에는 나옹스님이 중수하고 건봉사라 개칭하였다고도 합니다.

세조 10년(1464)에는 건봉사에 어실각, 정원당을 짓고 역대 임금의 원당 사찰로 삼았습니다. 임진왜란 때는 서산대사의 명으로 사명당이 팔도 승병을 모집한 곳으로 유명해지기도 했습니다. 사명은 또 부처님의 치아사리와 진신사리를 봉안했다고도 합니다. 1878년 산불로 큰 절과 암자까지 3,138간이 불탔다고 하는데, 그 후 한국전쟁 때 또다시 절이 불타 건물 대부분이 훼손되었습니다.

예전의 모습이 많이 사라지고 없긴 합니다만, 다른 곳과는 달리 독특한 절의 양식이 아직도 눈에 띕니다. 일주문도 기둥이 네 개이고, 해와 달, 가위, 동그라미 등의 문양이 조각된 돌기둥이 여럿 남아 있습니다. 솟대처럼 새가 기둥 위에 앉아 있는 돌기둥, 남과 여에 대응하여 세운 느낌의 돌기둥도 있습니다.

건봉사 대웅전은 남쪽, 부처님 진신사리가 있는 적멸보궁은 동쪽을 향하고 있습니다. 두 건물의 좌향이 완전히 다르다는 점도 독특하고, 두

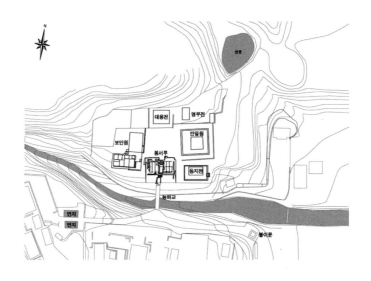

건봉사 배치도
적멸보궁은 지도에 나타나 있지 않지만 건봉사의 왼편에 위치해 있다.

건물군이 물길로 나뉘어 있다는 점도 독특합니다.

앞서 임진왜란 때 서산대사가 사명대사를 통해 팔도의 승려들을 건봉사에 집결시켰다고 했습니다. 소실된 후 복원한 것이라 확언할 수 없지만, 규모가 엄청나게 컸던 점은 충분히 짐작할 수 있습니다.

흔히 이 절을 금강산 건봉사라고 부르지만 사실은 해금강에 가까이 위치하고 있으며, 해금강에서 (내)금강산으로 들어가는 입구라고 할 수 있습니다. 금강산으로 가는 일반적인 여정은 한양에서 출발해서 철원을 지나 단발령을 거쳐 금강산에 들어간 다음 건봉사를 통해 나오는 것이었습니다. 단발령은 고려 시대에 발단령이라 불리었는데, 금강산의 입구에 있어 금강산 전체가 한눈에 보이는 곳입니다. 유명한 정선의 〈금강전도〉가 바로 이 발단령에서 바라본 금강산을 그린 것입니다. 반면 안축은 건봉사-발단령과는 조금 다른 길을 선택했습니다. 철령을 넘는 편을 택한 것이죠. 철령을 넘어 위로 올라가 다시 내려왔습니다. 이로써 동선 규모가 달라집니다.

여러 여정들이 생길 만큼 수많은 사람들이 이 지역을 방문한 것은 역시 이 지역의 빼어난 경치 덕분입니다. 영랑호, 청초호, 광호, 화담, 선유담 같은 수많은 작은 호수가 있을 뿐만 아니라 높고 가파른 산들도 있습니다. 바다까지 짧은 거리 안에 가파른 산들이 들어섰고 기암괴석도 많습니다. 시중대, 해금강, 총석정 등이 호수와 어울린 경치는 사뭇 아름답습니다. 정적이라기보다는 역동적인 경치라고 할 수 있습니다.

고려 시대에는 왕실 손님이나 중국 사신이 오면 금강산에 갔다는 기록이 많습니다. 안축은 이 지역의 안렴사 즉 조선 시대의 관찰사에 해당하는 직책을 맡았기 때문에 자신이 관장하는 영역을 쭉 돌아본 것입니다. 이에 관한 그의 기문과 시문을 남긴 것이 곧 《관동와주》입니다.

고성으로 가기 위해서는 간성향교와 화진포의 유명한 별장지대를 통과해야 합니다. 화진포에는 이승만, 이기붕, 김일성의 별장 자리가 있습니다. 이곳을 지나면서 각 별장들의 입지에 개인의 개성이 어떻게 반영되어 있는지를 유추해보는 것도 재미있을 것입니다. 김일성의 별장은 당시 독일 건축가가 설계한 도면에 따라 지어졌다고 합니다.

왕곡마을, 청간정, 신흥사

다음으로 갈 곳은 고성에 있는 강릉 함씨 동족 부락인 왕곡마을입니다. 이 마을은 양근 함씨 일문이 살고 있는 곳인데 양근이라면 요즘의 양평입니다. 양근과 지평이 합쳐져 양평이 되었습니다.

경기도 용문산 서쪽에 사나사라는 절이 있는데 그 부근이 양근 함씨의 본원지라고 합니다. 그 집안 일부가 강원도로 옮기며 강릉 함씨로 본관을 바꿨다고 하죠. 함씨의 유래에 대해서는 설이 분분합니다만, 제 견해는 이렇습니다. 오봉리 쪽에 함씨 동족 부락이 지금도 남아 있습니다. 예전에는 이 오봉리에서 진부령을 넘어 서울로 과거를 보러 가는 지름길이 있었습니다. 지금은 자동차 도로가 되었습니다만, 당시에는 이쪽 집안에서 쓰던 지름길인 셈입니다. 이 길을 거치지 않으면 서울에 가기 위해 아래쪽으로 한참 돌아야 합니다.

속초에는 현재 각종 관광 시설이 밀집해 들어서 있습니다. 이곳은 원래 한국전쟁 이후에 발달한 곳으로, 대부분 함경도 출신의 피난민들이 고성군과 양양군 접경지대인 이 지역을 집단으로 점유하면서 도시가 생겨난 곳입니다. 속초는 영랑호·청초호가 속해 있는 상당히 넓은 영역을 가리킵니다. 서쪽으로 백두대간인 금강산, 천후산, 설악산 등이 속하고 동쪽으로는 바다를 면해 있습니다. 미시령 아래쪽과 화암사 일대 등도 다 속초에 속합니다.

속초 지역의 대표적인 경승지로 청간정을 꼽을 수 있습니다. 청간정은 원래 현재보다 5리 정도 남쪽으로 내려간 곳에 있었습니다. 겸재 정선이 그

린 옛 그림을 통해 청간정의 원래 위치를 추측해볼 수 있습니다. 그림 속의
청간정은 물 밖으로 산이 보입니다. 이 그림으로 미뤄본다면 현재보다 남
쪽에 있는 아야진 부근인 것 같습니다. 물의 모양과 지형을 대조해서 관찰
해 보면 알 수 있습니다.

　청간정은 갑신정변 때 불에 탄 후 40년만인 1930년대에 새로 지었다
고 합니다. 새로 지으면서 위치가 바뀐 것으로 보입니다. 위치가 왜 그렇
게 바뀌었는지에 대해선 좀 더 연구가 필요하리라 생각됩니다. 원래 청간
정의 위치는 백두대간 천후산 자락에서 쭉 남쪽으로 내려온 끝부분에 있
었습니다. 청간역이라 이름 하여 역원 기능을 하던 곳에 정자가 덧붙여졌
는데, 경치가 워낙 유명하다 보니 아예 청간정이 대표적인 지명이 되어버
렸습니다. 고려 중기의 문신인 김극기(金克己, 1150경~1204경)의 시 〈청간
역〉[1]을 보면 그 사실을 알 수 있습니다.

　높은 다락 푸른 연기 낀 나무 끝에 있는데 / 난간 대 엎드려 나는 새를 엿

지금의 청간정 모습

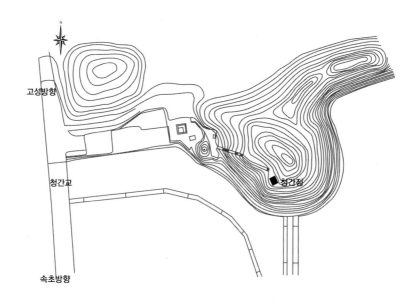

▲　겸재 정선이 그린 〈청간정〉

▼　청간정 배치도(변경 전)

보네.

가을도 되기 전에 서늘한 기운 많고 / 여름철에도 더위는 적다네.

매미 소리 늦은 바람에 부서지고 / 갈가마귀 그림자는 저녁 햇빛에 번득이네.

술잔 들며 흰 눈으로 바라보니 / 만 리에 푸른 하늘이 작구나.

관동은 산수의 고장인데 / 지나는 나그네 물고기 새와 함께 섞이네.

돌아가는 길 사람 마음과도 같아 / 험한 가운데 평지가 적구나.

석양은 말머리에 떨어지는데 / 서쪽 변방엔 달이 처음으로 비치네.

곤하여 침상 위에 까무러지니 / 태산이 가을철의 터럭과 같이 작게 보이네.

신흥사는 설악산 일대에서 매우 크고 유명한 절입니다. 하지만 예전 분위기와는 많이 달라져 아쉬움이 남기도 하는 곳입니다. 옛날엔 절의 규모가 그리 크지 않고 아담했는데 지금은 많이 달라졌습니다. 앞서 보았던 건봉사의 말사(末寺)[2]였는데 지금은 그런 위계도 달라진 것으로 압니다.

신흥사 전경

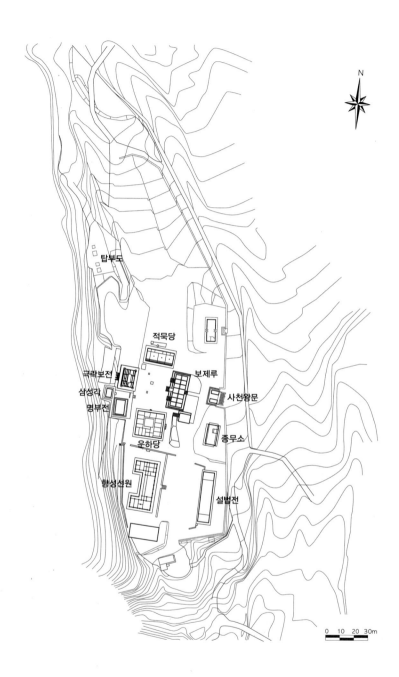

신흥사 배치도

신흥사는 서쪽으로 급경사진 산자락에 의지해 동쪽으로 배치되어 있습니다. 불교에 지식이 있는 이라면 이것을 동쪽 아미타불과 연결지어 생각할 것입니다. 아미타불은 미래불이며, 불교적 이상향인 극락세계를 뜻합니다.

진전사지, 낙산사

다음에 볼 진전사지의 배치는 좀 더 큰 관점에서 바라보아야 합니다. 큰 시각으로 보면 낙산사와 대청봉, 진전사가 동서로, 같은 위도로 평행하게 일직선상에 있기 때문입니다. 날씨가 좋은 날이면 진전사지에서 동쪽으로 낙산사 관음불이 보일 정도입니다. 물론 대청봉도 보이죠. 진전사 옆에는 저수지가 있는데 절의 둔전(屯田)에 있던 것입니다. 일제강점기에 있었던 작은 저수지를 1960년도 초에 키워 오늘날처럼 커졌습니다.

진전사지는 양양 쪽에서 설악으로 올라가는 길에 있는데 통일신라시대의 3층 석탑이 남아 있습니다. 탑의 비례감이 뛰어나 보기에도 아름답습니다.

통일신라기에 진전사는 9산선문(九山禪門, 신라 말 고려 초기에 성립한 선종(禪宗)의 각 파를 총칭한 말) 중 한 절로 청도 운문사에 소속되어 있었다. 《삼국유사》를 저술한 일연이 14세에 이 진전사로 출가하여 대웅스님에게 구족계를 받고 고종 14년인 1227년에 승과에 장원 급제하였다 합니다. 그런데 일연 바로 이후의 인물인 안축은 이 지역에 대한 글을 쓰면서 진전사나 일연에 대한 언급은 남기지 않고 낙산사에 대한 시만을 남겨 지금까지 전해지고 있습니다.

낙산사(2005년 4월 화재로 소실)는 고려 시대에 왕실에서 관심을 갖고 매년 향을 보내어 불을 피웠던 곳입니다. 조선 세조가 이 절에 행차했을 때 절이 비좁고 누추하다며 중건하도록 명해 규모가 커졌다고 합니다.

낙산사 관음불상

▲ 낙산사 홍련암

▼ 낙산사 배치도

낙산사 지역은 원래 오봉산이라 불리었던 산인데, 흙으로 쌓은 고성과 석조 홍예문의 중간에 낙산사가 배치되었습니다. 이 절은 관음 도량으로 유명한데, 관음 도량은 원래 물과 관련이 깊다는 특징이 있습니다. 제가 보기에 낙산사는 전통 신앙의 성소였던 것으로 보입니다. 전통 신앙의 중심지였다가 불교가 들어오면서 불교 도량으로 변환되는 과정을 겪은 곳이 몇 곳 있는데 낙산사도 그런 곳의 하나라고 생각합니다. 이 지역은 원래 노고(老姑) 신앙, 즉 할머니 신을 숭상하던 곳입니다. 옛날 전통 사회에선 가장 지혜로운 사람이 나이가 많은 할머니였을 것입니다. 그래서 노고 신앙이 자연스럽게 발달했습니다. 중국의 서왕모[3] 숭배 역시 그런 신앙의 흔적을 보여줍니다. 우리나라의 경우 불교가 들어오면서 노고 신앙이 모두 관음 신앙으로 습합되었습니다.

낙산사 홍련암은 법당에서 아래쪽의 바닷물을 볼 수 있어 더욱 유명합니다. 법당 마루에서 들여다보면 물이 산자락 안으로 들락날락하는 것이 보입니다. 이것은 생산을 상징하는 전형적인 형상입니다. 노고 신앙의 흔적임을 볼 수 있죠. 이런 전통 신앙을 제압하고 그 자리에 불교 성소가 들어선 것입니다. 관음불상을 보면 여자인지 남자인지 구별이 잘 안 되죠? 원래 관음보살은 남자의 형상인데 노고 신앙 등 여신 숭배 신앙의 영향으로 여성의 특징을 띠게 된 것으로 보는 것이 옳습니다.

이런 특징으로 본다면 진전사는 원래 먼저 있었던 큰 절이었고, 노고 신앙의 터전인 낙산사 터를 정리해서 작은 절인 낙산사를 세운 것이라고 추론해 볼 수도 있죠. 역사적으로 분명히 밝혀진 사실은 아닙니다만 충분히 개연성이 있는 가설이 아닐까 합니다.

배치와 입지가 독특한 양양향교

양양향교는 고려 때 생겼습니다. 안축이 고려 때 짓고 기문까지 남겼기 때문에 연대가 확실합니다. 양양향교는 그 배치와 입지가 아주 독특합니다.

일단 계단이 많은 것이 눈에 띕니다. 들어가 보면 명륜당이 양옆으로 길게 배치되어 있어 뒤가 안 보입니다. 명륜당 건물이 7간이나 됩니다. 일반적인 향교의 배치와는 달리 명륜당이 먼저 앞에 나와 있는 점도 특이합니다. 보통은 명륜당이 있고 양쪽으로 동재와 서재가 나란히 배치됩니다. 그러나 이곳은 명륜당과 대성전이 양끝에 있고 나머지 건물들은 전부 안으로 배치되었습니다.

또한 이 명륜당이 누의 기능을 한다는 점도 특기할 만합니다. 향교 내부로 진입하려면 명륜당을 통과하게 되어 있습니다. 앞서 보았던 건봉사에 진입할 때 누문 아래로 들어가도록 동선이 구성되어 있는데 양양향교 역시 진입할 때의 분위기가 그와 비슷합니다.

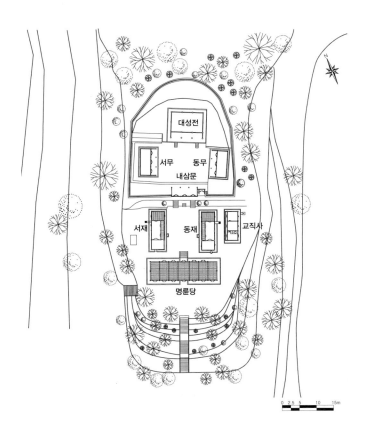

양양향교 배치도

양양향교의 이런 배치는 몇 군데에서만 볼 수 있는 드문 것입니다. 명륜당이 누의 기능을 겸했다는 것, 또한 명륜당이 길어 뒤를 가리고 있다는 것을 눈여겨보십시오. 특히 명륜당이 일반 누처럼 기둥 위에 서 있는 것이 아니라 석재를 쌓아 단을 만든 뒤 건물을 얹은 것이어서, 그 아래를 마치 터널을 통과하듯 진입하는 것은 한국에서 유래가 없는, 유일한 것입니다. 명륜당 뒤에는 마당이 있습니다. 전부 마루로 이뤄진 명륜당은 높은 위치에 있기 때문에 조망도 좋습니다.

이 향교는 산등허리에 올라가 앉았습니다. 직접 가보면 공간감을 아주 명료하게 느낄 수 있습니다. 층차도 분명합니다. 부근을 지나실 일이 있으면 일부러라도 들러서 직접 답사할 가치가 있다고 봅니다. 땅을 읽을 줄 아는 사람이 전통 건축 문법을 따르기보다는 그 땅에 맞춰 건물의 용도와 배치가 놓이도록 신경을 써서 지은 건물입니다.

양양향교를 세운 안축은 고려 말의 성리학자였습니다. 당시로선 혁신적인 선구자였고, 불교를 비판하는 강경함을 보였습니다. 원나라 과거에 급제한 인물이기도 합니다. 양양향교의 삼문에 태극이 그려져 있는데, 이 문양이 바로 성리학자들이 쓰는 기호입니다. 태극도는 우주를 상징하는 기호입니다. 말하자면 성리학의 천하도라고 볼 수 있습니다.

경색(景色)의 으뜸, 경포대와 허균 생가

동해안에서 가장 유명한 곳의 하나가 바로 경포대입니다. 안축이 쓴 《관동와주》에도 경포대는 경색(景色)의 으뜸이라 설명이 되어 있을 정도입니다. 안축의 기문은 경물(景物)보다는 경색에 비중을 두고 있습니다. 경물이 경치의 구체적인 외관이나 형태를 묘사하는 것이라면, 경색은 그 물질적인 것으로 구현된 '마음'이라고 할 수 있습니다. 아지랑이가 피거나 기류가 움직이는 변화무쌍함을 접하면서 마음에도 변화가 생기는 것이 경색입니다. 안축은 그 경색의 으뜸으로 경포대를 들었던 것입니다.

경포대는 현재의 면적과 형태, 그리고 위치가 모두 원래의 것과 다릅니다. 면적은 원래 지금 면적의 5/3배였습니다. 남쪽, 북쪽, 서쪽의 면적이 다 줄었는데 인위적으로 축소된 것입니다. 차도가 생기고 또 직선 모양으로 다듬으면서 원래의 형태가 줄어들었습니다. 위치 또한 처음의 위치에서 변화가 일어났습니다. 현재 위치에서 동쪽으로 약 700~800m 정도 바다 쪽으로 들어간 곳에 원래의 경포대가 있었고, 경포대 주변에는 정자며 여러 건물들도 많았는데 호수가 메워지면서 지형도 변했습니다. 지금과는 달리 주변의 방해정, 해운정, 심상진 가옥, 선교장 이런 것들이 다 경포대 물가에 있었습니다.

옛날 강릉은 경포대를 중심으로 하는 하나의 축과, 관아 객사를 중심으로 하는 또 하나의 축이 있었던 것 같습니다. 행정 중심이 후자라면 문화적, 정신적 중심은 전자였습니다.

경포대는 구조 또한 독특합니다. 경포대의 마루는 세 단으로 평면이 구성되었는데, 제일 낮은 층이 가장 넓고 남쪽으로 그 다음 넓은 층, 즉 두 번째로 높은 층이 있습니다. 그 층 좌우로 제일 높은 마루 단이 있습니다.

경포대 전경

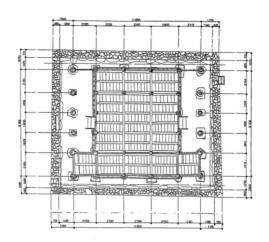

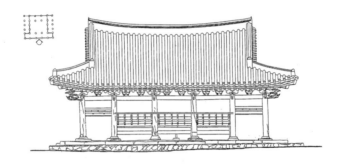

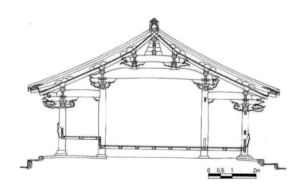

경포대 평면도(위)와 정면도(가운데), 종단면도(아래)

경포대의 이런 특징에는 의미가 있습니다. 입구의 회랑 다음으로는 마당이 있는데, 기둥 안, 즉 경계 안으로 들어왔으되 바깥과 같은 바닥, 낮은 바닥입니다. 다시 석 단을 올라가면 마루가 있고 3단 높이가 형성됩니다. 이처럼 바닥의 높이가 다른 이유가 어디에 있을까요? 가장 낮은 바닥의 마루에 앉아 바깥 경치를 보면 처마가 다 보입니다. 넓게 툭 터진 상태의 경치가 보입니다. 두 번째, 세 번째 바닥으로 올라가 앉아보면 바라보이는 경치의 틀이 달라집니다. 위로 갈수록 경치의 틀은 장방형이 됩니다.

　경포대에 높은 벼슬아치, 예를 들어 원님이 와서 잔치를 한다고 가정해 봅시다. 아마 원님은 두 번째 높이의 바닥에 앉지 않았을까요? 넓은 곳에서는 무희들이 움직이며 춤을 추고, 원님이 앉은 좌우에선 악공들이 연주를 하는 것입니다. 그럼 입체적인 음향으로 음악을 즐길 수 있었을 겁니다. 뒤를 돌아보면 경포대 경치가 쫙 펼쳐지고 양쪽에서는 음악 소리, 앞에선 무희들의 춤, 상상만으로도 풍류가 넘치는 광경입니다.

　누나 정 가운데 이렇게 3단으로 된 경우는 다른 데에서 찾아볼 수 없습니다. 주택으로는 안동 내압에 있는 의성 김씨 종택의 안채에서 3단 평면을 볼 수 있는 정도입니다.

　한편 경포대 주변의 명승지를 꼽은 경포팔경이란 것이 있습니다. 녹두일출, 죽도명월, 강문어화, 초당취연, 홍장야우, 증봉낙조, 환선취적, 한송모종이 그것입니다.

경포 호숫가에 있는 허균 생가는 그의 누이 허난설헌의 생가이기도 합니다. 이 집은 역사적 가치도 가치지만 건물 자체만으로도 볼 만한 곳입니다. 허균의 생가는 이 지역 고유의 배치와는 달리 서울식 사대부 집과 배치가 거의 같다는 특징이 있습니다. 집의 북쪽에서 남쪽을 향해 들어가는 데 입구가 하나 있는데, 이 입구로 가면 사랑채 쪽으로 갈 수 있습니다. 사랑채는 다시 북쪽에 있는 경포대를 향하고 있습니다. 아마 옛날에는 경포대의 경치를 즐기고 뱃놀이를 즐기느라 호수 쪽으로 왕래가 잦았을 테니 사랑채가 북쪽에 배치되었을 것입니다. 앞서 말씀드린 것처럼 경포 호수의 면적이 예전에는 현재보다 더 넓었기 때문에, 옛날에는 호수에서 놀다가 숲을 통해 걸어올 정도의 가까운 거리에 집이 있었습니다. 하지만 지금 허균 생가 사랑채의 북쪽 문을 나가 경포대까지 걸어가 보신다면 상당한 시간이 소요되는 것을 느낄 수 있을 것입니다.

사랑채에 붙은 안채에는 마당이 있습니다. 마당에 면해 안채가 'ㄷ'자 형식이 된 것이죠. 안채에는 서쪽에서 들어오는 출입문이 있습니다. 그래서 서쪽에서 집으로 들어오자면 바깥 대문과 안 대문, 두 개의 문을 통과해야 합니다. 바깥 대문에서 안 대문으로 들어오는 깊이가 꽤 길어서 10m를 넘습니다. 30자가 넘는 셈입니다. 이 좁은 통로로 들어오면 좌우로 사랑채의 나무들과 안채 채전에 있는 나무들이 솟아 있는 것을 볼 수 있습니다. 통로에서 정면으로는 안채 문이 보입니다. 통로 좌측에 사랑채로 통하는 샛문이 보이는데 아마 손님이 와서 접대를 할 때 술상이나 찻상,

밥상 등을 운반하기 위해 쓰던 문으로 생각됩니다.

안채 마당에는 화단도 있는데 이 마당이 상당히 기능적입니다. 외부 공간과 내부 공간을 차단하면서 건물을 배치했습니다. 수목도 전통 원림 수목으로 제대로 심었고 짜임새도 제대로입니다. 안채 남동쪽에 붙은 부엌의 규모도 굉장히 큽니다.

강릉 선교장

선교장이 있는 북평촌은 강릉에서 명승지로 알려져 있습니다. 경포 호수와 해운정, 방해정, 금란정, 취영정, 경호정 등 여러 정자가 호수 주변에 자리 잡았습니다. 좀 떨어진 서쪽 산자락에 율곡 이이의 탄생지인 오죽헌도 있습니다.

선교장은 전주 이씨 효령대군의 후손 집안입니다. 효령대군의 11손인 이내번(李乃蕃)이 충청도 충주에서 강릉 경포 호수 주변의 저동으로 옮겨 자리를 잡았다가 현재의 선교장 자리로 옮겼다고 합니다.

원래는 집 앞쪽으로 물이 들어왔기 때문에 이름이 선교장, 즉 '배다리집'이었습니다. 배다리를 건너 집으로 들어갔던 것이죠. 지금은 집 앞쪽에 논 등이 있지만 원래는 물이 있었고, 집 뒤쪽 산 방향으로도 물이 있었습니다. 물 사이에 산이 끼인 형상이었습니다.

이내번의 손자가 되는 오은거사 이후(李厚)가 열화당을 건립하면서 뒷산에 팔각정, 동구에 연못을 파고 그 가운데 활래정을 지어 사랑을 확장했습니다. 또 동별당, 서별당으로 확장하여 현재에 이르렀습니다.

선교장의 건물 배치에서 특이한 점은 사당이 거의 정서향에 가깝다는 사실입니다. 서향 사당은 사례를 찾기 힘듭니다. 반면 안채나 동별당은 완전한 'ㅁ'자 건물인데 서울식입니다. 안채와 사랑채 사이에는 드나들 수 있는 출입문이 있습니다.

열화당이란 건물은 건축적으로 볼 만한 가치가 있습니다. 열화당은

선교장 전경

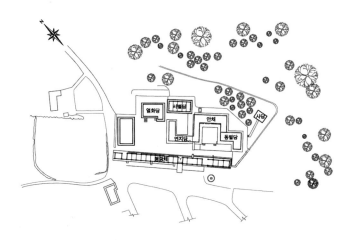

거의 정서향을 하고 있기 때문에 햇빛이 길게 들어옵니다. 그 햇빛을 가리기 위한 차양이 건물에 설치되어 있습니다.

우리 옛 건축에서 차양이 있는 건물은 몇 되지 않습니다. 창덕궁 연경당의 서재가 서향인지라 차양을 달고 있습니다. 해남 윤선도 가옥의 사랑채에도 차양이 있고, 서산의 경주 김씨 가옥의 사랑채에 차양이 있습니다. 우리나라에 이렇게 네 군데밖에 없습니다.

열화당 차양은 동판 재질입니다. 흔히 동판을 서양 것이라고 생각하는데, 중국에서도 많이 쓰이던 소재입니다. 동판이 우리나라에 흔하지 않았던 이유는 가격 때문입니다. 구리 소재가 약하게 보일 수 있지만 동판은 일단 푸르게 녹이 슬고 나면 변하지 않는, 내구성이 강한 소재입니다. 대신 아황산가스에는 약해서 현대의 자동차 배기가스나 연탄가스에는 취약합니다. 이런 가스가 있을 리 없던 예전엔 동판은 목돈을 들여 설치해 놓으면 아주 오래가는 고급 소재였습니다.

오죽헌은 신사임당의 친정이자 율곡 이이가 태어난 곳으로 유명한데, 오

선교장 배치도

늘날 강릉을 방문하는 관광객들이라면 한번쯤 들르는 곳입니다.

임진왜란 이전까지는 결혼한 여성들이 친정에 자주 드나들었다고 합니다. 또 부모로부터 재산 상속도 균등하게 받았다고 합니다. 신사임당도 그런 경우였는데 사임당의 어머니 이씨는 외손자인 율곡에게도 분재(分財), 즉 재산 상속을 해주었습니다. 그래서 율곡도 외할머니의 봉사손으로 이곳을 종종 드나들었습니다.

율곡은 1569년에 벼슬을 사직하고 강릉으로 외조모를 뵈러 갔다가 《청학산유람기(靑鶴山記)》를 지었는데, 청학산이란 지금의 강릉시 연곡면의 소금강을 말합니다. 그 기문 중에 "연곡현 서쪽에 오대산으로부터 백여 리를 뻗어내려 온 산이 있고 그 가운데 동학(洞壑, 깊고 큰 골짜기)이 있어 매우 맑으며, 그 유심한 곳에 청학이 암봉 위에 깃들고 있으니, 참으로 선경이나 유람하는 사람이 이르지 않으므로 크게 알려지지 않았다고 한다"고 썼습니다. 율곡은 이 지역을 유람하면서 학소암, 창운, 관음천, 석문, 식당암, 청학소 등을 보았습니다. 가장 높은 봉우리를 촉운봉, 식당암을 비선암, 동부(洞府, 신선이 거처하는 곳)는 천유(天遊), 바위 아래 있는 못을 경담(鏡潭)이라 이름 지었고, 산 전체를 청학산이라 하였습니다. 또 취선암이라는 이름도 지었습니다만, 지금은 그 이름들로 불리지 않고 있습니다. 원래 율곡 이이의 향촌은 파주 쪽이었는데 화석정 근처 율곡리가 거점이었던 것 같습니다. 외가인 강릉을 드나들면서 율곡은 멀지 않은 도산서원도 드나들며 퇴계와의 교류가 있었다고 합니다.

신복사지, 강릉 객사문, 강릉향교

신복사지에는 고려 때의 것으로 추정되는 삼층 석탑이 하나 있습니다. 이 탑의 탑신에 공양보살 형태의 인물이 새겨져 관심을 끕니다. 사람들은 이 공양보살상이 여성이라 아들을 기원하는 기자신앙(祈子信仰)의 흔적이라고 말하곤 합니다. 제가 보기엔 이 공양보살이 꼭 여성의 형상 같지는

오죽헌

않습니다. 수행을 하는 행자일 수도 있습니다. 원래 사찰에는 금당이나 진신사리탑 앞에 조그만 토굴 같은 것을 만들어 놓고 행자가 대기하면서 그곳에서 지내곤 합니다. 아예 그런 형상을 조각으로 구현해놓는 경우도 더러 있습니다. 신복사지 탑에 새겨진 형상 역시 이런 방향에서 볼 수 있지 않을까 합니다.

고대 인도에서 기원전 3천년 경에 드라비다 족이 도시국가를 만들었다고 합니다. 제 추론으로 이 드라비다 족은 해안족인데, 문화적 성향이 강하고 공격적인 면이 전혀 없었습니다. 이들이 해안에서 내륙으로 올라와 농경문화를 맞았고, 기원전 15세기까지 청동기문화를 소유했습니다. 그때 철기문명을 가지고 있던 아리안 족이 이들을 멸망시켰습니다.

드라비다 족은 해안 종족답게 성(性) 신앙이 있었습니다. 이는 해안 종족의 일반적인 특성입니다. 멸망 이후 기층 민중이 된 드라비다 족의 문명이 지배계층인 아리안 족에 영향을 미쳤을 것이라고 보는 견해가 결코 무리는 아닐 것입니다. 그러한 사례의 대표적인 것이 스투파, 즉 탑입니다.

신복사지 삼층 석탑

저는 이 스투파가 성 신앙의 남근석에서 유래되었다가 불교로 온 것이 아닐까 생각해봅니다.

　이런 면에서 보자면 신복사지의 탑을 굳이 기자신앙으로까지 연결시키는 것은 조금 무리가 있지 않을까 합니다. 공양보살, 행자의 형상이라는 편이 좀 더 자연스럽지 않을까요? 이 탑의 연대를 감안해보면 더욱 그렇습니다. 탑의 형태를 볼 때 고려 시대 이전으로는 올라가지 않습니다. 그러니까 불교 신앙이 상대적으로 공고할 때 지어진 탑이란 말입니다.

　신복사지 지역은 구성면의 중심에 해당합니다. 고려 시대에 5도 양계라는 행정체계가 있었던 것은 널리 알려진 사실입니다. 강릉 지역은 고려 시대 정부가 꽤나 신경을 쓰고 배려한 지역입니다. 함경도 쪽으로 여진족 등이 계속 드나들었으니 민심도 불안했을 것입니다. 그런 민심을 누그러뜨리고 달랠 수 있는 방법으로 불교 국가인 고려로서는 공적 공간인 사원을 짓는 일만한 것도 없었을 것입니다. 신복사 역시 그런 맥락에서 조성된 곳으로 보입니다.

현재의 강릉 객사문 주변은 원래 조선 시대까지 관아가 있던 곳입니다. 고려 시대의 객사문 중 유일하게 남은 이것은 현대에 들어 한때 경찰서 문으로 사용된 적도 있습니다.

　강릉 객사문의 구조는 아주 명료합니다. 구조가 구조적이라고 하면 좀 이상한 표현이 되겠습니다만 그렇게 표현할 수 있을 정도입니다. 객사문은 고려 시대부터 조선 시대까지 관아의 중심이 현재 이 자리였음을 나타내주는 중요한 구조물입니다. 양식으로 볼 때는 맞배지붕의 단순한 구조입니다.

　현재 남아 있는 고려 시대의 건물로는 영주(옛 순흥) 부석사를 비롯한 몇 곳이 있습니다만 관아 건물로는 강릉 객사문이 유일합니다. 그런데 이 강릉 객사문을 보면 고려 시대에는 사찰 건물뿐 아니라 관아 건물 역

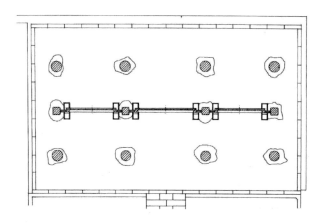

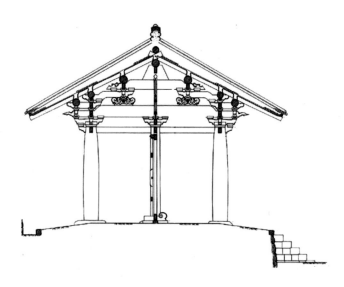

▲ 강릉 객사문 평면도

▼ 강릉 객사문 단면도

시 맞배지붕에 주심포 양식(柱心包 樣式, 기둥 위에만 공포(拱包)를 배열하는 옛 건축 공포 양식의 하나. 공포란 처마의 무게를 받치기 위해 기둥 머리에 댄 나무쪽을 말한다. 주심포 양식 이외에도 다포 양식(多包樣式), 익공 양식(翼工樣式)이 있음)을 한 단순한 형식이었음을 알 수 있어 의미가 깊습니다.

강원도의 향교 가운데 앞서 언급한 양양향교와 강릉향교 두 곳은 다른 지역의 향교 건축에 비해 독특한 배치 양식을 보여줍니다. 향교에는 두 가지 기능이 있습니다. 성현들에게 제사를 지내는 묘사(廟祠)의 기능과 후학들을 교육하는 학교의 기능이 그것입니다. 강릉향교에서 볼 수 있는 것처럼 일반적인 향교 배치는 전학후묘(前學後廟) 형식입니다. 전학 구역에는 명륜당이, 후학 구역에는 대성전이 배치됩니다. 또한 고려 말부터 조선 초기까지의 향교는 대체로 좌우 개념으로 배치되어 있습니다. 성주, 풍기 등에 그 흔적이 있습니다.

　　강릉향교는 조선 초기에 세워진 것인데 양양향교와 마찬가지로 초입에 9간의 엄청나게 긴 문루가 가로막고 있습니다. 이 문루가 명륜당인데 그 아래로 들어가 진입하면 대성전의 축대가 보입니다. 강학을 하는 기능이 앞쪽으로 모이고, 계단을 가파르게 올라가면 묘사를 하는 곳, 즉 대성

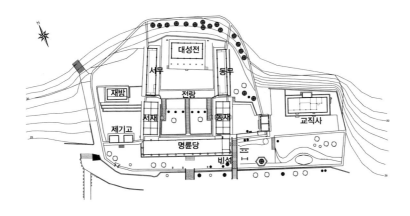

강릉향교 배치도

전 건물이 나옵니다. 명륜당이 강당을 겸하고 있고 동재와 서재는 붙어 있습니다. 그 뒤로 마당에서 대성전까지 계단 세 개가 가파르게 있습니다.

강릉향교는 직접 가서 보면 공간의 배치가 대단히 조밀하다는 것을 느끼실 것입니다. 또한 극적이기도 합니다. 누 아래로 진입하여 계단으로 올라가면 시각적으로 탁 트이는 것을 경험할 수 있기 때문입니다. 회랑 같은 담이 둘러싸고 있어 시각에 변화를 줍니다. 밀도와 긴장감을 연출하는 것이 보통 솜씨가 아닙니다.

삼척의 삼화사와 천은사

다음은 삼척의 삼화사를 보겠습니다. 삼척에는 죽서루를 비롯해 미수 허목이 세운 동해척주비(東海陟州碑, 1661년), 삼척향교, 준경묘(태조 이성계의 5대조 묘), 통나무 물방아, 너와집, 굴피집, 고려 공양왕릉, 신흥사, 삼화사, 천은사, 당은사, 능파대 등의 관광 유적이 산재합니다. 태백산에서 발원한 물이 죽서루까지 50번을 굽어 돈다 하여 오십천이라 부르는 강도 유명합니다. '삼척'이라는 이름은 757년(신라 경덕왕 16년)부터 쓰였습니다. 995년 고려 성종 대에는 '척주'라 불리고 조선 태조 2년(1391)에는 삼척부로 승격, 태종 13년(1413)에는 삼척도호부로 승격되었습니다.

삼척 삼화사는 두타산에 있는 절입니다. 신라 말 어수선한 시기에 이곳에서 세 명의 신인(神人)이 회의를 하였다 합니다. 뒤에 범일[4]이 절을 지어 삼공사(三公祠)라 했는데 조선 태조가 삼화사라 고쳤다고 합니다. 절이 위치한 계곡은 무릉계라 불리는 유명한 곳입니다.

역사적인 면은 차치하고 지리적인 면에서 볼 때에도 삼화사는 의미 있는 절입니다. 원래 이곳의 암반은 석회암입니다. 그런데 모 시멘트 회사에서 석회암을 채굴하면서 삼화사를 원래 자리에서 지금 자리로 옮기게 했습니다. 그러므로 절 자체의 배치는 원래 형태와는 상관없어졌고, 아래쪽 물이 흐르는 곳에 글씨를 새긴 각자(刻字) 등의 흔적이 남아 있습니다.

이런 흔적들만 해도 충분히 볼 만합니다.

천은사는 두타산의 동쪽 자락에 있는 절입니다. 신라 흥덕왕 4년(829)에
창건해서 백련대라 했는데 고려 충렬왕 때 이승휴(李承休)가 간장암을 다
시 지었습니다. 고종 광무 3년(1899)에 목조의 고비릉을 중수할 때 이 절
에 조포소(造泡所, 관가에 두부를 만들어 바치던 곳)를 설치하고 천은사
라 개명했다고 합니다. 안축의 기문에 "지치(至致) 3년(1323) 가을에 이군
덕유(德孺)가 나에게 와서, 선동안(先動安) 선생이 지원 연간에 충렬왕을
섬겨 간관(諫官, 고려·조선 시대 왕에게 간쟁하는 일을 담당하던 관리)이
되었으나 정사를 말하여도 받아들여지지 않으므로 관직을 버렸다. 평소
외가 고을인 삼척현의 풍토를 좋아하여 드디어 두타산 밑에다 터를 잡고
용안당(容安堂)이라 하였다"는 구절이 나옵니다.

　《제왕운기》로 유명한 이승휴는 천은사 아래에 거처하면서 절에 드
나들었다고 하는데, 용안당을 절에 희사하고 현판을 간장암이라 했다고
합니다. 근처에 이승휴의 별장 자리가 남아 있어서 이 절과 그의 깊은 관
계를 증명해주기도 합니다.

　조선 시대에 동인의 김효원과 서인의 심의겸이 당쟁을 벌인 결과 김
효원이 삼척 부사로 발령을 받아 이 지역으로 온 일이 있었습니다. 그 김
효원의 문집 《성암집》에는 천은사의 뒷산을 '칠칠일가정(七七一加井)'이
라 표현하고 있어 이채롭습니다. 이 말이 무슨 뜻일까요. 7 곱하기 7에 1
을 더하면 50이 됩니다. 우리말로 쉰입니다. '정'은 우물입니다. 우물은 음
양 중에서 음이죠. 따라서 칠칠일가정, 즉 '칠칠일가음'이란 말은 이 산의
원래 이름인 쉰음산을 한자로 풀어 표현한 것입니다.

　여기서 우물은 실제의 우물이라기보다는 움푹 패인 웅덩이 정도로
보면 될 것입니다. 쉰 개의 웅덩이, 이곳이야말로 기자사상(祈子思想)의
근원이 된 지형입니다. 하지만 그런 원초적 의미의 이름을 점잖은 사대부

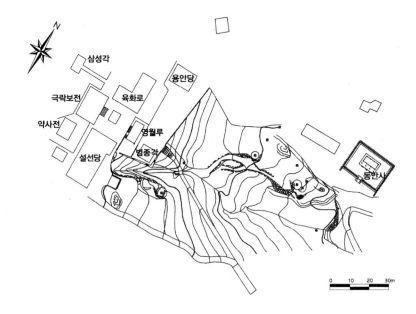

▲ 천은사 극락보전

▼ 천은사 배치도

가 노골적으로 표현하기는 뭣하니까 격조 있게 돌려 말한 것입니다. 미수 허목[5]의 글에도 이 지역에 대한 글이 있어서 읽어볼 만합니다.

죽서루

관동팔경에 속한 누나 정자는 모두 바다를 향해 전망이 열려 있습니다. 그런데 유독 죽서루만은 바다에 등을 돌리고 오십천 계곡을 향해 서 있습니다. 죽서루에서 바라보는 전망의 시선을 따라가면 함백산, 태백산에 미칩니다. 아주 독특합니다.

죽서루의 창건자와 연대는 미상인데 1266년 이승휴가 안집사(安集使, 고려 후기에 외적의 잦은 침입에 대비해서 민생의 안전을 위해 파견된 관리로 추측됨. 주로 양계 지방에 주재한 듯함) 진자후와 같이 서루에 올라 시를 남겼다는 것을 보아 1266년 이전에 창건되었음을 알 수 있습니다. 그 후 1403년 부사 김효손이 중창했습니다. 조선 시대의 관동팔경에 속한 명승지입니다.

죽서루라는 이름은 누의 동쪽에 죽림이 있고 죽림 속에 죽장사라는 절이 있었다 하여 붙은 것이라 합니다. 누각 전면의 '죽서루'와 '관동제'라는 편액은 숙종 41년(1711) 부사 이성조의 글씨이고, 누 안에 '제일계정'이라는 편액은 부사 허목의 글씨, '해선유희지소'는 부사 이규헌의 글씨입니다.

오십천(五十川)은 굽이가 50여 개라서 붙은 이름이라고 말했습니다. 죽서루의 터는 고려 시대까지 절터였던 것으로 보입니다. 옛 그림들이나 기록을 살펴보면 죽서루 옆쪽으로 작은 암자의 흔적이 남아 있습니다. 지금은 절터가 없어졌습니다. 죽장사라는 절이 있었다는 기록도 있는데, 죽서루라는 이름도 죽장사에서 오지 않았을까라고 앞서 말씀드렸습니다.

죽서루 서쪽 벼랑 밑으로는 물이 감돌아 여울집니다. 수면도 넓습니다. 옛 사람들이 아마 이곳에서 뱃놀이를 즐기며 음풍농월하지 않았을까 싶습니다. 죽서루는 계곡을 바라보고 있으며 뒤쪽으로는 시가지가 있습

니다. 바다 쪽에서 보자면 죽서루 우측으로 물이 흘러 감아 돌아 바다로 흘러듭니다. 지금도 벼랑에 보면 큰 돌, 즉 대석들의 흔적이 있습니다. 그 대 위에 누를 지어 올린 것입니다.

죽서루는 대나무 죽(竹)자를 쓰고 있습니다만 이 부근에는 대나무가 하나도 없습니다. 그렇지만 이름으로 봐서 예전에는 대나무가 있었지만, 그 동안에 식물의 생태가 바뀐 것 같습니다. 만약 이곳에 대나무가 있었다면 석대가 있고 대나무 사이로 건물이 보이면서 운치가 아주 빼어났을 것입니다. 조선 중기의 학자인 한강 정구의 시를 보면 "처마 앞에 긴 대가 수천 줄기 그 너머로 물줄기가 오십 구비"라는 말도 있습니다. 오십천이 보이고 대나무가 있었다는 말입니다. 또한 고려 말 조선 초의 문신인 안성의 시[6]에, "삼천도중(三千徒衆)이 풍운과 함께 흩어졌다"라는 구절도 있는데 이곳이 절터였음을 말해주는 표현입니다.

죽서루는 건물 자체로는 특기할 만한 것이 별로 없습니다. 하지만 입

죽서루에서 두타산을 바라본 광경

지와 기능의 변화, 생태의 변화를 살피면서 세월의 무상함과 경치의 아름다움을 함께 즐길 수 있는 곳입니다.

지금까지 관동팔경 일대를 살펴보았습니다. 동해안에 여러 번 다녀오신 분도 주변에 많이 있습니다만, 여기에서 살펴본 곳 가운데 몇 곳이나 들러보셨는지 궁금해집니다. 지금 우리 눈에 아름답게 보이는 이 풍경은 오백 년 전, 천 년 전 옛사람의 눈에도 아름답게 보였을 그 산천입니다. 오늘날 우리가 이 자연 앞에서 느끼는 것들과 옛 사람들의 감회는 어떻게 같고 어떻게 다를까요? 또한 옛사람들은 이 지형을 어떻게 읽었으며 어떤 건축으로 표현했을까요?

군이 이 시간에 살펴본 곳들을 다 돌아보려 하지 않아도 좋을 것입니다. 한두 곳이라도 직접 가서서 조금 다른 눈으로 옛 건축들을 보아주십시오. 백문이 불여일견이라고 하지 않습니까.

‹죽서루›, 정선, 비단에 수묵 담채, 57.8x32.3cm, 18세기, 간송미술관 소장

인제군 한계산

《신증동국여지승람》, 권46, 인제군

산 위에 성이 있다. 냇물이 성안부터 흘러나와서 곧
폭포를 이루어 내려가니 흐름이 수백 척 높이에 달
려 있으므로 바라보면 흰 무지개가 하늘에서 드리
워진 것 같다. 원통역(圓通驛)부터 동쪽은 좌우쪽
이 다 큰 산이어서 동부(洞府)는 깊숙하고, 산골 물
은 가로세로 흘러 건너는 것이 무려 36번이나 된다.
나무들은 갈대 자리를 말아 세운 듯한 것이 위로는
하늘에 솟고 곁에는 가로 뻗은 가지가 없다. 소나무
와 잣나무가 더욱 높아 그 꼭대기를 볼 수 없다. 또
그 남쪽에 봉우리가 절벽을 이루었는데 그 높이가
천 길이나 되어 기괴하기가 형언할 수 없다. (너무 높
아) 새도 날아가지 못하며, 행인들은 절벽이 떨어져
누르지나 않을까 의심한다. 그 아래에는 맑은 샘물
이 바위에 부딪혀서 못을 이루었는데 반석(盤石)이
앉을 만하다. 또 동쪽의 수리는 동구가 매우 좁고,
가느다란 작은 길이 벼랑에 걸려 있다. 빈 구멍은 입
을 벌리고, 높은 봉우리들은 높이 빼어나 용이 마주
당기고 범이 움켜잡을 것 같으며 층대를 여러 층 겹
쳐 놓은 것 같은 것이 수없이 많아 그 좋은 경치는
영서(嶺西)에 으뜸이 된다.

《신증동국여지승람》에 나타난 한계령

낙산사
«신증동국여지승람», 권44, 양양, 불우

고려 승려 익장(益莊)의 기문에, "양주(襄州) 동북쪽 강선역 남쪽 동리에 낙산사가 있다. 절 동쪽 두어 마장쯤 되는 큰 바닷가에 굴이 있는데, 높이는 1백 자 가량이고 크기는 곡식 1만 섬을 싣는 배라도 용납할 만하다. 그 밑에 바닷물이 항상 드나들어 측량할 수 없는 구렁이 되었는데, 세상에서는 관음대사가 머물던 곳이라 한다. 굴 앞에 오십 보쯤 되는 바다 복판에 돌이 있고, 돌 위에는 자리 하나를 펼 만한데 수면에 나왔다 잠겼다 한다. 옛적 신라 의상법사가 친히 불성(佛聖)의 모습을 보고자 하여 돌 위에서 전좌 배례(展坐拜禮)하였다. 27일이나 정성스럽게 하였으나 그래도 볼 수 없었으므로, 바다에 몸을 던졌더니 동해 용왕이 돌 위로 붙들고 나왔다. 대성(大聖)이 곧바로 속에서 팔을 내밀어, 수정 염주를 주면서, '내 몸은 직접 볼 수 없다. 다만 굴 위에 두 대나무가 솟아난 곳에 가면, 그곳이 나의 머리꼭지 위다. 거기에다 불전(佛殿)을 짓고 상설(像設)을 안배하라.' 하며 용 또한 여의주와 옥을 바치는 것이었다. 대사는 구슬을 받고 그 말대로 가니 대나무 두 그루가 솟아 있었다. 그곳에다 불전을 창건하고 용이 바친 옥으로 불상을 만들어 봉안하였는 바, 곧 이 절이다.

우리 태조께서 나라를 세우시고, 봄가을에 사자를 보내 사흘 동안 재를 실시하여 치성하였고, 그 후에는 갑령(甲令: 항상 하는 일)에 적어서 항규(恒規)로 하였다. 그리고 수정 염주와 여의주는 이 절에 보관해 보물로 전하게 하였다. 계축년에 원나라 군사가 우리 강토에 마구 들어왔으므로 이 주(州)는 설악산에 성을 쌓아 방어하였다. 성이 함락되자, 절 종(奴)이 수정 염주와 여의주를 땅에 묻고 도망하여 조정에 고하였다. 침입군이 물러간 후 사람을 보내 가져다가 내전(內殿)에 간수하였다. 세상에 전해오기로는, '사람이 굴 앞에 와서 지성으로 배례하면 청조(靑鳥)가 나타난다.' 하였다. 명종(明宗) 정사년에 유자량(庾資諒)이 병마사가 되어 시월에 굴 앞에 와서 분향 배례하였더니, 청조가 꽃을 물고 날아와 복두(幞頭) 위에 떨어뜨린 일이 있었는데, 세상에서는 드물게 있는 일이라 한다." 하였다.

양양향교
안축, «신증동국여지승람», 권44, 양양도호부

안축의 기문에, "대관령 동쪽에는 산수가 기이하고 빼어났는데, 양양이 그 중간에 있다. 그 신령한 정기와 또 맑은 기운이 반드시 공연히 쌓이지 않았을 터이건마는, 백여 년 동안에 기이한 재주와 덕을 품은 사람이 이 고을에서 나와, 인륜을 빛나게 한 자가 있었다는 것을 듣지 못하였다. 그러나 이것은 산수의 정기가 영험 없음과 고을 사람의 성품이 착하지 않음이 아니다. 대개 이 고을은 예부터 오랑캐 지경에 이웃하여 변란이 여러 번 일어났으므로 학교를 세우지 못하였기 때문이다. 지금은 온 나라가 통일이 되어 백성이 변란을 모른다. 성학(聖學)이 거듭 일어나고, 자제가 나날이 많아지니 학교를 설치하여 인재를 양육하는 것이 마땅하거늘, 이 고을 다스리는 자는 오직 문서 따위만을 급무로 하였을 뿐, 이런 데까지는 생각이 미치지 못하였던 까닭에, 산수 정기가 서리고 맺혀 말할 곳이 없고, 자제의 천성이 파묻혀 발양될 수 없었으니, 이것이 어찌 고을 사람의 불행이 아니리오.

내가 이 고을에 와서 옛일을 아는 늙은이에게 들으니, '고을 북쪽에 문선왕동(文宣王洞)이라 하는 고을이 있는데, 여기가 반드시 예전에 학교 터이며 없어진 지 오래였으리라.' 하였다. 나는 마음속으로 그윽이 탄식하고 고을 사람에게 그 지역에 학교를 짓도록 명하였다. 고을 사람들이 다 기뻐하며, '자식들의 뜻이었다' 하여, 즐거움으로써 수고로움을 잊는 것이었다. 이에 동년(同年) 벗 통주수(通州守) 정랑(正郎) 진군(陳君)에게 병부(兵符)를 내려, 그 공역을 감독하도록 하였다. 공역을 시작하자 이 고을 태수 정랑 박군이 임소(任所)에 왔다. 박군 또한 글하는 선비로 정승 집 자제였다. 실상 그 힘을 이용하여 나의 뜻을 이루게 되니, 이것이 어찌 고을 사람의 다행이 아니리오. 땅의 정기는 그 쇠한 지가 오래면 그 왕성해지는 것이 급속하고, 그 쌓인 날짜가 멀면 그 발하는 것이 왕성하다. 이제부터는 집마다 재주와 학문이 있는 자손이 있고, 마을마다 인후한 풍속이 있을 것이다. 그런 다음이라야 산수의 부끄러움을 씻고 나의 말이 빈말이 아님을 알 것이다. 그러나 제도가 거칠고 소략하며 일의 공효에도 모자람이 있으니, 후임으로 오는 군자는 한번 살피기를 바란다." 하였다.

경포대
안축, ≪신증동국여지승람≫, 권44, 강릉대도호부

안축의 기문에, "천하의 물건이 형체가 있는 것은 모두 이치가 있으니, 크게는 산과 물, 작게는 주먹만한 돌, 한 치 만한 나무라도 그렇지 않은 것이 없다. 그러므로 유람하는 사람은 이런 물건을 보고 흥을 느끼며, 따라서 즐거워하는 것이다. 이것이 누대와 정자를 짓게 되는 이유이다. 형체가 기이한 것은 외면에 나타나는 것이므로 눈으로 구경하게 되는 바이며, 이치를 찾자면 미묘한 데에 숨겨져 있어 마음으로 얻는 바이다. 눈으로 기이한 형체를 구경하는 데에는 어리석은 자나 슬기로운 자가 모두 같이 그 한쪽만을 보게 되며, 마음으로 미묘한 이치를 깨치는 것은 군자만이 그러하여 그 전체를 즐거워한다. 공자께서, '인자(仁者)는 산을 좋아하고 지자(智者)는 물을 좋아한다' 하셨다. 이것은 그 기이한 형체를 구경하면서 한쪽만 보는 것을 말한 것이 아니고, 대개 미묘한 이치를 깨쳐서 그 전체를 즐김을 말한 것이다.

내가 관동지방을 유람하기 전에 관동의 형승을 평론하는 자는, 모두 국도(國島)와 총석(叢石)을 말하고 경포대는 그렇게 아름답게 여기지 않았다. 다음 태정(泰定) 병인년에 지금 지추부학사(知秋部學士) 박공 숙(淑)이 관동에서 절월(節鉞)을 잡았다가 돌아와서 나에게 말하기를, '임영 경포대는 신라 시대에 영랑선인(永郎仙人)들이 놀던 곳이다. 내가 이 대에 올라 산수의 아름다움을 보고 마음에 참으로 즐거워하였고, 지금에도 생각에 남아 잊을 수 없다. 누대에 정자가 없어서 풍우를 만나면 유람하는 자가 괴로워하였다. 그러므로 내가 고을 사람에게 명하여 대 위에다 작은 정자를 지으니, 그대는 나를 위하여 기문을 지으라.' 하였다.

나는 이 말을 듣고 박공의 본 바가 여러 사람의 평론하는 바와 같지 않음을 괴이하게 여겼다. 그러므로 감히 망령되게 평론하지 못하고, 한번 유람한 뒤에 기문을 짓기로 생각하였다. 이번에 내가 다행히 왕명을 받들고 이 지방을 진수하게 되어, 기이하고 훌륭한 경치를 두루 보았다. 저 국도와 총석의 기이한 바위와 괴상한 돌이 진실로 사람의 눈을 놀라게 하나, 이것은 기이한 형상의 물체일 뿐이었다. 그 후 이 대에 오르니, 담담하게 한가롭고 넓게 트이어 기괴한 형상으로 사람의 눈을 놀라게 하는 것이 없고, 다만 멀고 가까운 산과 물뿐이었다. 앉아서 사방을 돌아보니, 먼 데의 물은 푸른 바다가 넓고 질펀한데 아득한 물결이 출렁거리고, 가까운 데의 물은 경포가 깨끗하고 맑아 바람 따라 넘실거린다. 먼 데의 산은 골짜기가 천 겹인데 구름과 노을이 아련하며, 가까운 데의 산은 봉우리가 십 리인데 초목이 무성하다. 항상 물새와 갈매기가 있어 떴다 잠겼다 하며, 대 앞에서 한가하게 놀고 있다. 그 봄가을 연기와 달이며, 아침저녁으로 그늘졌다 개었다 하여 때에 따라 변화하는 기상이 일정하지 않은 바, 이것이 이 경포대 경치의 대략이다.

두타산기

허목, «미수기언»

내 오랫동안 앉아서 가만히 보다가 막연히 정신이 집중됨을 깨닫지 못하였다. 지극한 멋은 한가하고 담담한 중에 있고, 속세를 떠난 생각이 기이한 형상 밖에 뛰어나서, 마음에 홀로 알면서 입으로는 형용할 수 없음이 있었다. 그러한 뒤에 박공의 좋아한 바가 기괴한 물체에 있는 것이 아니고, 내가 말하는 이치의 미묘한 것임을 깨달았다. 옛적에 영랑이 이 대에 놀았으니, 반드시 좋아한 까닭이 있었을 것이다. 지금 박공이 좋아한 것도 영랑의 마음과 같은 것인가. 박공이 고을 사람에게 이 정자를 짓도록 명하니, 고을 사람이 다 '영랑이 이 대에 놀았으니 정자가 있었다는 것은 듣지 못하였는데, 지금 천 년이나 지난 뒤에 정자는 지어서 무슨 소용이랴.' 하고, 마침내 풍수가의 꺼리는 말로써 고하였다. 그러나 공은 듣지 아니하고 역군을 독촉하여 흙을 깎다가 정자 옛 터를 발견하였다. 주추와 섬돌이 그대로 남아 있으니, 고을 사람이 이상하게 여겨 감히 딴 말이 없었다. 정자 터가 이미 오래되어 까마득하고 묻혀지기까지 하여 고을 사람도 몰랐던 것이다. 그런데 지금에 우연히 발견되었으니, 이 일을 보면 영랑이 오늘날에 다시 태어난 것이 아닌 줄을 어찌 알겠는가. 전일에 내가 박공의 말을 듣고 그 단서를 알았으나 이번에 이 대에 올라서 그 자세한 것을 상고하고, 인해서 정자 위에 쓰노라." 하였다.

6월에 두타산에 갔다. 삼화사(三花寺)는 두타산의 오래된 사찰이었으나 지금은 폐사되어 연대를 알 수 없고, 우거진 가시덩굴 속에 무너진 옛날 탑과 철불만이 남아 있다. 산속으로 들어가니 계곡 위로는 모두 우거진 소나무와 큰 바위들인데, 바위 너설이 긴 여울에 임하여 마주 보면서 층대(層臺)를 이루었다. 이것을 '범바위[虎巖]'라고 한다. 층대를 따라 서쪽으로 바위 벼랑에 올라가면 '사자목[獅子項]'이라는 곳이다. (......) 계곡 위에 작은 고개를 오르면 바위 벼랑 밑에 맑은 물과 흰 돌이 있는데, 그 반석을 '마당바위[石場]'라고 하며 바위로 된 계곡이 확 트였고, 돌 위로는 물이 흐르는데 맑고 얕아서 건널 수가 있으며, 석양이 비끼면 소나무 그림자가 어른거린다. 마당바위를 어떤 이는 '산중 사람들이 바가지를 버렸던 바위이다.'라고 한다.

경포대 기문

두타산기

북쪽 벼랑에 있는 석대(石臺)를 '반학대(伴鶴臺)'라 하고 이것을 지나면 산이 모두 암석인데, 쭈뼛한 바위가 깎아 세운 듯하며, 앞에 있는 미륵봉(彌勒峯)은 더욱 기묘하다. 마당바위를 지나 서북으로 올라가면 중대사(中臺寺)가 있는데, 지난해 산불로 인하여 타 버린 것을 중이 삼화사로 옮겨다 지었다. 삼화사는 제일 아래에 있고 중대사는 산 중턱에 있는데, 그곳은 계곡과 암석이 엇갈리는 길로서 가장 아름다운 절이다. 그 앞의 계곡을 '무릉계(武陵溪)'라 한다. 산중 수석의 이름은 모두 옛 부사였던 김효원(金孝元)이 지은 것으로, 김부사의 덕화가 지금까지 전하며, 부 안에는 김부사의 사당이 있다.

북쪽 폭포는 중대사 뒤에 있는데, 바위 너설로 된 골짜기가 몹시 험하게 가파르고, 그 아래는 바위가 평탄하여 차츰 내려갈수록 험한 바위는 없어져 올라가 놀 만하며, 계곡에는 물도 흐르고 있다. 바위 너설 위로 1백 보쯤 가서 중대사를 지나가면 바위 벼랑을 잡고 기어오르게 되는데, 두 발을 함께 디디고 갈 수가 없다. 학소대(鶴巢臺)에 와서 쉬었는데, 이곳에 이르니 산세가 더욱 가파르고 쭈뼛하여, 해가 높이 솟아올랐는데도 아침 안개가 걷히지 않았다. 이끼 낀 바위에 걸터앉아 폭포를 구경하였다. 폭포가 흐르는 바위를 '천주암(濺珠巖)'이라 하고, 그 앞산 봉우리에 옛날에는 학의 둥지가 있었다는데, 지금은 학이 오지 않은 지 60년이 되었다 한다.

줄사다리를 딛고 몇 층을 올라가 지조산(指祖山)에서 구경을 하였다. 이 산의 암석이 끝나는 곳에 옆으로 석굴이 있으며 석굴 속에 마의노인(麻衣老人)이 쓰던 토상(土床)이 있고, 남으로는 옛 성이 보인다. 북쪽 산봉우리가 가장 높은데 길이 끊겨 올라갈 수 없고, 동쪽 기슭 바위 봉우리는 깊은 못이 있는 곳까지 와서 멈추었다. 동북쪽 다음 봉우리는 동으로 뻗었다 다시 남으로 내려와 바위 기슭이 되었는데, 흑악(黑嶽)의 북쪽 벼랑과 마주 대하고 있고, 그 속에서 계곡 물이 나온다. 또 서쪽으로 세 개의 바위 봉우리가 못 위에 있는 바위 봉우리와 함께 솟았는데, 가장 서쪽에 있는 것이 제일 높다. 그 위에 우묵하게 들어간 바위가 있는데, 이끼는 오래되었어도 물은 맑으며, 한 자 남짓한 노송이 있다. 그리고 모든 봉우리를 세 발자국만 옮기면 올라갈 수 있으나 아슬아슬하여 굽어볼 수도 없고 나란히 설 수도 없으며, 그 한가운데 봉우리는 바위가 세 겹으로 포개져 한 발만 디디면 흔들린다. 그래서 이름을 '흔들바위'라 한다. 그 밑에는 깊은 물이다. 항아리 같이 생긴 넓은 바위가 구렁 전체를 차지하였고 그 가운데 물이 고여 있는데, 깊고 검어 속을 볼 수가 없으며 날이 가물 때는 여기에서 기우제를 지낸다. 그 물줄기를 타고 끝까지 올라가면 옛날 상원암(上院庵)의 황폐한 터가 있다. 어떤 이는 이를 '고려 때 이승휴의 산장이었다' 한다. 구경을 마치고 내려와 옛 마당바위 저녁 경치를 더 보태 기록하고 학소대 아침 경치도 덧붙여 기록한다.

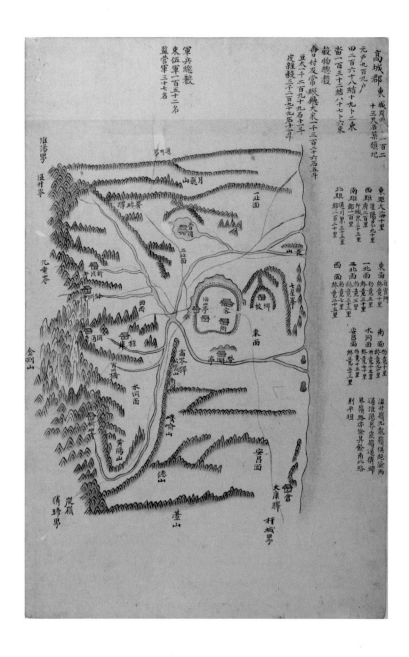

고성의 건봉사는 내금강과 해금강으로 연결되는 입구에 위치하는 절이다. 흔히 이 절을 금강산 건봉사라고 부르지만 사실은 해금강에서 (내)금강산으로 들어가는 입구에 있다. 금강산으로 가는 일반적인 여정은 한양–철원–단발령을 거쳐 금강산에 들어간 다음 건봉사를 통해 나오는 것이었다.

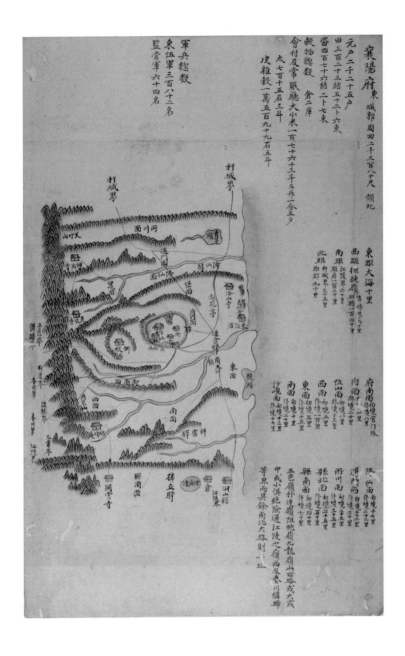

배치와 구조가 독특한 양양향교는 고려 때 생겼다. 성리학자인 안축이 세우고 기문까지 남겼기 때문에 연대가 확실하다. 안축은 당시로선 혁신적인 선구자였고, 불교를 비판하는 강경함을 보였다. 양양향교의 삼문에 태극이 그려져 있는데, 이 문양이 바로 성리학자들이 쓰는 기호이다.

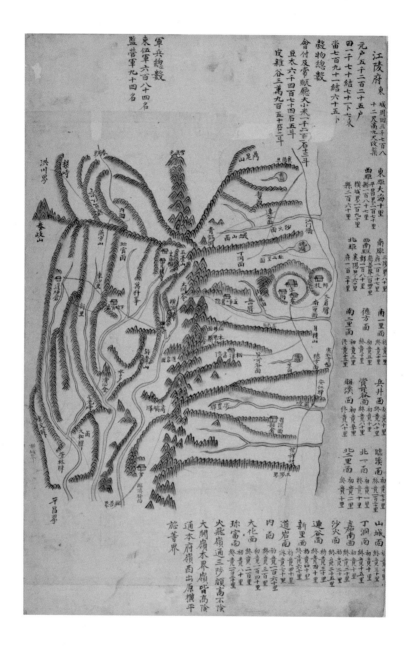

1569년, 율곡은 벼슬을 사직하고 강릉으로 외조모를 뵈러 갔다가 «청학산유람기(靑鶴山記)»를 지었는데, 청학산이란 지금의 강릉 소금강을 말한다. 원래 율곡의 향촌은 파주 쪽이었는데, 외가인 강릉을 드나들면서 멀지 않은 도산서원도 드나들며 퇴계와도 교류했다고 한다.

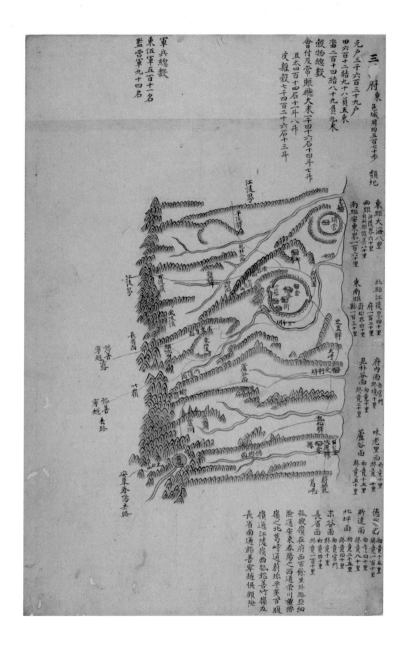

삼척에는 죽서루를 비롯해 미수 허목이 세운 동해척주비(東海陟州碑), 삼척향교, 통나무 물방아, 너와집, 굴피집, 고려 공양왕릉, 신흥사, 삼화사, 천은사, 당은사, 능파대 등의 관광 유적이 산재한다. 태백산에서 발원한 물이 죽서루까지 50번을 굽어 돈다 하여 오십천이라 부르는 강도 유명하다.

우리가 의외로
알지 못하는 풍경

경남 남해안
지역의 건축

이번 시간은 김해를 중심으로 경남 남해안 일부를 살펴보려 합니다. 이 지역을 선택한 데에는 몇 가지 이유가 있습니다. 일반적으로 남해안은 경치가 좋은 여행지로 유명한데, 그렇다면 옛사람들은 이 좋은 경치를 어떻게 받아들였을까 궁금하지 않으십니까?

　김해는 가락국이 있던 지역입니다. 김수로왕과 허황후의 전설은 유명합니다. 이런 전설을 문화상징적인 의미 외에도 건축과 역사를 전공하는 입장에서 좀 다른 시각으로 받아들여야 하지 않을까 하는 생각도 듭니다. 현장에서 발견되는 객관적 증거로 전설을 새롭게 해석해야 한다고 봅니다.

　김해 지역은 부산이라는 거대 도시에 의해 도시화, 근대화되면서 원래의 원형이 많이 훼손되고 있습니다. 개발을 무조건 반대한다는 말이 아닙니다. 다만 생각하고 따져갈 것은 챙겨가면서 개발을 해도 해야 하지 않겠습니까. 답사를 하다 보면 자연스럽게 개발만을 앞세우는 현실을 반성하게 됩니다.

　김해라는 곳은 일본과 가장 먼저 교류가 시작된 지역입니다. 제가 1980년대 초에 일본 고베예술대학 사이키 교수(당시 츠쿠바대학 교수)와 함께 수년간 한일 농촌 취락조사를 한 일이 있습니다. 그때 사이키 교수에게 가락국 시대의 성(城)을 보여줬더니 깜짝 놀라던 모습이 기억납니다. 일본사 초기에 도래인들이 만든 성과 형태가 비슷하다고 했습니다.

　가락국 시대의 성뿐만 아니라 묘제 역시 아스카(飛鳥) 문화의 그것들과 유사한 점이 많습니다. 예를 들어 가락국은 묘를 산등성이에 쓰는 풍습이 있습니다. 수로왕의 묘만 비교적 평탄한 곳에 있을 뿐 나머지 무덤들은 산허리에 있습니다. 제가 일본에 갔을 때 그 사실에 기대어 아스카 시대의 고분 한 기를 새롭게 찾아내기도 했는데, 일본 학자들은 놀라워했습니다만 저로선 가락국 묘제를 일본 지형에 적용한 결과였을 뿐입니다.

　뒤에 다시 설명하겠습니다만 남해안 바닷가에 있는 절들은 절의 역

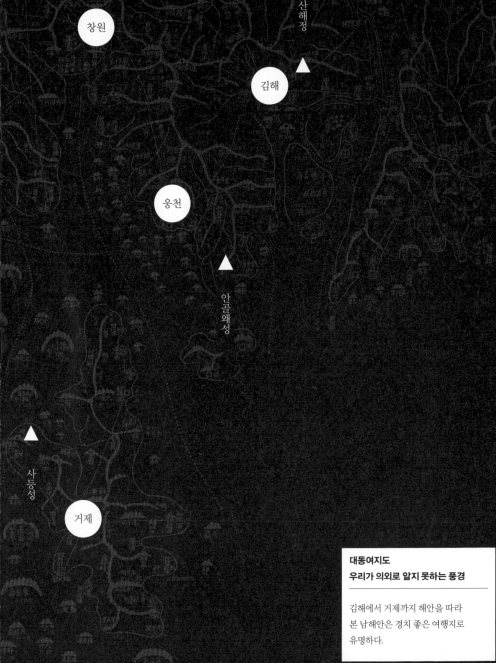

창원

김해

산해정

웅천

안골왜성

사등성

거제

대동여지도
우리가 의외로 알지 못하는 풍경

김해에서 거제까지 해안을 따라
본 남해안은 경치 좋은 여행지로
유명하다.

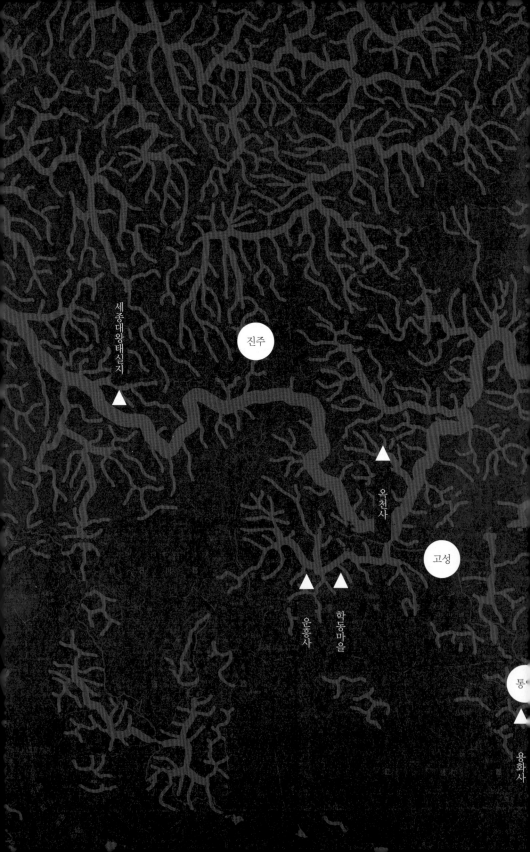

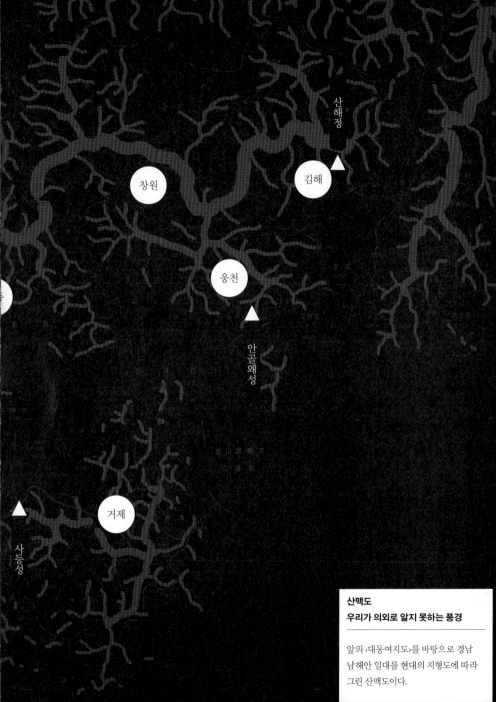

산해정

창원 김해 △

웅천

△

안골왜성

거제

△

사등성

산맥도
우리가 의외로 알지 못하는 풍경

앞의 «대동여지도»를 바탕으로 경남
남해안 일대를 현대의 지형도에 따라
그린 산맥도이다.

할 외에 군사적 기능도 겸했다는 것이 제 견해입니다. 종교 시설로서 포교와 수도(修道)의 공간이기도 했지만, 군사적으로는 진(鎭)의 기능을 대신했다는 것입니다. 국가에서 바닷가까지 진을 빽빽하게 설치하기 어려울 때 그 사이 공간에 있는 절들은 진영(鎭營)의 역할까지 겸했지 않나 합니다. 정조는 그런 점을 잘 이용한 군주라고 봅니다. 정조 때 간행한 책으로 《범우고》가 있습니다. 전국의 사찰을 정리한 책이죠. 이 기록을 토대로 비어 있는 산성지에 암자를 짓고 관리하게 했습니다. 이는 조선 시대에 명목상의 억불숭유와 실제의 현실이 달랐다는 반증이 되기도 합니다.

　　고대 이후로도 남해안 지역에는 일본 사람들이 많이 살았습니다. 고려 시대에 왜구들이 약탈을 하다 토벌당하는 과정에서 일부가 무등산에서 몸을 던졌다는 기록이 《고려사》에 나와 있을 정도입니다. 경남 해안 지역엔 일본인들의 흔적이 왜성이라는 이름으로 아직까지 꽤 많이 남아 있습니다.

남명 조식이 학문적 정진을 하던 곳 김해

김해는 남명 조식과 관련이 깊은 지역이기도 합니다. 남명 선생은 합천군 삼가면(당시 삼가현)에서 태어나, 관직에 오른 아버지를 따라 어릴 때 서울로 올라와 종로 5가 부근 연화방에서 살았습니다. 그 뒤 장동에도 살았는데 성수침, 성운 등의 인물을 이 시기에 사귄 것으로 보입니다.

　　남명 조식은 과거에 한 번 떨어진 후 '과거를 위한 공부'에 회의를 느끼고 김해 신어산으로 내려갔습니다. 그곳에 산해정을 짓고 출세를 위한 것이 아닌 학문에 정진했습니다.

　　그는 자신의 학문적 목표를 경(敬), 의(義)로 잡았습니다. 《주역》의 '군자는 경으로써 안을 곧게 하고, 의로써 바깥을 바르게 한다(君子敬以直內義人方外)'는 글귀에서 차용했습니다. 몸에 항상 차고 다니던 칼에 '안에서 밝히는 것이 경이요, 밖에서 결단하는 것이 의다(內明者敬外斷者義)'라는 명(銘)을 새겼다고 합니다. 제자들한테도 "우리 집에 이 '경의'

두 글자가 있는 것은 마치 하늘에 해와 달이 있는 것과 같다. 이 두 글자의
의미는 만고의 세월이 지나도 변치 않는 것이다. 성현들이 남긴 많은 말씀
의 귀결처는 결국 이 두 글자에서 벗어나지 않는다. 공부를 한다면서 경을
위주로 하지 않는다면 거짓된 것이다. 흩어진 마음을 수습하는 것이 바로
경을 위주로 하는 공부이다"라고 강조했다 합니다.

　남명은 산천재에 정착하기까지 세 번을 옮겼습니다. 처가 쪽으로 연
고가 있는 김해로 옮겼다 다시 삼가로 갔고, 말년에 아들을 잃고 절망한
후 지리산 산천재로 들어갔습니다. 옛날 사람들은 현대인들처럼 이사를
자주 하는 일이 드물었기 때문에 '이동'의 개념이 오늘날과는 다릅니다.
남명 역시 삶의 중요한 순간에 결단과 함께 터전을 옮겼습니다. 남명이 지
리산 산천재에 자리를 잡자 그를 따르는 제자들 역시 경남 일대에 자리를
잡았습니다. 수우당 최영경도 대대로 살아오던 서울의 남산 자락을 떠나
진주 남강 쪽에 자리를 잡고 남명에게 제자의 예를 다했다 합니다.

　저는 개인적으로 남명 선생을 존경합니다. 일생을 한결같이 의롭게,
학자로서 당당하게 살았던 분이기 때문입니다. 경제적으로 어려운 삶을
살면서도 남의 도움을 거절했는데, 한번은 친구 김대유가 죽으며 남명에
게 매년 추수한 쌀을 보내라고 아들에게 유언을 남긴 일이 있었습니다. 친
구의 아들이 아버지의 유언을 받들어 남명에게 쌀을 보냈으나 남명은 거
절합니다. 친구가 유언으로 남긴 호의였는데도 단호한 입장을 보였죠. 반
면 영의정을 하던 벗 이경준이 책[1]을 보낸 적이 있었는데 그것은 고맙게
받았다고 합니다. 남명의 세계관을 엿볼 수 있는 일화입니다.

　퇴계와 남명 사이에는 두세 번 왕래한 편지가 남아 있습니다. 처음
편지에서 퇴계가 남명에게 벼슬길에 나아갈 것을 권하자 남명은 '나는 눈
도 나빠 벼슬하기 어려우니, 발운산(撥雲散)이라는 약을 구해달라'고 답
을 합니다. 자신을 비하하는 듯하면서 벼슬 제의를 거절한 것입니다. 또
한 퇴계 이황과 고봉 기대승이 10년간 사단칠정(四端七情) 논의를 한 적

이 있었습니다. 그때 남명은 퇴계에게 «소학»을 인용해서 '물 뿌리고 비질 하는 것(灑掃應對進退之節)도 잘 할 줄 모르는 이들이 천리를 운운하는 데 그대가 이런 친구들에게 충고해서 삼가게 하라'는 요지의 편지를 썼습 니다. 퇴계에게 은근히 날카로운 비판을 날린 것입니다. 지리산에 올랐다 가 그곳에 기대승이 왔다는 소식을 듣고 바로 내려온 적도 있습니다. 요즘 말로 하자면 세상에 대한 태도나 처신이 참으로 깔끔한 학자가 아닙니까. 자신의 이익을 위해 싫어도 싫다는 의사표현을 제대로 못하고 살기 쉬운 것이 예나 지금이나 세상살이인데 말입니다. 그런 측면에서 남명은 존경 할 만한 학자가 아닐까요?

산해정이 있는 곳은 신어산입니다. 신어산은 고기 '어(魚)'자를 씁니다. 바 다에 바로 면한 산이라는 의미가 있는 것으로 보입니다. 높고 넓고 깊다는 의미가 됩니다.

남명 조식 선생이 만년에 지리산에서 공부한 곳의 이름은 산천재(山 天齋)입니다. '산천'이란, '강건하고 독실하여 빛남이 새로우니라. 그 덕은 강이 올라가서 어진 이를 숭상하고 능히 건을 멈추게 함은 크게 바른 것 이다(剛健篤實光軍光日新 基德剛上而尙賢 能止健大正也)'라는 구절의 뜻을 취했습니다.

산천재나 산해정이나 모두 '산'이라는 글자를 쓰고 있다는 공통점이 있어서, 산을 좋아하는 남명의 사상이나 인품을 짐작하게 됩니다. 기록을 보면 산해정을 옮겼다는 말이 있습니다. 지금의 산해정은 남명이 세상을 떠난 다음 후학들에 의해 입지가 바뀐 곳입니다. 제가 보기에 남명의 성 품은 건물을 지어도 남들 앞에 두드러지게 솟아나는 입지를 선택할 분이 아니라고 보입니다. 오히려 들어가서 내려앉는 입지를 선호했던 편입니다. 만년을 보낸 산천재는 좀 다르지만 그 이전 삶의 근거지 두 곳에선 계속 숨은 듯한 입지를 택했습니다.

　　산해정 시기에 남명은 밀양에 살던 송계 신계성, 청도에 살던 삼족당 김대유, 초계에 살던 황강 이희안, 단성에 살던 청향당 이원 등과 교유하였습니다. 이들은 산해정에 찾아와 여러 날 동안 학문을 논했는데, 주변에서 배우는 자들이 몰려들었다고 합니다.

　　현재 산해정 근처의 계곡 쪽에 조그만 절이 하나 있습니다. 부산 쪽으로 산자락이 바라다 보이면서 입지가 숨어 있어 주변 산에 묻혀 있는 지형입니다. 원래의 산해정을 옮겼다는 기록 등으로 미뤄 볼 때 저는 이 절 자리 근처가 산해정이 처음 있던 곳이 아닌가 합니다.

　　남명 조식에게서 발견되는 독특한 점은 자신이 머무는 건물에 항상 단청을 했다는 사실입니다. 조선 시대의 사대부들은 건물 단청을 금기로 여기다시피 했습니다. 그런데 《증보문헌비고》 등에 보면 남명은 단청을 선택했습니다. 규모가 큰 집을 짓진 않았지만 자신의 취향을 고집한 것입니다. 지금도 지리산 산천재 벽에는 벽화가 있고, 최근에는 단청도 복원해 놓았습니다. 원래 고려 시대까진 민간인들도 집에 단청을 했다고 합니다. 그러다 성리학이 들어오면서 유가들이 시각적인 검소함을 주장하여 점차 단청이 사라졌습니다.

김해향교, 김수로 왕릉

김해가 6가야[2]의 하나였음은 널리 알려져 있습니다. 가락국 또는 가야라고도 했는데 후에는 금관국이라 했습니다. 시조 김수로왕으로부터 구해왕에 이르기까지 10대 491년 동안 지속되다가, 구해왕이 신라에 항복한 후 법흥왕이 읍으로 만들고 금관국이라 불렀습니다. 고려 때부터 강등하여 지금에 이르렀습니다.

　　김해는 동쪽으로 낙동강에 면하고, 서쪽으로는 창원시, 남으로는 옛 웅천에 면하고, 북으로는 밀양시와 접했습니다. 고려, 조선 시대까지는 옛 명성이 유지되어 기문이 꽤나 많이 전해집니다. 정몽주의 〈산성기문〉, 안

숭선의 〈동헌기〉, 김일손의 〈회로당기문〉, 〈임금당기문〉, 〈함허정기문〉, 이곡
의 〈수헌기〉, 하륜의 〈불훼루기〉 등에 김해에 관한 내용이 들어 있습니다.
그 밖에도 이곳을 노래한 수많은 시문이 있습니다.

　　김해 지역의 서원으로는 남명 조식 선생의 신산서원이 유일합니다.
왜성으로는 죽도 왜성, 마사 왜성 등이 있습니다.

　　김해향교는 향교 자체로는 별로 특이하지 않습니다. 지금은 주변에
건물들이 생기면서 시야가 가렸지만 예전에는 전망이 시원했을 것 같습
니다. 김해에서 웅천 쪽으로 가는 방향이 다 평야입니다. 지대가 낮으니
주위 경치가 시원하게 보였을 것입니다. 김해향교를 답사할 때 이 부근을
중심으로 일어난 김해의 지형 변화에 대해 생각해 보는 것이 좋겠습니다.

기록에 나와 있는 예전의 김해 지형과 오늘날의 김해 지형은 좀 다릅니다.
김수로왕 무덤이 산 쪽에 있는데 예전에는 그 무덤 있는 곳까지 물이 들

김해향교

어와 배가 들어갔다고 합니다. 배라고 해도 돛을 달고 있는 큰 배를 생각하시면 안 됩니다. 노로 젓는 작은 배 정도였을 겁니다. 지금은 그 물을 다 메우고 도시화가 되어 그 흔적들을 짐작도 할 수 없습니다. 근대 이전 사회에서 배와 뱃길은 중요합니다. 중세까지 가장 많은 양을 운송할 수 있는 교통수단은 배였습니다. 조선 시대까지도 이 점은 마찬가지입니다. 조선 시대의 옛 읍치까지는 물길이 닿는 것이 일반적이었습니다.

김수로왕의 무덤은 왕의 무덤이니 제사를 지내거나 해서 물건이 오갈 일이 많았을 겁니다. 유명한 미륵사지 역시 거의 절 앞까지 물이 들어왔다고 합니다. 백제 시대 때 임금이 배를 타고 들어가 절에서 불사를 했다는 기록이 있습니다. 안타깝게도 이곳 역시 그 흔적을 찾기 힘이 듭니다. 일제강점기에 매립되어 지형이 너무나 많이 변했습니다. 미륵사지 인근, 옥구에서 군산까지 대규모 매립이 행해져서 지형이 크게 변했습니다. 매립 결과 이 지역의 둑들은 모두 나란히 뻗어 있습니다. 원래는 지그재그로 자연스럽게 뻗어 있었는데, 문명은 기하학적인 선을 선호하는 경향이 있는 것 같습니다. 농업이 기하학적인 선을 만들어냈다는 설을 떠올리게 합니다.

어쨌든 이런 간척의 결과가 꼭 긍정적인 것은 아닙니다. 간척의 결과로 일어나는 재해들도 결코 적지 않습니다. 비가 와서 도시에 물난리가 나고 침수가 되고 하는 문제들은 무리한 개발의 부작용으로 자연 유수지가 사라진 결과인 것입니다. 그 외에 일일이 거론하기조차 힘든 간척과 개발의 부작용들이 있습니다. 자연을 변형시킬 때는 반드시 장기적인 안목을 가지고 사전에 미리 고민을 해야 합니다.

김해는 고려 때 금주라고 했고, 지금의 관아나 향교가 자리를 잡은 것은 대개 조선 때의 일입니다. 제가 보기엔 고려 때만 해도 김해 쪽이 부산포보다 생활하기에 더 낫지 않았을까 합니다.

가락국은 아마 당대에는 도시국가보다 조금 더 큰 형태가 아니었을까 합니다. 가락국의 건설 과정을 도시국가의 형성 과정으로 읽는 것이 옳다는 게 제 견해입니다. 전설에 따르자면 가락국이 인도와 교역을 했다고 합니다. 허황후가 인도에서 배를 타고 왔다고 되어 있지 않습니까. 그런데 이것이 당대의 문명교섭사에서 증명이 되는 부분인지는 좀 모호합니다.

7~8세기에 중국은 로마와의 교역을 시도했던 것 같습니다. 중국 사신이 레바탄 지역, 즉 예루살렘 지역까지 갔다는 기록이 있는데, 거기까지 가서 현지 유태인들의 만류로 더 이상의 진출은 못했다고 합니다. 대신 유태인들은 유럽과 중국 사이의 중계무역에 개입했습니다. 11~12세기 경 서양 문물이 중국 복건성의 천주까지 들어왔습니다. 그래서 송나라, 원나라 대는 천주가 국제 교역에서 매우 중요한 도시였습니다.

우리나라는 고구려 때 200척 규모의 배가 있었다는 기록이 언뜻 등장합니다. 200척이면 길이가 70m 정도 된다는 말인데, 이 정도 규모면 교역선이라는 말입니다. 고구려는 도읍을 장안성 즉 평양으로 옮겼다고 합니다. 평양이 교역의 중심지였기 때문입니다. 또 고려 문종 때 영암과 제주도의 나무를 베어 거대한 교역선을 만들려고 했다 합니다. 그런데 신하들이 반대를 했어요. 승승장구하는 요나라에 이 사실이 알려지면 사단이 난다는 것이었습니다. 결국 문종은 뜻을 포기했습니다.

이런 역사적인 정황을 살펴볼 때 가락국과 인도와의 해양교류설은 제가 보기엔 납득이 잘 안됩니다. 배의 건조 기술이 그 수준에 이르지 않았기 때문입니다. 유럽에서는 14~15세기 쯤 됐을 때 북해 교역선이 포화 상태가 되자 베네룩스 삼국의 네덜란드 공화국, 포르투갈 등의 나라의 교역선들이 아시아 쪽으로 넘어옵니다. 그러나 우리나라의 배는 흘수를 깊이 만들어 속도를 높이게 하거나 파도에 버티게 하는 형식은 아닙니다. 배가 얕아 단지 물 위에 떠 있도록 하는 방식입니다. 그래서 멀리 항해하기가 불가능했을 것 같습니다.

안골 왜성, 진동 객사

일본인들이 지은 성인 안골 왜성[3]은 두 가지 방향을 향해 동시에 방어하고 있습니다. 일본인들이 지은 성이니만큼 당연히 육지에서의 공격을 방어해야 했겠죠. 그와 동시에 바다 쪽도 조망해야 했을 겁니다. 유사시 바다를 향해 달아날 수 있어야 했고, 또 바다에서의 공격에도 대비해야 했을 것입니다.

안골 왜성 입지는 물가인데, 한쪽으로 툭 튀어나와 거의 180°가 물에 면한 형국입니다. 이런 점은 우리나라의 성과는 다른 부분입니다. 우리나라 성들은 주로 산에 지어졌고 폐쇄적입니다. 전쟁이 나면 산성 안에서 고립되는 구조입니다. 반면 왜성은 유사시에 성을 버리고 달아나는 것을 염두에 두고 있습니다. 가치관의 차이가 드러나기도 합니다.

토목 면에서 볼 때 왜성은 돌을 쌓는 방법이 다릅니다. 일본 본토의 성들을 보면 모서리에 큰 돌을 쌓아서 성을 쌓은 모양이 악어 등처럼 되어 있습니다. 안골 왜성에도 이런 흔적이 남아 있습니다. 또한 안골 왜성

안골 왜성

은 평면이 우리나라 성처럼 외곽을 빙 둘러 성벽이 있는 것이 아니라 내부에 구획이 많이 되어 있습니다. 기능에 따라 단계가 나뉩니다. 우리나라 성은 왜성과 달리 치성을 쌓고 거기에 망루를 설치합니다. 구조가 서로 완전히 다른 것입니다.

경상도에는 왜성이 꽤 많이 있습니다. 부산을 지나 기장까지도 왜성이 남아 있는데 대부분 물가에 있습니다. 왜성 이야기를 하면서 덧붙일 것이 진해의 역사에 대한 이야기입니다. 마산시 옆에 진동이란 곳이 있는데 원래 조선 시대에는 이곳이 진해였습니다. 진해란 말 그대로 '바다를 지키는 진(鎭)'이라는 뜻입니다. 이 진동이 '진'이 들어갈 자리였고, 이곳에 아직도 읍치 자리가 있습니다. 현재의 진해는 원래 웅천 영역에 속한 곳입니다. 나중에 일제강점기에 일본 사람들이 현재의 진해를 거점 도시로 발전시켰습니다. 저는 이 사실에서 한일 양국의 입지관 차이를 봅니다. 일본 사람들이 보기에는 현재의 진해가 자신들의 입지관에 더 적합했기 때문에 근현대적인 해군 진영으로 삼았던 것입니다. 진해의 도시계획 역시 일제강점기에 새롭게 실행되었습니다.

진동 객사는 지금으로선 거의 찾기 어려울 정도로 흔적이 희미해져 있습니다. 저도 높은 곳에 올라가 보기도 하면서 여러 방향에서 관찰한 결과 겨우 찾았는데 건물이 거의 훼손되어 있었습니다. 쉽게 찾기 어렵습니다. 성벽 역시 잔해만 남아 있는 상태입니다.

한때 읍치였던 진동이 이렇게 쇠락한 것입니다. 인구가 이동하면 도시는 곧 쇠락해갑니다. 인구의 이동이나 유입, 유출에 대한 장기적 전략은 도시계획의 기본입니다. 그런 계획과 비전 없이 도시를 개발한다면 그 결과는 도시의 쇠락, 황폐화뿐입니다. 그래서 조선 시대에도 인구를 늘리기 위한 정책을 썼습니다. 쌍둥이를 낳은 집안엔 나라에서 상도 주곤 했습니다. 진해에 군 기지가 생기자 도시를 만들어 그곳으로 모든 시설이 집

중되었습니다. 농사를 짓지 않아도 먹고 살 수 있는 기회가 많으니 자연히 농촌 인구들은 그곳으로 유입되고 기존의 전통적인 농촌 도시는 텅 비게 되었습니다.

저는 창원에서 향교와 읍성보다는 오히려 현대와 과거의 도시계획을 이 야기하고 싶습니다. 유적에서 보듯이 창원에는 향교와 읍성지가 남아 있 습니다. 성벽이 일부 남아 있고, 옛 절터 같은 곳도 있습니다. 그런데 현대 의 도시계획에서는 이런 역사성을 완전히 무시했습니다. 저는 이런 도시 계획을 감히 기형적이라고 부르고 싶습니다.

　옛 지도를 보면 평야 지대는 조금은 조밀하고 산간 지역은 약간 성글 다는 차이가 있지만, 그래도 도시와 도시 사이의 간격이 어느 정도 비슷 합니다. 도시 사이의 거리가 확보되었으며, 도시 간의 이격 거리를 지켰음 을 알 수 있습니다. 그런데 창원 개발은 이 점을 무시했어요. 현재는 창원의 도시 개발이 남북으로 길어지면서 마산과 너무 가까워졌고, 그 결과 마산이라는 도시와 마산 포구가 생명력을 잃고 말았습니다.

우리나라의 읍치는 우리나라의 지형적 특색에 맞춰 발달해왔습니다. 대체로 뒤쪽으로 산을 등지고 앞에는 물과 평야가 있습니다. 그래서 강을 끼고 동서로 발전하는 것이 자연스럽습니다. 유럽을 보면 도시들이 대체로 강을 따라 성장합니다. 우리나라 역시 그랬습니다. 고구려 때부터 도시들은 산을 등지고 물에 면해 좌우로 형성되었습니다. 그런데 남북 방향의 성장을 기획했다가 실패한 사례가 바로 서울입니다. 강을 사이에 두고 강남과 강북이 완전히 지형적으로, 문화적으로 단절되어 버리지 않았습니까? 창원 역시 이런 전철을 따라간 것으로 보이는 사례입니다.

도시의 규모가 꼭 커야 할까요? 작은 것이 아름답다는 명제는 도시계획에도 적용될 수 있는 말이 아닐까요. 규모로 모든 것을 판단하는 잘못된 개발 정책은 많은 문제를 낳습니다.

사천·곤명의 세종대왕 태실지, 고성의 운흥사와 학동마을

세종대왕의 태실[4]이 경상도에 있다는 사실을 모르는 분들이 더 많으실 것입니다. 교통도 불편했을 조선 시대에 왜 왕의 태실을 이렇게 먼 곳에 정했을까요? 게다가 세종대왕 태실 옆에는 단종의 태실도 함께 있습니다. 이 두 왕의 경우만 그런 것이 아니라 경상도 쪽에 왕자들의 태실이 많이 있습니다. 경상도 성주에는 태종과 세조의 태실도 있습니다. 조선 시대뿐 아니라 고려 말에도 현재의 순흥까지 와서 태를 묻었습니다. 순흥에 태장동이라는 지명이 있는데 그곳에 고려 말 왕자 두 명(충렬왕, 충숙왕)의 태가 묻혀 있고 아주 오래된 은행나무도 있습니다. 뿐만 아니라 이곳에는 문종과 소헌왕후(세종의 비 심씨)의 태도 안치되어 있습니다.

태실이란 현대인들이 생각하기에는 별것 아닌 것 같습니다만 옛날에는 태를 묻는 장소에 대단히 중요한 의미를 부여했습니다. 조선 시대에는

'태실증고사'라는 직책이 있었는데, 이들은 전국을 다니며 왕실의 태실 입지를 잡았습니다.

고성군 하이면 와룡산 운흥사는 오래된 절인데, 지금까지도 옛 모습에서 그리 많이 변하진 않았습니다. 운흥사는 1305년 고려 충정왕 때 창건하고 조선 효종 2년(1651)에 중창한 절입니다.

　절 안으로 들어가 보면 배치의 기본 원리를 잘 읽을 수 있는 편입니다. 올라가 보면 옆으로 대웅전이 나오고, 다른 건물들을 좌우로 배치한 형태입니다. 산자락, 벼랑에 있기 때문에 절의 입지가 넓지 않아 이렇게 좌우로 배치한 것입니다. 울진의 불영사 같은 곳도 이렇게 지형을 이용한 좌우 배치입니다. 지금은 물길 옆에 절이 붙어 있지만 원래는 곡류단절이라 해서 물에 의해 땅이 분리된 지형에 절이 들어섰던 것입니다.

　좁은 지형을 따라 좌우로 건물을 배치한 절은 보통 절 자체의 규모도 그리 크지 않고 옛 모습이 남아 있는 경우라 볼 수 있습니다. 축대 공사

세종대왕 태실지

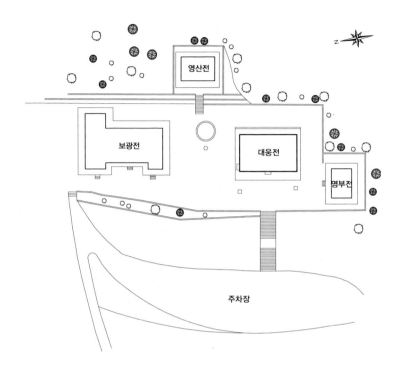

같은 인위적인 지형 변형을 가하지 않고, 있는 그대로의 지형을 살려 지은 것이기 때문입니다. 그런 절들은 대체로 옛 배치가 눈에 들어오며 보기 좋습니다.

　　운흥사 역시 근처의 반촌 사람들이 과거시험을 위한 공부터로 쓰이곤 했던 곳입니다. 이 운흥사의 문루가 지금은 학동 최씨 마을의 서당 건물에 포함되어 있습니다. 지금의 운흥사는 문루가 없어 원래의 규모보다 조금 축소된 상태입니다. 운흥사는 바다에서 멀지는 않지만 바다 쪽을 바라보고 있지 않아 다른 해안 지방의 절처럼 진의 기능을 겸했던 것은 아닌 듯합니다.

학동마을은 전주 최씨 일문 집성촌입니다. 경상도 선산 해평에서 조선 중기에 집안의 큰아들이 이쪽으로 독립해 나와 생긴 마을입니다. 이곳은 농경지와 어업 생산 양쪽을 모두 다 관리할 수 있는 지리적 이점이 있어 경제적으로 매우 탄탄한 기초를 갖추고 있습니다.

마을 입지는 바다에 바로 면하지는 않았습니다. 마을은 산을 면하고 있는데, 바다 쪽에선 보이진 않습니다. 농경지 역시 뒤쪽에 숨어 잘 드러나지 않습니다. 마을 어귀에 동서로 난 큰 길이 있는데 거의 우마차 두 개가 빗겨 지나갈 정도로 폭이 넓습니다. 요즘 단위로 3미터가 넘으니 대단히 넓은 길입니다. 당시에는 읍치가 있는 도시에서도 찾아보기 힘든 정도의 규모입니다. 마을도 예뻐서 보기에 좋습니다.

말씀드렸듯이 이 마을의 서당은 운흥사의 누 건물을 떼어온 것입니다. 제가 그 사실을 발견한 것은, 서당 대문의 나무 표면에 아직도 희미하게나마 남아 있는 인왕상(仁王像) 같은 탱화의 흔적 때문이었습니다. 그림이나 색깔이 남아 있는 건 아니지만 단청을 했던 부분은 다른 부분에 비해 잘 썩지 않습니다. 그래서 잘 관찰해보면 탱화에 묘사되었던 선들이 드러납니다. 서당은 일반 주택보다 모듈이 커야 하기 때문에 여염집과는 규모가 다릅니다. 마을 서당에는 매화나무가 있어 선비의 지조를 상징하고 있습니다.

학동마을의 종갓집은 일반적인 사대부 주택의 형식은 아닙니다만 생활하기 대단히 편리하게 지어져 있어 이채롭습니다. 닭장 하나만 해도 본채 안채에 단을 넓게 해 장을 만들어 가축을 키웠습니다. 작업장도 따로 있고 마당은 아래에 있습니다. 곡물 창고도 두 자 즉 60cm가 넘는 두께로 굉장히 우람한 규모로 지어졌습니다.

고성 옥천사

고성 옥천사[5]는 역사가 깊고 입지가 대단히 좋은 절입니다. 고성 지역의 사람들이 많이 다녔던 절인데, 흔히들 옥천사의 입지가 연꽃 봉우리 같다

학동마을 종가 모습

고들 표현합니다.

옥천사는 옛날의 진입로가 참으로 운치 있고 아름다웠습니다. 뒤쪽 산에 수목의 종류를 다르게 해서 줄무늬를 형성하도록 했습니다. 절로 들어가는 어귀에는 교목을 심어 그늘을 만들었고, 그 아래를 지나 절로 들어가면 고목나무 그늘을 지난 후 다시 올라가면서 절이 바라보였습니다.

절로 진입하는 길에서 물이 내려오는 계곡 위로 놓인 다리를 건너가게 됩니다. 거기에서 계단을 올라가면 눈앞으로 절의 전경이 확 들어옵니다. 매우 극적이며 인상적인 풍경입니다. 풍경 속에 이야기가 있는 것입니다. 원래 절이란 진입 과정 자체에 고도의 연출이 필요합니다. 절로 들어가는 과정이 바로 유학자들이 말하는 진도(進道) 행위, 즉 도에 들어가는 과정이었습니다. 일주문-불이문으로 이어지는 문의 배치 역시 절을 오르면서 불교의 교리를 명상하게 한다는 의미가 있었습니다.

현대에 와서 절의 옛 진입로는 거의 다 깨져버렸습니다. 차가 다니기 편리하도록 직선으로 길을 내버리는 까닭에 절로 진입하는 의미 같은 것에는 관심을 가지는 사람들이 없는 것입니다. 돌다리를 건너고 일주문, 천왕문, 불이문, 만세루 등의 공간을 거쳐 절로 진입하는 행위는 원래 마음을 깨끗하게 하는 일종의 정화 과정인데 이런 과정이 버려지고 있습니다. 이건 참 문제가 아닐 수 없습니다. 제가 도시계획을 말씀드리며 건축의 규모에 대해 잠깐 언급했었는데 사찰 건축 역시 이 원칙이 적용되지 않을까 합니다. 꼭 절의 규모를 키우고 건물을 신축해야 하는 것인지 저는 회의가 듭니다. 옛사람들이 주어진 지형을 최대한 살려 밀도 있게 배치해 놓은 절들이 현대에 들어와 옛 배치를 잃어가는 현실이 안타깝습니다.

옥천사의 배치 역시 밀도가 높아서, 건물과 건물 사이에서 바라보는 시선의 재미가 있습니다. 땅에는 적정 용량이라는 것이 있습니다. 그 땅을 최대한 잘 이용해 지으면 건축의 밀도가 높아지며 구조적으로도 꼭 짜인 결과가 나옵니다. 춘천의 청평사가 바로 그런 절입니다. 고려 시대까지는

고성 옥천사 전경

이처럼 밀도가 높은 절들이 전국적으로 많이 있었습니다. 그런데 후대로 오면서 그런 건축 배치가 많이 깨져버렸습니다. 저는 건축이 연출해내는 '서정적, 시적, 종교적'인 효과에 대한 배려가 있었으면 하고 바랍니다.

통영의 세병관과 용화사

통영은 물이 육지를 완전히 감아 돌고 있는 것이 특징입니다. 통영에 들어가면 마치 섬 같이 느껴집니다. 그래서 수군통제영이 들어서기에 기능적으로 적합했습니다. 반면 도시의 규모는 지형적인 제약을 받기 때문에 도시가 감당할 수 있는 인구도 제약을 받았습니다. 저는 통영을 개발할 때 이런 지형적, 역사적인 특징을 잘 살려야 한다고 생각합니다.

통영으로 가는 길은 고성에서 이어지는데 매우 좁았습니다. 좌우로 바다가 보이면서 통영으로 들어갔습니다. 지금은 좌우로 매립이 되면서 원래의 지형이 많이 바뀌었습니다.

통영은 원래 우리나라 전통공예에서 매우 중요한 지역입니다. 나전칠기와 소목장, 갓, 통영 연 같은 공예품들의 수준이 매우 높았습니다. 열두

통영 세병관

공방이 있어서 공예의 중심 역할을 했었습니다. 지금은 그런 전통이 사라져가서 참 아쉽습니다. 임진왜란 때 충무공이 해전에서 연을 사용하는 작전을 세워 전투에서 승리했다는 사실을 아시는지요?

세병관은 수군통제영의 일부입니다. 현재는 길이 나면서 잘려 통제영의 부속 건물과 세병관이 따로 떨어져 있습니다. 세병관 건물은 전통 건축 중에서 꽤 유명합니다. 원래 유럽 건축은 정면이 좁고 진입해서부터 깊이 쪽으로 길이가 긴 것이 특징인 반면 우리나라 건물은 정면에서 좌우로 긴 것이 특징입니다. 독특하죠. 세병관 역시 그런 정면성을 잘 구현하고 있습니다. 옛날에는 이 세병관에서 바다 쪽을 내려다보면 전망이 기가 막혔을 것입니다. 지금은 매립으로 지형도 변하고 해서 예전만큼은 아니지만, 직접 가서 바다를 보면 과거 경치를 조금은 상상할 수 있습니다

용화사[6]는 세병관에서 보자면 거의 정남쪽에 있습니다. 미륵산에 있는 절로 532년 선덕왕 때 은첨이 창제하여 정수사라 하였다가, 산사태로 이곳으로 옮겼다고 합니다. 이름으로 볼 때는 용화사상(龍華思想, 미륵이 현세에서 이상적인 세계를 연다는 불교사상)의 흔적이 있습니다. 민간신

통영 용화사

앙에 가까운데, 미륵신앙과 연관된 절입니다.

　용화사라는 절 이름 때문에 산 이름이 미륵산으로 바뀌었을 가능성도 있습니다. 얼마 전까지만 해도 용화사는 아담하고 조그마했습니다. 절에서 통영 시내도 한눈에 내려다보였습니다. 현대에 들어와서 옛 모습은 많이 달라져버렸습니다.

거제향교와 사등성

고려 시대 의종은 정중부 등이 일으킨 '무신(武臣)의 난(亂)(1170)'으로 거제도로 유배를 갔습니다. 거제도가 유배지가 된 것은 그때가 처음이었습니다. 그 덕분에 거제도에 가면 왕과 관련된 이야기들이 많이 남아 있습니다. 이후 조선 시대에는 거제로 유배 간 인물들이 무척 많았습니다. 고려 시대, 조선 시대에는 일본에서 귀화한 사람들은 모두 거제도로 보낸 기록이 실록에도 나타납니다.

　거제가 본래 바다 가운데 있는 섬인 것은 다 아실 것입니다. 신라 문무왕이 상군(裳郡, 행정도시 성격)을 설치했고, 경덕왕이 지금의 이름으로 고쳤습니다. 고려 원종 12년(1271)에 주민들이 왜구 때문에 땅을 버리고, 가조현에 옮겨 살다가 세종 14년(1432)부터 다시 섬으로 들어가 살기 시작했습니다. 이러한 역사적 경험 때문에 거제도에는 읍치 이외에도 보(堡)와 진(鎭)이 무려 여덟 곳이나 설치되어 있었습니다. 안전을 대비해 해안과 요충지에 설치했던 것입니다. 맑은 날씨에는 이곳에서 대마도가 보인다고 합니다.

거제도의 향교는 육지의 향교와는 형태가 좀 다릅니다. 우선 건물들이 전체적으로 높이가 낮습니다. 거제도 같은 섬 지방의 비바람은 육지에서와는 완전히 강도가 다릅니다. 비바람이 들이치는 각도 자체가 다른 것이죠. 그래서 향교 건물의 높이가 달라졌던 것입니다.

　　전통 건축은 지형과 기후의 특징에 따라, 지방에 따라 형태가 다르게 발달했는데, 현대에 들어 도시나 섬이나 똑같은 형태의 건물을 짓는 것과 비교해 보면 시사해주는 점이 있지 않을까 합니다.

　　거제향교에서 독특한 점을 또 하나 든다면, 대성전으로 들어가는 쪽 문 위에 귀면 익공(鬼面 翼工, 옛 건축에서 처마지붕을 떠받치는 공포(拱包)의 모습이 새의 날개처럼 화려한 익공 양식으로 공포를 꾸밀 때 연화문·용·봉황·귀면·구름 등을 새기는데, 귀신 혹은 또깨비의 형상이 새겨 있는 공포를 말함)이 있다는 사실입니다. 성리학을 위한 공간인 향교에서 귀면 익공이 있다는 점은 독특한데, 이는 아마도 도서 지역의 거친 기후로 인해 건물이 상할 것을 우려하는, 약간은 민속 신앙적인 이유가 아닐

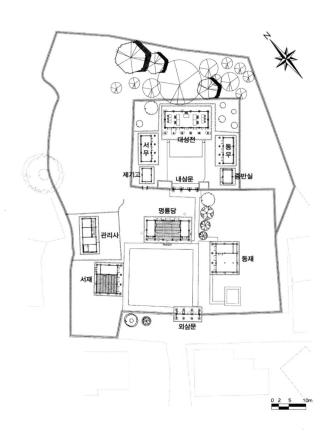

거제향교 배치도

까 합니다.

서해안 지방에서도 잘 관찰하면 해안가 건물들은 굴뚝이나 벽에 볏짚으로 옷을 입힌 것을 볼 수 있습니다. 역시 비바람으로 건물이 상할까 봐 조치한 것입니다. 대신 해안 지역의 건축물에선 굴뚝이 높아야 합니다. 기압의 변화가 심해 굴뚝이 낮으면 연기가 잘 빠지지 않기 때문입니다.

돌을 쌓아 만든 사등성[7]은 왜구 침입에 대비해 성의 안쪽으로 취락이 들어와 있습니다. 집들이 성벽에 완전히 둘러싸여 있어 매우 독특한 사등성은 그 형태가 잘 보존되어 있는 편입니다. 성벽 높이는 사람 키를 넘을 정도로 비교적 높고 두께도 꽤 두껍습니다.

해안가에 있는 읍치 중에서 왜구의 침입이 잦은 지역에서는 읍성이 취락을 끌어안고 있는 경우가 종종 있습니다. 이런 경우 사실 실질적인

돌을 쌓아 만든 거제의 사등성

방어 기능이라기보다는 상징적인 것이기 쉽습니다. 그에 비해 거제의 사
등성은 정식 군대의 침입은 막지 못할지 몰라도 해적 정도의 침입에 대해
선 주민들을 보호할 수 있었을 것으로 보입니다. 실질적인 방어 기능이 있
었던 것이죠.

　거제도에는 여덟 곳에 진과 보가 있다고 했는데 그 이름들을 열거해
볼까요. 영등포진, 조라포진, 옥포진, 가배량진, 지세포진, 율포보, 오양보,
소비포보 등이 그것입니다. 거제도는 아름다운 경치로 요즘도 관광객들
이 많이 찾는 곳입니다. 그렇다면 전통적인 거제10경을 찾아서 여행해 보
면 어떨까요. 연산군 때 이곳에 유배 왔던 최숙생이 지은 거제도 십영(十
詠)이 있습니다. 그 시에 거론된 명승지는 소요동, 백운계, 세한정, 성심천,
군자지, 차군정, 운문폭, 신청담, 지족정, 보진당 등입니다. 이곳이 현재 거
제도의 어떤 지역에 해당하는지 찾아보는 것도 재미있을 것입니다.

지금까지 김해에서 시작해 거제까지, 해안을 따라 경남 일대를 다녀보았
습니다. 이번 시간은 특정한 하나의 주제에 집중하기보다는 지역을 따라
가며 논의를 조금 깊이 해보았습니다.

　옛 건축을 읽다 보면 저절로 현대의 문명과 도시에 대해 고민하게 됩
니다. 어느 편이 옳다고 단언하기는 곤란하겠습니다만, 현대를 살아가는
사람들이 옛사람들보다 고민의 깊이가 얕은 것만은 사실이 아닐까 합니
다. 건축은 자연에 대한 인간의 응답이 아닐까요. 먼저 자연에 대해 제대
로 바라보고 지형을 읽는 과정이 선행되지 않는다면 도시와 건축이 제대
로 자리 잡기는 어려울 것 같습니다.

함허정
≪신증동국여지승람≫, 권32, 김해부, 누정

연자루 북쪽에 있으며 부사 최윤신(崔潤身)이 건축한 것이다. 호계 물을 끌어 연못을 만들고 그 복판에 정자를 지었는데 매우 조촐하고 시원하다. 김일손(金馹孫)의 기문에, "금관(金官)은 옛 나라이다. 그러므로 기이한 자취가 많다. 지금 부사 최후(崔侯)는 굳센 의지와 재간을 갖추어 이미 연자루를 중수하였고, 옛 나라의 문물을 빛나게 꾸미는 데에 극진하지 않은 것이 없었다. 그리하여 누 바로 북쪽, 파사탑(婆娑塔) 남쪽에 네모진 못을 파 호계의 물을 끌어와 휘몰아 들게 하고, 못 복판에 가짜 섬을 쌓아서 높은 축대를 만들었다. 축대 위에 집을 지었는데, 띠(茅)를 덮은 정자와 물을 가로질러 작은 다리를 만들었다. 고기를 넣고 연을 심었으며 물새 따위를 넣어서 물오리·갈매기·따오기들이 떴다 잠겼다 하는 것을 바라본다. 작은 배에다가 기악(妓樂)을 싣고 중류에서 뱃노래하며, 능파(凌波: 뱃놀이 할 때 부르는 노래)의 노래를 짓기도 한다. 최후가 항상 빈객을 맞이하여 마시기를 즐기고 머무르게 하니, 사람들이 물 위의 신선같이 보았다. 수면이 맑디맑아 편평하게 엉긴 듯 아득히 물결이 퍼지고, 누관(樓觀)·성곽·봉우리·수목·해와 별·구름 들이 물속에 그림자가 거꾸로 잠기지 않는 것이 없다.

못 크기는 반 묘(畝)인데 물이 고여 일렁이며 하늘을 머금고 있다. 최후가 좌상(左相) 어공(魚公) 세겸(世謙)에게 정자 이름을 청하여 함허(涵虛)라고 명명하였다. 홍치(弘治) 무오년 중하(仲夏)에 내가 환난을 면하고 도주(道州)에서 와 조상 산소에 성묘하면서 잠시 산소 근처의 별장에서 쉬고 있었는데, 최후가 방문하고 이어 나를 맞이하여 성에 들어 함허정을 보고 기문을 짓게 하는데, 늙고 병든 목숨이 부질없이 세상에 있으니 야인 복색으로 강호에 노니는 것이 알맞을 뿐이므로, 스스로 성시에 출입하는 것이 겁나고 글 솜씨가 난삽하다고 사양하였다. 그러나 사양하다 부득이하여 최후에게 나중에 기문을 짓겠다고 청하니, 최후가 승낙하였다. '물의 본성은 두루 흘러서 머무르지 않지만 체(體)는 본래 허(虛)하다. 허한 까닭에 능히 물건의 그림자를 머금는다. 그러나 고인 물의 탁한 흐름에 마른 풀과 나무토막 따위가 떠서, 흐르면서도 그 본성을 흐리면, 어찌 능히 저같이 비치게 할 수 있으랴. 대개 사람의 마음도 용(用)은 움직여서 다함이 없고, 체는 고요하여 본래 허하다. 허한 까닭에 오덕(五德)과 만물을 구비하여, 천지와 일월이 모두 내 마음속의 물건이다. 한번이라도 간사한 생각이 마음을 범하면 본체의 허함을 잃어 만사의 용에 어긋나니, 마음에 응하고 정사(政事)에 통하여 오하(汚下)하지 않는 것이 없다.

수로왕궁 망산도(望山島)
《신증동국여지승람》, 권32, 김해부, 고적

공무의 여가에 아전들이 물러가고, 뭇 소란이 잠잠해졌을 때 두건을 높이 쓰고 정자에 오르면 바람과 달이 함께 맑으니, 물이 하늘을 머금어 비치는 것인가, 하늘이 물을 머금어 비치는 것인가. 어공(魚公)께서 명명한 것이 이에서 어울리며 최후가 그를 즐거워하니, 또한 보통 사람이 아님을 알겠다. 최후에게 청하노니, 잠자코 앉아서 고요하게 바라보아 그 마음을 깨끗하게, 그 생각을 맑게 하여 본체를 궁구하면, 사소한 찌꺼기라도 자신의 가슴속을 능히 더럽히지 못할 것이며, 소리개가 하늘을 날고 고기가 못에서 뛰노는 자연의 묘함[飛魚]을 또한 착실하게 이해하게 될 것이니, 청허(淸虛)함을 숭상하고 풍아(風雅)함을 꾸미면서, 지나가는 객에게 칭을 받으려 힘쓰는 따위는 알 바 아닐 것이다. 나는 노쇠한 데다 병들었으니, 어찌 능히 수함(水檻)에 기대 하늘빛과 구름 그림자가 물 위에 배회함을 보며, 그 맑음을 움키며 활수(活水)의 근원을 찾을 수 있으랴.' 하고 드디어 함허정의 경치를 적어 최후에게 돌려주노라. 최후의 이름은 모(某)이고 자는 모이며, 모향(某鄕) 사람이다. 집안 대대로 교분이 있으며 또 나의 고을 원이 되었으므로 의리 상 적지 않을 수 없다." 하였다.

동한(東漢) 건무(建武) 24년 7월에 허왕후가 아유타국에서 바다를 건너 왔다. 수로왕이 유천간(留天干)에게 망산도에서 바라보게 하고, 신귀간(神鬼干)에게 승점(乘岾)에서 바라보도록 명하였다. 붉은 돛과 꼭두서니빛 깃발이 바다 서남쪽에서 북쪽을 지향하는 것을 보고 신귀가 달려와 아뢰니, 왕이 궁 서쪽에다 장막을 치고 기다렸다. 왕후는 배를 매고 육지에 올라, 높은 봉우리에서 쉬면서, 입었던 비단 바지를 벗어 산신령에게 예물로 바쳤다. 왕후가 이르자 왕이 장막으로 맞아들이고 이틀 뒤에는 같은 연(輦)을 타고 대궐에 돌아와 후(后)로 삼았다. 그 뒤 영제(靈帝) 중평(中平) 6년 기사 3월에 후가 승하하였는데, 수명이 157세였다. 나라 사람들은 처음 와서 배를 매어 놓았던 곳을 주포촌(主浦村), 비단 바지 벗던 곳을 능현(綾峴), 꼭두서니빛 깃발이 들어온 곳을 기출변(旗出邊)이라 하는데, 주포촌 왼쪽에 있으며 지금도 그 이름이 남아 있다.

《신증동국여지승람》에 나타난 함허정과 기문　　　《신증동국여지승람》에 나타난 김수로왕

왜관(倭館)

합포
«신증동국여지승람», 권32, 창원부, 산천

제포 남문 밖에 있으니, 왜국 사신을 접대하는 곳이다. 정덕 경오년에 왜구를 평정하고 관을 폐쇄하고 사절(謝絕)하였다. 이전에 대마도(對馬島) 왜인이 국내에 옮겨와 살기를 청하여 관 앞 바닷가에 살게 하였는데, 점차 불어나서 오백 호가 넘었다. 부산포(釜山浦)에 살던 왜가 진장(鎭將)이 돌봐주지 않는다고 분하게 여겨서 제포 왜인과 난리를 일으키기로 모의하였다. 현성(縣城)을 습격하여 함락시켜서 거의 다 도륙하고 불태우니, 우리 조정에서 방어사(防禦使) 유담년(柳聃年)과 황형(黃衡)을 보내어 길을 나눠 토벌하고 평정하여 왜인들의 소굴을 태운 다음, 다시는 거류하는 것을 허가하지 않았다. 그 뒤에 왜인이 정성을 다해서 항복하고 조빙(朝聘)하기를 청하니, 다시 관을 설치하였다.

부 서쪽 10리 지점에 있다. 고려 원종(元宗) 15년 봄 정월에 원나라 세조가 일본을 정벌하고자 하여 합포현을 정동행성(征東行省)으로 삼고, 홍다구(洪茶丘)에게 조서를 내려 김방경(金方慶) 등과 함께 합포에서 전함의 제조를 감독하게 하였다. 10월에 김방경 등이 원나라 도원수 홀돈(忽敦), 부원수 홍다구·유복형(劉復亨) 등과 함께 몽고 장병 2만 5천과 우리 군사 8천, 뱃사공·수군인도수(水軍引導手) 6천 7백, 전함 9백여 척을 거느리고 일본을 정벌하였다. 일기도(一岐島)에 이르러 왜병에게 패하고 유복형은 날아오는 화살에 맞아 죽어서, 드디어 합포로 환군하였다. 7년 만에 황제가 또 흔도(忻都), 홍다구에게 김방경 등과 함께 다시 일본을 정벌하도록 명하였고, 왕이 친히 합포에 와서 열병하였다. 황제가 또 범문호(范文虎)에게 만병(蠻兵) 10만을 거느리고 강남에서 출발하게 하였다.

왜관

«신증동국여지승람»에 나타난 합포

연빈루
《신증동국여지승람》, 권32, 창원부, 누정

동헌에 있는 작은 누다. 홍귀달(洪貴達)의 기에, "관부(官府)와 누관(樓館)의 훌륭함을 혹자는, '정사와 무관하다' 하고, 혹자는 '정체된 것을 선양하고 화(和)한 데로 인도하여 정사를 통하게 한다' 하며, 또 '정사가 화한 다음이라야 인화가 되고, 인화된 다음이라야 흥작(興作)할 수 있다. 백성이 누대와 관우의 흥폐된 것을 원망하지 않으면, 그 정사를 알 수 있다' 한다." 하였다.

나는 말하기를 '혹자의 말이 모두 옳다.' 그 지방 원이 되게 하였는데 필부(匹夫)와 필부(匹婦)라도 제 생활을 편하게 하지 못하는 자 있으면, 비록 훌륭한 지대(地臺)와 누관이 있다 하더라도 다스림에 무슨 보탬이 있으리오. 그러나 정사가 화하고 사람끼리 화하여 백성이 즐거이 일에 나아간다면, 정체된 것을 선양하고 화한 대로 인도할 제구가 어찌 없을 것인가. 홍치(弘治) 임자년(1492) 가을에 창원 부호들이 나에게 편지를 보내, '부는 옛 회원(檜原), 의창(義昌) 두 현이다. 옛날에 원나라 세조가 일본을 정벌하면서 여기에다 행성을 설치하였고, 신라 적에 최치원이 축대를 쌓고 유람하여 유지(遺址)가 아직도 남았다. 또 지금 병마절도사가 절(節)을 세우고 진(鎭)을 설치하였으나, 위치가 높거나 크지 않으며 성곽과 관우(館宇)가 어울리지 않는다. 부 동쪽에는 벽허(碧虛), 서쪽에는 벽한(碧寒)이라는 두 다락집이 있으나, 모두 비좁고 작으며 답답하고 막혀서 오르는 자가 애닯게 여긴다.

지금 현명한 맑은 원님 이후(李候) 영분(永賁)이 부임한 지 5년인데 정사가 화하고 사람끼리 화하였다. 그리하여 해야 할 일이 없어도 이에 벽허루 곁에다가 새 다락 5간을 창건하였다. 놀고 있는 자를 부리고 번(番)을 든 아전과 군졸로써 도왔다. 금년 3월에 시작하였는데, 5월이 못되어서 화려하게 지은 것이 우뚝하였다. 누 위에는 여러 빈객과 우리들 고을 백성을 용납할 만하였다. 그러나 노역이 우리에게는 미치지 않았다. 따라서 그 누가 낙성되는 것을 즐거워하고 이 누가 영원하기를 원한다. 공은 누 이름을 짓고 기문하라.'는 것이었다. 나는 말하기를, '아, 여기에서 이후의 정사를 족히 알겠다. 방금 조정이 청명하고 변방 백성이 안도한다. 남방에는 옛날부터 빈객이 많은 바, 누 위에서 풍월을 대하여 비록 먹고 마시고 잔치하더라도 가(可)하다. 그러므로 누 이름을 연빈(燕賓)이라 하기를 청한다.' 했다" 하였다.

《신증동국여지승람》에 나타난 연빈루

거제읍성
«신증동국여지승람», 권32, 거제현, 성곽

이보흠(李甫欽)의 기에, "전조(前朝) 말년에 기강이 무너지고 섬 오랑캐가 침범하니, 거제 백성이 옛 터를 버리고 거창 경내에 교우(僑寓)한 지가 여러 해였다. 우리 태조께서 천명을 받고 열성조(列聖祖)가 대를 이어서 문(文)으로 나라 안을 다스리고 무(武)로써 외적을 막았다. 성교(聲敎)가 멀리까지 이르러 산융(山戎, 여진족)과 유구(琉球)까지도 산을 넘고 바다를 건너 궐하(闕下)에 부복하지 않는 이가 없었으니 오직 남보다 뒤질세라 두려워하였거든, 하물며 서로 바라보이는 섬 오랑캐임에랴. 올빼미 울음소리가 좋은 소리로 변하듯 백성 되기를 원하였으니, 동방에 나라가 있은 이래로 이와 같이 융성한 적이 없었다. 세종께서 즉위하신 지 5년인 임인년에 거제 백성이 본래 살던 터로 돌아가기를 원하자, 성곽을 쌓아 백성을 살게 하고 수호할 제구를 설비하여 외적을 방어하도록 명하였다. 그러나 흩어졌던 백성이 모두 모이니 성이 작아 다 들어갈 수 없고 또 샘물이 모자랐다. 지금 우리 주상 전하께서 의정부 우찬성 진양(晉陽) 정상공(鄭相公) 분(苯)에게 음양을 살피고 샘물을 찾아보아 관아를 옛 관아 남쪽 10리쯤 되는 곳에다가 옮기도록 명하였다. 북쪽으로 큰 바다에 닿아 있고 삼면이 산에 가로막혀 있으며, 높고 낮은 땅과 찬 샘물 등 모든 것이 영구한 터가 될 만하였다.

이에 여기에다 터를 정하고 하도(下道) 백성 2만여 명을 모두 부르고, 영천군사(永川郡事) 정차공(鄭次恭), 진주 판관 양연(楊淵), 곤양군사(昆陽郡事) 최성로(崔性老), 청도군사(淸道郡事) 이의(李椅), 사천 현감(泗川縣監) 장오(張俣), 진해 현감(鎭海縣監) 김한진(金漢珍)에게 공사를 나누어 감독하게 하고, 또 현령 이호성(李好誠)에게 관사와 부고(府庫)를 세우게 하니, 이에 멀고 가까운 곳의 백성이 다 모여 각기 자기의 마음을 다하여 성 3천 6백여 척과 집 40여 간이 몇 달 못 되어 완성되었다. 아, 백성을 사역시키는 것은 중요한 일이다. 의로써 움직이지 아니하면, '황보(皇父)가 도읍을 만드니 땅이 오래(汙萊, 낮은 땅에 물이 괴고, 높은 땅에 풀이 무성하여 땅이 황폐해짐)하였다'는 백성의 원망이 있게 된다. 사역하는 것이 비록 의롭다 하더라도 적절한 때가 아니거나, 비록 때가 적절하더라도 그 힘을 절약해 이용하지 않으면, '화원(華元)이 성을 쌓을 때에 배가 희구나.' 하는 노래가 있게 된다. 그러나 이번에는 그렇지 않았다. 현 백성은 성이 작고 물이 없음을 고통스럽게 여겨 모두들 옮기기를 원했으니, 백성의 이익을 보아서 의로써 움직였다 할 수 있다. 농사를 마친 다음 사방에서 모두 모였으니, 알맞은 때에 부렸다 할 수 있다. 새벽과 저녁을 알리는 북을 설치하고, 바삐 하지 말도록 경계하였으니, 그 힘을 모조리 쓰게 하지 않았다 할 수 있다. 의로써 움직였고 알맞은 때에 부리며 힘을 아껴 썼으니, 주(周) 나라 태왕(太王)이 큰 북[鼛]으로 이기지 못하였음과, 주공(周公)이 은(殷) 나라를 시켜 크게 지은 것이라도 어찌 이보다 나으리오. 참으로 이른바, 즐겁게 하는 것으로 백성을 부리면 백성은 그 수고로움을 모른다는 것인가." 하였다.

능화봉
«신증동국여지승람», 권31, 사천현, 고적

와룡산(臥龍山)에 있다. 고려 안종(安宗)을 능화봉 밑에 장사하였으므로 지금도 그 골 이름을 능화리(陵華里)라 한다. 처음에 경종(景宗)의 비 황보씨가 궁에서 나와 사제에 있었다. 하룻밤에는 곡령(鵠嶺)에 올라가 오줌을 누었더니, 도성에 흘러 넘쳐 모두 은(銀) 바다로 되는 꿈을 꾸었다. 점쟁이가 말하기를, "아들을 낳으면 한 나라의 임금이 될 것이요." 하니, 비는, "내가 과부인데 어찌 아들을 낳으랴." 하였다. 종실 욱(郁)은 태조의 여덟째 아들이다. 살고 있는 집이 비의 사저와 가까웠다. 그리하여 서로 왕래하다 사통하여 임신하였다. 성종 때에 비가 욱의 집에서 자는데, 그 집 사람이 뜰에 섶을 쌓고 불을 질렀다. 관리들이 달려가 구원하고 성종 또한 황급히 가서 불이 난 이유를 물었다. 그 집 사람이 사실을 아뢰니 비는 부끄러워 후회하였다. 자기 집으로 돌아와 문에 이르자마자 산기가 있어 문 앞 버드나무를 부여잡고 몸을 풀었으나 비는 죽었다. 그 연유로 욱은 사천현에 유배되었다. 그리하여 보모를 택하여 그 아이를 길러 마침내 욱에게 돌려보냈는데 이 아이가 곧 현종이었다.

욱이 문장을 잘하여 귀양 갈 때에 압송한 내시 고현(高玄)에게 시를 지어주었는데, "같은 날에 그대와 함께 서울에서 나왔으나, 그대는 먼저 돌아가고 나는 못 가네. 여관 우리 속에서는 스스로 원숭이 같이 갇힘을 슬퍼하고, 이정(離亭)에서는 또 말이 나는 듯 달림을 부러워하네. 서울 봄 경치는 꿈속에서나 볼까. 바닷가 풍경에 눈물이 옷을 적신다. 임금의 한 말씀 고치지 않으리니, 이 몸은 마침내 바닷가에서 늙으리라." 하였다. 욱은 또 지리에 정통하였다. 일찍이 현종에게 금 한 주머니를 몰래 주면서, "내가 죽거든 이 금을 지관에게 주고, 나를 고을 성황당 남쪽 귀룡동(歸龍洞)에 장사하여라. 그리고 반드시 엎어 묻도록 하라." 하였다. 욱이 귀양 사는 곳에서 죽은 뒤에 현종이 그의 말과 같이 하였는데, 매장할 무렵에 엎어서 묻도록 청하니, 술사가, "무엇이 그리 바쁜가." 하였다. 다음해 2월에 현종은 서울에 돌아갔다. 즉위하여 욱을 추존하여 효목대왕(孝穆大王)이라 하고, 묘호를 안종(安宗)이라 하였다. 그 뒤에 건릉(乾陵)에 이장(移葬)하였다.

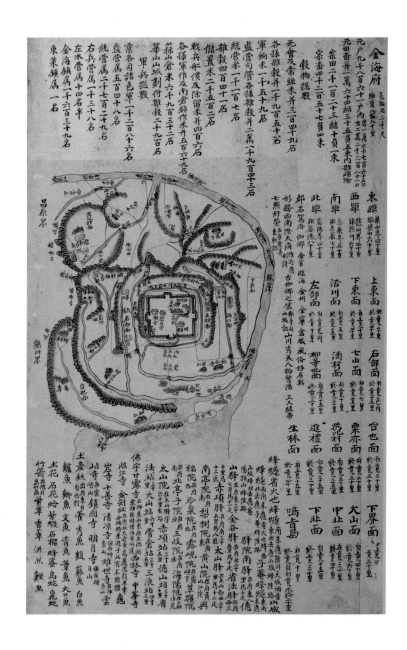

김해가 6가야의 하나였다. 가락국 또는 가야라고도 했는데 후에는 금관국이라 했다. 시조 김수로왕으로부터 구해왕에 이르기까지 10대 491년 동안 지속되다가, 구해왕이 신라에 항복한 후 법흥왕이 읍으로 만들고 금관국이라 불렀다.

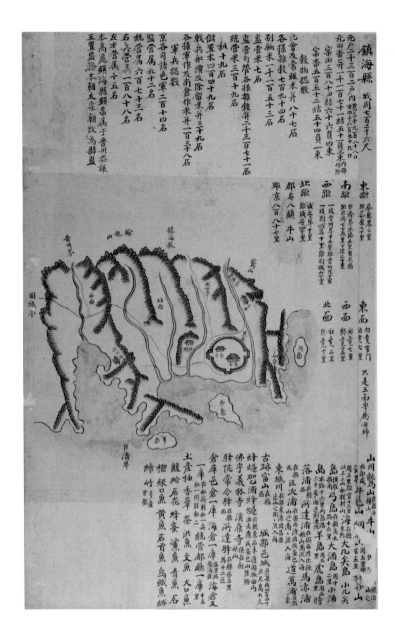

마산시 옆에 진동이란 곳이 있는데 원래 조선 시대에는 이곳이 진해였다. 진해란 말 그대로 '바다를 지키는 진(鎭)'이라는 뜻이다. 이 진동이 '진'이 들어갈 자리였고, 이곳에 아직도 읍치 자리가 있다. 현재의 진해는 원래 웅천 영역에 속한 곳이다.

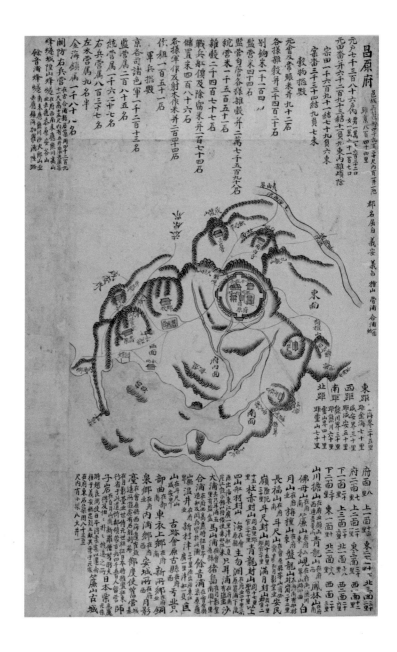

昌原府

옛 지도를 보면 도시와 도시 사이의 간격이 어느 정도 비슷해 도시 간의 이격 거리를 지켰음을 알 수 있다. 그런데 현대의 창원 개발은 이 점을 무시했다. 창원의 현대적 도시 개발이 남북으로 길어지면서 마산과 너무 가까워졌고, 그 결과 마산이라는 도시와 마산 포구가 생명력을 잃고 말았다.

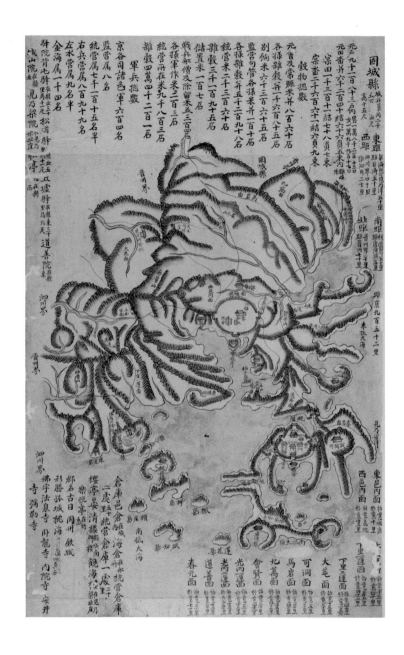

전주 최씨 일문 집성촌인 고성의 학동 마을은 농경지와 어업 생산 양쪽을 관리할 수 있는 지리적 이점이 있어 경제적으로 탄탄하다. 마을 입지는 바다에 바로 면하지는 않고 산을 면하고 있는데, 바다 쪽에선 보이진 않았다. 농경지 역시 뒤쪽에 숨어 잘 드러나지 않는다. 마을도 예뻐서 보기에 좋다.

통영은 물이 육지를 완전히 감아 돌고 있다. 통영에 들어가면 마치 섬 같이 느껴진다. 그래서 수군통제영이 들어서기에 기능적으로 적합했다. 통영으로 가는 길은 고성에서 이어지는데 좌우로 바다가 보이면서 매우 좁았다. 지금은 좌우로 매립이 되면서 원래의 지형이 많이 바뀌었다.

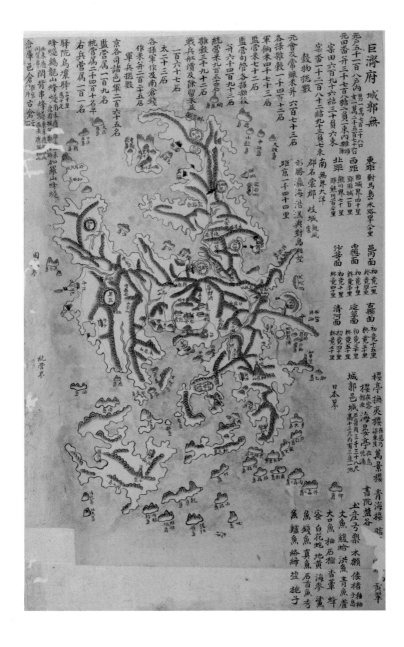

고려 시대 의종은 정중부 등이 일으킨 '무신(武臣)의 난(亂)(1170)'으로 거제도로 유배를 갔다. 거제도가 유배지가 된 것은 그때가 처음이었다. 그 덕분에 거제도에 가면 왕과 관련된 이야기들이 많이 남아 있다. 이후 조선 시대에는 거제로 유배 간 인물들이 무척 많았다.

해안선을 따라
절이 지어진 이유

전남 해안 지역의
사찰 건축

이번 시간에 둘러볼 지역은 전라남도 해안 지역입니다. 이 지역은 예전에는 교통이 불편하고 수도권으로부터 멀리 떨어져 있어 사람들이 즐겨 찾지 않던 곳입니다. 그러다 몇 년 전부터는 남도 기행이다, 남도 답사다 하면서 이쪽으로 여행을 가시는 분들이 많아졌습니다.

전남 해안 지역을 둘러보면서 사찰을 염두에 두고 보는 경우는 거의 없는 것 같습니다. 하지만 이 지역 사찰들을 둘러보면 재미있는 건축물들이 꽤 많습니다. 저는 특히 이 지역에서 바다를 향해 돌출된 해안의 절들에 관심을 가지고 살펴보려고 합니다. 아마 이전에 알고 있던 것과는 또 다른 것들을 배우게 되실 겁니다.

전남 해안 지역이라면 흔히 강진의 다산초당과 해남 대흥사를 볼거리로 들곤 합니다. 그렇지만 원래는 강진에서 완도, 보길도 쪽으로 가는 길이 더 많이 알려져 있었고 여수 쪽을 거치는 길은 사람들이 많이 가질 않았습니다. 근래에 여수 향일암이 유명세를 탔습니다. 그러나 제가 처음 답사를 다니던 70년대만 해도 타 지역 사람으로 그쪽을 다녀온 사람은 찾아보기 어려웠습니다.

자, 그럼 이 전남 해안 지역의 중요한 절들을 하나씩 살펴보겠습니다. 먼저 여수 흥국사[1](원래는 순천 영취산 흥국사였음)를 보기로 할까요.

여수 흥국사와 향일암

조선 정조 대(1776~1800)에 왕명으로 찬술된 《범우고(梵宇攷)》에는 영조 49년(1773)에 수사(水使)인 김영수가 산성창을 설치했는데 승군 300명이 이곳 흥국사에 머물러 지켰다고 전합니다.

흥국사는 1195년 보조국사 지눌이 창건하였는데 변방의 국찰로, 또 나라의 안녕과 융성을 기원하던 기도처로 호국을 우선하던 사찰이었습니다. 임진왜란 때는 기암대사가 이 절의 승려 300여 명을 이끌고 이순신을 도와 전공을 세웠으나 절은 전화로 소실되었다고 합니다. 1624년(인조

장흥

강진

해남

백련사

대흥사

미황사

대동여지도
전남 해안 지역의 사찰 건축

전남 해안 지역의 사찰들은 지형을
활용해 군사적인 기능까지 수행하였다.

산맥도
전남 해안 지역의 사찰 건축

앞의 ‹대동여지도›를 바탕으로 전남
해안 지역을 현대의 지형도에 그린
산맥도이다.

선암사

▲　▲

송광사　순천

낙안

흥국사

▲

여수

고흥

▲　▲

금탑사　능가사

향일암

▲

2년)에 사찰을 중수한 것을 시작으로 1800년대까지 계속 복구되었습니다. 1760년 경에는 17방(房) 14암(庵) 승려 643명이 거주하는 대사찰이었다고 합니다.

우선 흥국사라는 이름에 주목해볼 필요가 있습니다. 여수에 있는 이 흥국사 말고 전국의 여러 곳에서 가끔씩 흥국사란 절들을 만나볼 수가 있습니다. 예전에는 절 이름에 나라 '국(國)'자가 들어가면 국사(國師)[2]나

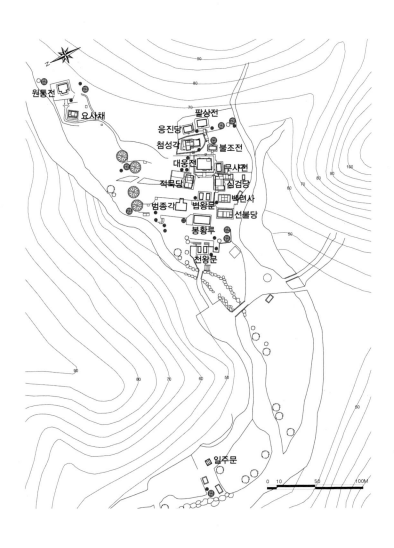

흥국사 배치도

왕사(王師)[3]가 기거하던 절이라는 의미가 있는 것입니다. 절 이름에도 다 의미가 있고 원칙이 있었던 것입니다. 예를 들자면 섬긴다는 의미의 '봉(奉)'자가 들어간 이름은 왕릉과 관련이 있습니다. 봉원사, 봉선사 등의 절들은 모두 왕실의 원당 사찰[4]이었습니다. 물론 이런 원칙이 100퍼센트 다 들어맞는 건 아니고 더러 예외도 있습니다. 하지만 대개 그렇게 보면 틀리지 않는다는 말입니다.

흥국사는 서울에서 굉장히 먼 곳인데도 왕실의 원당 사찰 역할을 했습니다. 그 사실이 독특해서 답사에 포함시키기도 했는데요. 아마 가까운 위치에 있는 큰 절 송광사의 영향이 작용하지 않았나 추측됩니다.

흥국사는 굉장히 오래된 절로서 건물 자체만 해도 볼거리가 됩니다만, 이곳에서 특히 눈여겨보아야 할 것은 가람의 배치 방향입니다. 흥국사는 건물들이 아래로부터 위로 일렬로 배치되어 있는데, 그 상부에 대웅전이 있고 그 뒤로는 팔상전이 있습니다. 팔상전은 맨 뒤에 있으면서 북쪽으로 바다를 바라보고 있습니다.

팔상전과 대웅전, 두 건물의 방향은 서로 어긋나게 틀어져 있는데, 팔상전의 방향이 더욱 명료하게 산을 바라보고 있습니다. 즉 정면성의 원칙에 더 들어맞는 것은 팔상전입니다. 이것은 무슨 의미겠습니까? 팔상전이 가장 위계가 높은 건물이란 말입니다. 대웅전보다 높은 곳에 자리잡고 있습니다. 팔상전은 팔상도가 있는 전각이고, 팔상도(八相圖)는 부처님이 태어나 열반하기까지의 생애를 여덟 단계로 보여주는 그림입니다. 절의 금당은 여러 부처가 주존불이 될 수 있습니다. 석가여래, 미륵불, 비로자나불 등 많은 부처가 대웅전의 주존이 됩니다. 그런데 부처님의 일생을 다룬 팔상도는 모든 부처님 중에서도 가장 높은 위치에 있는 상징입니다. 이것이 팔상전이 사찰에서 제일 높은 위계의 건물이 되는 이유입니다.

이런 예는 팔상전이 있는 다른 절에서도 찾아볼 수 있습니다. 팔상전 중에서 가장 유명한 것이 속리산 자락에 있는 법주사의 팔상전입니다. 법주사는 평지 가람인데 이곳의 팔상전은 절의 한가운데에 자리 잡고 있습니다. 제가 앞서 건축의 정면성을 논하면서 건축물의 중심은 평지의 경우 가장 가운데에 있고, 경사진 곳에선 제일 높은 곳에 있다고 말씀드렸습니다. 법주사 팔상전은 사찰의 가운데, 건축물의 중심축선상에 있습니다. 흥국사의 팔상전과 대웅전의 위치도 이런 원칙을 보여줍니다. 절을 방문할 때 금당마다 주존불이 어떤 부처님인지, 금당의 이름은 무엇인지 살펴보고 이런 배치와의 연관을 유추해보면 절 건축도 흥미롭다는 사실을 발견할 수 있습니다.

흥국사는 몇 번의 중건 과정에서 누 건물이 처음의 형태와 달라졌습니다. 흥국사의 누는 예전에는 지금처럼 크지 않았고, 길이가 더 짧았습니다. 지금의 누에서 문이 두 개인 것을 보면, 절을 중창하면서 대웅전도 키우고 누도 바깥쪽으로 내서 규모를 키운 것으로 보입니다. 팔상전도 그 과정에서 뒤에 있던 축대를 쳐낸 것 같습니다. 현재 남아 있는 건축물의 형

흥국사 대웅전

태로 볼 때 흥국사의 배치는 일반적인 절들보다 중심축이 좀 길어 보입니
다. 그것 역시 중건하면서 그렇게 된 것으로 추측됩니다.

절 입구에 있는 누각은 규모가 작을 때는 누를 옆으로 돌아서 절 안
으로 진입하곤 합니다. 지대가 경사져서 누가 높을 때는 누의 아래로 진
입하여 절로 들어갑니다. 부석사나 내소사가 그런 경우에 해당합니다. 그
런데 흥국사의 누는 규모가 굉장히 큰데도 누 아래가 아니라 옆으로 돌아
가야 합니다.

흥국사의 입구에는 무지개 모양의 다리, 즉 홍교가 있습니다. 옛날에

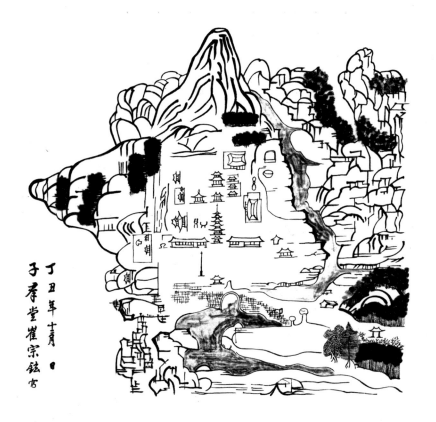

‹속리산 법주사도(俗離山法住寺山圖)›, 최종현, 1997

는 이 홍교를 통해 절로 진입하였는데, 이제는 자동차 도로가 생기면서 원래의 길이 잊혀지고 있습니다. 홍국사에 가시게 되면 꼭 이 옛길을 이용해보시길 바랍니다. 우리 전통 건축에서 돌다리를 건너는 행위는 대단히 중요한 의미가 있습니다. 돌다리를 건넌다는 건 물을 스쳐가는 것인데, 다들 짐작하시듯이, 물을 건너는 행위는 '정화'의 의미입니다. 순화하고 정화하고 걸러낸다, 다른 영역으로 간다는 의미가 있는 것입니다. 그래서 능이나 절, 궁궐 등에서 돌다리에 투자를 하고 정성을 들이는 경우가 많습니다. 다리가 놓인 지점을 경계로, '속세의 영역에서 신성한 영역으로' 영역이 달라진다는 사실을 돌다리가 상징하고 있기 때문입니다. 홍국사의 홍교 역시 그런 의미로 봐야 합니다. 속세에서 절로 들어가면서 돌다리, 즉 물을 건너 신성한 영역으로 들어가는 것입니다. 한편 이 홍교는 현존하는 홍교 중에서 가장 크다고 합니다.

홍국사의 원래 진입로는 길이 휘어서 물 밖으로 나 있었습니다. 그러니까 예전 길을 따라 절에 들어가자면 물을 건너가다가 다시 다리를 한 번 더 건너서 들어가는 것입니다. 사실 다리를 안 만들었으면 그냥 그 길을 따라 죽 가도 되는 셈입니다. 그런데 일부러 다리를 만들어 물을 두 번 건너도록 연출한 것입니다. 종교 시설에 들어갈 때 손 또는 발을 씻도록 규정해놓은 종교가 많습니다. 성당에 들어갈 때도 성수를 바르면서 정화를 합니다. 유교에서도 향사를 올릴 때면 반드시 손을 씻습니다. 모두 세속적인 것을 닦아내는 의미입니다. 건축에서도 그 개념이 살아 있는 예를 이런 진입 형식에서 볼 수 있습니다.

다음으로 볼 절은 향일암입니다. 보통 '땅끝'이라고 하면 해남 땅끝마을만 생각하는데 사실 이 향일암이 있는 입지도 땅끝의 의미가 있습니다. 향일암은 섬진강에서 갈라져 쭉 내려간 지형이 바다를 향해 제일 돌출된 곳에 있습니다. 경상도와 전라도의 경계 지역이기도 합니다.

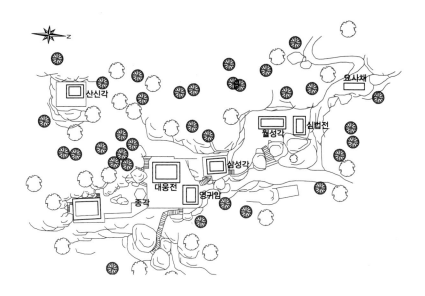

▲ 향일암 배치도

▼ 향일암 대웅전

전라도의 해안선은 굴곡이 심해서, 내륙을 향해 들어간 부분과 바다를 향해 튀어나온 부분의 차이가 두드러지고 해안선도 복잡합니다. 반면 경상도의 해안선은 거제도 정도만 바다를 향해 툭 돌출되어 있고 다른 지역에서는 돌출이 그렇게 심하지 않습니다. 향일암이 있는 지형과 비교를 해보면 알 수 있죠. 향일암은 상대적으로 밋밋한 경상도의 해안선에서 전라도 쪽으로 넘어 오다 바다를 향해 돌출된 섬 중에서 가장 끝, 벼랑 위에 있습니다. 입지가 해가 떠오르는 동쪽을 향하고 있기 때문에 이름도 향일암(向日庵)입니다.

우리나라 절 중에서 동향인 절은 그리 많지 않습니다. 향일암은 지형의 제약 때문에 동쪽을 향하게 된 절입니다. 반면 일본에는 의도적으로 동쪽을 향해 배치된 절이 많습니다. '일광사'처럼 '태양'을 뜻하는 이름을 가진 절도 꽤 흔한데 이런 절들은 일광여래를 주존으로 모십니다. 그래서 해가 떠오르는 동쪽을 바라보는 것입니다. 반면 우리나라 절들이 주존으로 모시는 부처님들은 대개 미래불로, 서방정토를 이상향으로 봅니다. 서향이 절의 입지에서 기본이 되는 것입니다.

향일암은 불교 신자들뿐 아니라 관광객들도 많이 찾는 곳입니다. 이 절은 벼랑 끝에 있다 보니 입지가 제한될 수밖에 없어서 조금씩 조금씩 규모를 늘려나간 절입니다. 건축적인 특징이 두드러진 사찰은 아니지만, 겨울이면 동백꽃이 아주 볼 만합니다.

이 지역은 지형이 아주 많이 바뀐 곳입니다. 《대동여지도》와 현대 지도를 놓고 비교해보면 변화된 부분이 많습니다. 그런데 안타깝게도 향일암은 2009년 대웅전과 종무소, 종각 등이 화재로 소실되었습니다.

승주 선암사와 송광사

다음은 선암사를 보겠습니다. 조계산 선암사는 천태종의 총 본산인 사찰입니다. 원래 천태종의 총 본산은 개성의 오관산 영통사였습니다.

천태종을 창시한 사람이 고려 시대의 왕자란 사실을 아십니까? 의천 (義天, 1055~1101) 대각국사는 고려 문종의 아들로 11세에 승려가 되고 15세에 승통이 되었는데, 31세에 남송에 유학하고 1086년에 돌아와서 천 태교를 전파했습니다. 1097년에는 개성에 국청사를 창건, 천태교를 강설 했습니다. 그 교법이 전해져 인동(구미) 금오산, 해주 수양산 등이 천태종 소속의 도량이 되었습니다. 의천은 1101년 국사가 되고 그해 10월에 세상 을 떴습니다. 시호가 대각국사이고, 오관산 영통사에 비를 세웠다고 합니 다. 그 후 영통사가 천태종의 종지 사찰이 되었습니다.

오관산은 개성 송악산의 바로 뒤쪽입니다. 의천은 오관산으로 들어 가 수도를 하고 유학을 다녀온 후 천태종을 만들었는데, 천태종이 번창한 데에는 아마도 왕자라는 신분의 특권도 작용했을 것입니다. 일제강점기 에 와서 천태종의 계열이 선암사로 왔고, 이후 이 절이 천태종에서 중요한 위치에 놓이게 되었습니다.

선암사가 있는 조계산을 살펴봅시다. 한편에 송광사가 있고 산을 넘 으면 선암사가 있습니다. 일반적으로 큰 산의 한쪽에 절이 있으면 산을 넘 어 반대쪽에 비슷한 규모의 절이 있는 사례가 많습니다. 여러분이 관심을 가지고 보실 만한 현상입니다. 예를 들어 부석사를 보십시오. 부석사가 있는 산 반대쪽 자락인 북지리[5] 에는 원래 부석사와 비슷한 규모의 절이 있었습니다. 그런데 임진왜란 때 절이 훼손되고 말았습니다. 북지리의 절 터에 있던 통일신라기의 불상만 부석사의 응진전으로 옮겨져 있습니다.

그뿐만이 아니죠. 거슬러 올라가 통일신라의 대표적인 절인 불국사 를 보세요. 토함산을 두고 불국사와 대칭으로 석굴암이 있습니다. 불국 사는 규모가 무척 큰 절이니 석굴암도 응당 큰 규모로 대칭되어야 하겠 죠. 하지만 지형상 석굴암이 있는 곳은 절의 규모를 키우기 어렵습니다. 대신 석굴암은 어마어마한 공력을 들여 축조를 한 건축물입니다. 엄밀하 게 말하자면, 사실 석굴암은 석굴에 조성한 게 아닙니다. 바위에 굴을 파서 만든 게 아니라, 처음부터 돌을 쌓아서 만들었습니다. 석굴사가 아니라 축석사라고 부를 수 있을 것입니다. 어마어마한 정성과 공덕 아니면 어려운 작업입니다.

잘 아시는 유명한 개심사도 그런 사례입니다. 개심사가 있는 산은 상왕산입니다. 이 상왕산을 넘어가면 뒤에 보원사란 절이 있었습니다. 지금은 보원사지로 절터만 남아 있습니다. 보원사 역시 고려 시대에 국사가 있던 유명한 절이었습니다.

이런 원칙들이 기록에 남아 있는 원칙은 아닙니다. 하지만 제가 답사를 다니다 보니 언제부터인가 이런 사례가 많다는 걸 깨달았던 것입니다. 이 사실을 의식하고 유심히 살펴보니 정말 대부분의 옛 사찰에 그런 원칙이 적용되었음을 발견했습니다.

옛 절들은 건축된 지 오랜 세월이 지났고 특히 조선 시대를 지나면서 많은 수의 절들이 없어졌습니다. 그래서 절이 아닌 폐사지, 즉 없어진 절의 절터 형태로 남아 있는 곳이 꽤 많습니다. 큰 절이 있으면 그 산을 넘어 반대쪽에는 그 절과 비슷한 규모의 폐사지가 있는 형식이 흔하다는 말입니다. 이런 원칙대로, 송광사에서 조계산 산등허리를 넘으면 선암사가 있습니다. 이 선암사와 송광사의 배치는 아주 독특합니다.

고려 시대 보조국사 지눌(知訥, 1158~1210)은 개성에 머물다 불교가 정치적으로 타락했다고 판단하고, 새로운 불교 개혁을 부르짖으며 송광사로 내려왔습니다. 이후 1200년 정혜사를 옮겨 짓고 수선사라 이름했는데, 이때부터 송광사는 참선을 하는 선승들, 즉 수도승들의 새로운 중심지가 되었던 것입니다.

선승들이 대규모로 모이면 야단법석이라는 대형 법회가 자주 열렸습니다. 송광사의 가람 배치에서 가장 중요한 부분은, 야단법석이 열렸던 절의 마당이 대단히 큰 방형 즉 사각형 광장으로 되어 있었다는 점입니다.

그건 선승들이 모여 있는 선사에서 가장 중요한 공간이 바로 마당이었기 때문입니다. 좀 과장해서 말하자면 사찰의 건축물은 이 마당을 둘러싼 건축 벽이라고 해도 될 정도입니다. 사찰 건축물들은 광장의 벽을 이뤄주는 역할을 한 것입니다.

　　현대 건축에서는 실내 공간을 얼마든지 크게 만들 수 있습니다. 수천 명이 한번에 들어가는 대형 건물도 많이 있습니다. 그렇지만 예전에는 2~3백 명 정도 들어갈 수 있는 건축물이 가장 규모가 컸습니다. 목조 건축이다 보니 대웅전이라 해도 다섯 간, 일곱 간 이상은 못 지었던 것입니다. 그래서 큰스님이 법문을 하는 자리, 즉 법석을 베풀 때는 마당에 자리를 마련했고 앞쪽에 괘불 걸이도 설치합니다. 현재의 송광사는 야단법석이 열리던 이런 마당의 원형이 다 깨진 상태입니다.

　　우리 건축은 건축물 자체뿐 아니라 배치와 입지도 중요하다는 것이 제가 거듭 드리는 말씀인데, 건물을 짓거나 고칠 때에도 이런 기본 원칙을 고려해야 할 것이라고 생각합니다.

송광사와 달리 선암사는 오밀조밀하게 만들어진 게 특징입니다. 배치도를 보시면 대웅전으로 쓰이는 큰 건물이 보이는데, 제가 보기엔 시간이 흐르면서 원래의 배치에서 대웅전 뒤편으로 점점 성장한 것 같습니다.

　　선암사 배치도에 있는 정사각형 건물이 무엇인지 확인해보죠. 잘 보시면 앞으로 튀어나온 이 건물의 형태는 정사각형으로 좀 독특합니다. 선암사는 원당 사찰로 쓰인 절입니다. 정조가 후손을 기원하는 불공을 선암사에서 드렸기 때문입니다. 즉 이 절은 왕실을 위한 불공을 드리는 목적으로 건립된 건물이라고 보입니다. 제 견해로 선암사는 원당 사찰로 쓰인 이후 규모를 키워 중건된 것으로 보입니다.

　　선암사는 중건되기 전에는 조밀한 배치가 특징적인 가람이었습니다. 이와같은 조밀한 배치는 고려 시대 사찰의 특징이기도 합니다. 춘천의 청

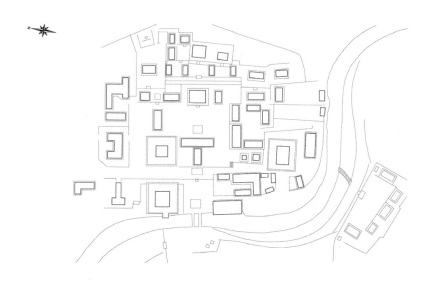

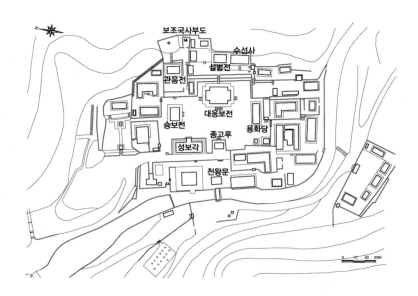

▲   송광사 배치도(1842, 화재 후 중창)

▼   송광사 배치도(1997)

▲ 송광사 전경(1933)(문화재연구소)

▼ 송광사 전경(1997)(문화재연구소)

평사가 대표적인 예인데, 아주 밀도 있고 오밀조밀하게 가람들이 배치된 흔적을 주춧돌에서 확인할 수 있습니다. 고려 시대 사찰 건축의 특성이 남아 있는 것입니다.

　우리나라 건축의 특성은 원림(園林), 즉 정원이 앞에 놓이는 것입니다. 전원후사(前園後舍)라고 해서 진입하면서 앞쪽에 원림이 있고 뒤쪽에 건물이 나오는 식입니다. 사찰도 전원후사, 즉 원림이 먼저 나오고 절이 뒤에 있습니다. 청평사도 입구에 연못과 원림이 남아 있습니다. 덧붙여 설명하자면 여기에서 예외적인 것이 궁궐 건축입니다. 우리나라 궁궐은 전궁후원(前宮後園) 방식으로 조성됩니다. 건물이 먼저 나옵니다. 임금의 권위를 건축물로 상징했다고 봅니다. 원림은 후원의 형태로 궁궐 뒤쪽에 조성됩니다. 임금이 은밀하게 휴식할 수 있는 공간이기 때문입니다.

　선암사에는 절 밑에 연못 즉 연지가 남아 있고 나무도 있습니다. 원림을 조성한 것입니다. 보기 좋으라고 정원이 있나 보다 하고 대수롭지 않게 넘어갈 수도 있겠습니다만, 사실 굉장히 중요한 개념이 들어가 있는 배치입니다.

　차경(借景)이란 말을 들어보신 적이 있습니까? 동양 건축에서 원림 조성의 한 기법인데 말 그대로 '풍경을 빌려온다'는 뜻입니다. 서양의 정원이 자연을 완벽하게 모방하려 했다면, 동양 특히 우리나라는 정원 안에서 완결된 자연을 구하고자 한 것이 아니라 정원 밖 풍경과 더불어 볼 때 정원이 완성되도록 했습니다. 이 차경 이론은 원래 중국에서 왔는데, 우리나라에서는 고려 시대 누와 정, 사찰의 원림에 많이 쓰였습니다.

　차경의 중요한 요소가 바로 연못입니다. 정원 외부의 자연을 연못에 비춰서 보도록 한 것입니다. 예를 들자면 경복궁의 경회루가 그렇습니다. 경회루는 연못에 면해 있습니다. 이곳은 경복궁 안에서 백악산 쪽에 가까운 곳입니다. 경회루 앞 연못의 수면에 백악산이 비치도록 의도적으로 배치한 것입니다. 퇴계 이황의 〈도산구곡가〉에도 이 차경의 개념이 등장하고 있습니다. 선암사에도 이런 차경 기법을 찾아볼 수 있습니다. 절로 진입하는 초입에 있는 연지에 주변의 산이 비쳐 보입니다. 앞서 말씀드린 청평사에서도 이런 기법을 찾아볼 수 있습니다.

선암사는 배치의 밀도가 아주 높아서 다른 건축물처럼 입지의 축이 한눈에 드러나지 않습니다. 이곳에선 축이 아닌 건물의 '켜'를 봐야 합니다. 좀 어려운가요? 중심축 위에 건물이 놓이는 것이 아니라, 중심축이 있고 그 양쪽에 건물의 켜가 배치되는 형식이라는 뜻입니다.

선암사는 진입하다 보면 문을 지나 옆쪽 즉 좌우로 돌아가서 안쪽으로 들어가게 되어 있습니다. 중정식 건물이 배치되었고, 그 사이사이로 동선이 나타납니다. 중심축이 있고 건물 켜가 좌우에 존재합니다. 좌측 켜와 우측 켜로 나뉘는 것입니다. 선암사의 독특한 특징입니다.

이렇게 건물의 배치를 켜, 즉 건물군으로 이해해야 하는 사례는 궁궐에서 찾아볼 수 있습니다. 궁궐은 중심축선상에도 건물 켜가 배치됩니다

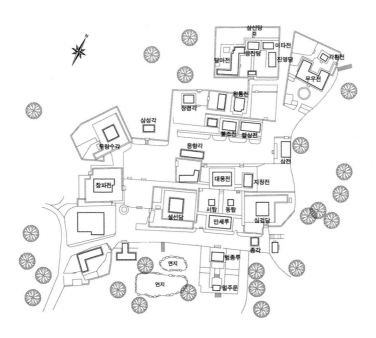

선암사 배치도

선암사 전경

만 그 중심축 좌우로도 건물 켜가 배치됩니다. 예를 들어 세자가 거처하는 곳을 동궁이라고 합니다. 궁궐 전체의 중심축을 기준으로 보자면 정면을 바라보며 왼쪽, 즉 동쪽에 있어서 동궁입니다. 동궁 가까이에는 대비의 거처가 있습니다. 미래를 상징하는 세자와, 이제는 물러나 과거를 상징하는 대비가 왼쪽 켜에 위치합니다. 반면 중심에서 오른쪽 켜 즉 서쪽은 주로 여가(女家) 즉 여성들의 공간입니다. 기능적으로 좌우의 켜가 구분되어 있는 것입니다. 선암사는 궁궐처럼 중심축 좌우의 켜가 기능으로 구분된 것은 아니지만 건물군을 기준으로 배치의 원칙을 파악할 때 비로소 구조를 제대로 이해할 수 있습니다.

선암사에 가서서 화려한 꽃나무들을 보신 분도 많으실 겁니다. 절의 꽃이나 나무들은 으레 수수한 게 원칙이라고 알던 사람이라면 좀 낯선 풍경입니다. 하지만 이런 화려함이 불교의 교리에 어긋나는 것은 아닙니다. 원래 극락정토라는 것이 일종의 종교적인 유토피아, 이상향입니다. 온갖 동식물들이 인간과 더불어 평화롭게 잘 사는 곳이죠. 그런 극락을 지향하는 불교의 사찰을 화려한 불화로 장식하는 것은 자연스러운 일일 것입니다. 삼라만상의 모든 존재들이 평화롭고, 지저귀고 노래하면서 잘 살고 있습니다. 괴로움은 없고 즐거움만 있는 곳, 그곳이 극락입니다. 사찰은 그런 극락을 상징적으로 구현해낸 공간입니다. 불화를 보세요. 얼마나 화려합니까. 불화의 색깔 덕분에 절 전체의 색깔이 다양해지고 밝아집니다. 절의 장식이며 나무와 꽃들이 수수해진 것은 제 생각으론 조선 중기 이후의 일이 아닐까 합니다. 원래 화려하던 공간이 성리학의 영향 등으로 순화되고 가라앉은 것이라고 봅니다.

고흥 금탑사와 능가사

다음은 고흥의 금탑사입니다. 금탑사가 있는 천등산은 고흥에서도 남쪽입니다. 이 산은 바위가 마구 솟아 마치 탑을 세워 놓은 것처럼 보이는 높은 산이고, 그래서 절의 이름도 금탑사라 했습니다. 이 절은 대중적으로 잘 알려져 있지는 않습니다. 지형이 험해 접근하기도 쉽지 않습니다. 현재로는 원래의 절이 거의 남아 있지 않고, 중창을 거친 상태입니다. 절에 올라가면 전망이 좋아 바다가 다 내려다보입니다.

이 절에 대해 '원효대사가 창건했다', '금탑이 있어서 이름이 금탑사다' 등의 이야기가 있는데, 제가 보기엔 후대에 절의 위상을 높이기 위해 덧붙여진 이야기 같습니다. 원효대사의 경우는 절의 창건 연대와 서로 맞지 않고, 절의 배치 구조상 금탑이 있었을 만한 공간이 나오지 않기 때문입니다.

금탑사는 극락전이 중심입니다. 극락전이 가운데 있고 왼쪽에 명부전이 있는 것을 배치도에서 확인할 수 있습니다. 미래불인 아미타불을 모신 극락전은 원래 서쪽의 서방정토를 향하고 있어야 옳습니다. 이 절의 극

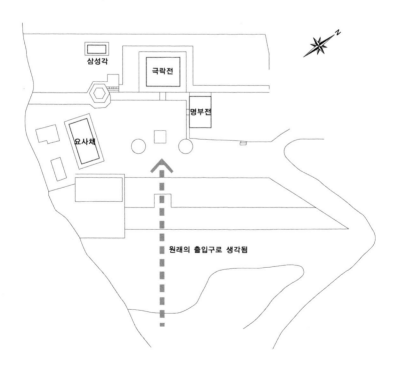

금탑사 배치도(97년도 문화재수리보고서)

락전은 지형의 제약 때문에 동쪽을 보고 있는데, 배치도에서도 보이듯 절의 입지가 원래 넓지 않았습니다. 명부전도 후대에 생겼습니다.

요즘에는 진입로가 바뀌었지만 원래는 금당(극락전)과 마당이 좁고, 가파른 경사를 돌아 올라가 절에 이르게 되어 있었습니다. 원래의 배치에는 탑이 들어갈 자리가 없습니다. '사(寺)'라기보다는 '암(庵)'이라고 부를 만한 크기였습니다. 그런데 나중에 명부전도 짓고, 금탑사라는 이름에 맞춰서 탑도 조성한 것으로 보입니다. 지형과 연혁으로 볼 때, 산의 모양이 탑처럼 솟아 있어서 금탑사라고 불렀다는 추측이 합리적인 것 같습니다.

금탑사의 금당 뒤쪽으로는 숲이 아름답습니다. 의도적으로 조성한 숲인데 숲을 이루는 나무 종류를 특정한 의도를 가지고 선택했다는 점에 주목할 만합니다. 금당의 뒤쪽을 보면 동백, 비자나무, 활엽수들이 켜켜이 순서대로 자라고 있습니다. 이 나무들은 모두 색깔과 나뭇잎의 톤이 달라서, 바라보면 숲이 세 겹으로 구성된 사실이 두드러지게 드러납니다. 질감과 색깔이 다 다르기 때문입니다.

다음으로 고흥의 팔영산 능가사를 보겠습니다. 팔영산이라는 이름은 원래는 팔전산인데 언제 지금의 이름으로 바뀌었는지는 알지 못합니다. 능가사는 《능가경》의 교리에 기초하고 있는 절입니다. 부처가 대승사자국(지금의 스리랑카)에 있는 능가산에 머물면서 대승경(大乘經)을 설한 것이 《능가경》이라 합니다. 능가사는 험한 산에 있어 보통 사람이 가기가 쉽지 않습니다. 절의 탑이며 여러 유물들이 오래되었고, 조선 시대의 건물인 대웅전의 규모가 아주 크면서도 예쁘고 단아합니다. 목구조도 아주 깔끔합니다.

능가사에는 고려 시대의 것으로 보이는 탑이 있는데, 깨진 상태로 요사채 뒤쪽에 있습니다. 범종도 오래되었는데 조선 숙종 때 조성한 것이라고 전합니다. 정조 대에 편찬된 《범우고》에는 당시 이미 폐사된 것으로 기록되어 있습니다.

능가사의 가람 배치는 원형에서 많이 벗어난 상태라서, 원칙에 맞게 설명하기 어렵습니다. 원래는 현재의 요사채 뒤쪽까지 건물이 형성되어 규모가 대단히 큰 절이었습니다. 지금은 훼손되고 절의 앞부분만 남아 있는 것입니다. 절이 있는 산도 정말 보기에 좋습니다. 절터, 즉 절의 입지도 기가 막힐 정도로 빼어납니다. 엄청나게 큰 절이었는데 조선 시대 이후 제대로 유지 관리할 능력이 안 되고 하니 복원을 제대로 못했던 것입니다. 절의 좌우로 민가가 있던 흔적도 남았습니다.

능가사의 범종은 조선 시대 숙종 때의 것이라고 말했습니다. 우리는 조선 시대가 불교를 배척하기만 했던 시대라고 생각하기 쉽습니다. 하지만 형식적으로는 배불숭유 정책을 썼으나 실질적으로는 왕실에 무슨 일이 있으면 절에 불공을 드리도록 했습니다. 이런 절이 바로 원당 사찰입니다. 유교를 숭상하는 사대부들도 절에서 공부를 했다는 사실이 기록에 많이 남아 있습니다. 조선 초 사대부의 대표격인 정도전도 절에서 공부를 했을 정도입니다. 조선 시대 때 절이 훼손되거나 대규모 불사를 할 여력이

능가사 대웅전

없어 폐사가 된 경우가 흔하지만 어떤 계기가 있어 새롭게 중창하거나 불사를 벌여 범종 등을 만든 경우도 결코 적지 않습니다. 역사란 건 표면만 보고 말 것이 아니라 삶의 현장에서, 실질적이고 현실적인 면에서 역사적 사실이 어떻게 적용되었는지를 알아야 합니다.

장흥 보림사

다음으로 볼 장흥 보림사는 매우 오래된 고찰입니다. 보림(寶林)이란 극락정토에 있는 7보의 나무숲을 의미합니다. 보림사는 선종의 6조 혜능대사가 거주하던 절로, 중국 광동성 곡강현 남화산에 있는 남화사에서 유래합니다. 보림사에는 통일신라기의 철제 비로자나불이 모셔져 있습니다. 이 철불의 보존 상태가 양호하며 형태가 참 좋습니다.

보림사 역시 가람 배치가 원형과 달라졌습니다. 지금처럼 문으로 들어가서 가람이 한눈에 보이도록 건물들이 배치된 것은, 제가 보기엔, 고려 후기에 조성된 방식 같습니다. 지형과 배치 구조로 볼 때 절이 처음 조성된 통일신라기엔 옆으로 입장해 꺾어 들어가게 했던 것으로 보입니다.

철불이 모셔진 전각은 대적광전입니다. 건물 용마루에 독특하게 용이 조각되어 있습니다. 과거 중국에 이런 형식이 많았고, 우리나라에서도 조선 시대 이전에는 꽤 많았던 것 같습니다. 조선 시대에는 절의 중창 등에 큰돈을 쓰지 않았기 때문에 이렇게 화려한 양식들이 점차 쇠퇴했습니다. 제가 이 절의 배치가 바뀐 연대를 고려 시대로 추측하는 근거는 바로 이 용 조각 때문입니다. 용의 조각이 있다는 사실로 볼 때 조선 이후에 절을 중창한 것이 아니라는 말입니다.

가지산 보림사를 중창한 보조선사(804~880)는 837년 당나라에 갔다가 840년에 귀국했습니다. 보림사에서 거주하다가 이곳에서 세상을 떠난 보조선사의 탑과 비가 보림사 입구에 있습니다. 보조선사 탑비는 국보 제264호로 지정되어 있기도 합니다.

부도와 탑비의 위치로 볼 때 원래의 가람은 상당히 컸던 것으로 보입니다. 그리고 절 건축물의 배치 방향도 달랐던 것 같은데, 지금의 중심축과는 다른 방향으로 꺾여 있었던 것 같습니다. 대웅전만 지금 자리에 있었고 전체 구조가 흩어졌다가 다시 성장하면서 절의 축 방향이 바뀐 것입니다. 원래 꺾인 축으로 가람이 배치되었다가 후대에 와서 직선 축으로 변형된 것이 아닐까 합니다.

보림사의 대적광전은 비로자나불을 모셨습니다. 우리나라 불교에서 비로자나불은 7~8세기 경, 즉 통일신라기에 널리 받들어졌습니다. 그 이후 널리 모신 부처는 아미타불, 즉 미래의 부처님으로, 의상대사가 귀국한 이후에 유행하였습니다. 보림사의 주존불이 비로자나불이란 사실로 미뤄볼 때 절의 성립 연대를 짐작할 수 있습니다.

전해지는 말로는 인도에서 우리나라로 차가 전해진 곳이 보림사라는

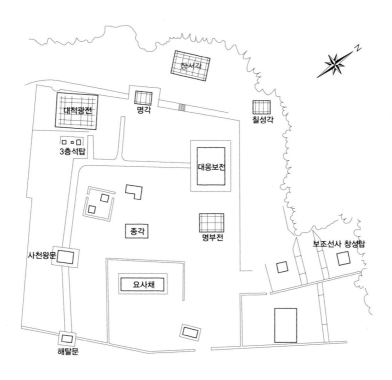

보림사 배치도

설도 있습니다. 보림이라는 말은 수행을 나무에 빗대어 설명한 개념으로, 불교에서 중요한 용어입니다. 인도뿐만 아니라 중국에도 보림사란 절이 있습니다. 보림사가 있는 가지산도 그렇습니다. 언양 석남사가 있는 산이 가지산이거든요. 통일신라기에 선종의 한 일문인 가지산파가 그곳을 중심으로 하고 있습니다. 산 이름으로 미루어 볼 때 이 보림사와 석남사 인근이 서로 불맥으로 이어진 곳이라고 말할 수 있습니다. 가지산이란 지명도 인도, 중국에서 모두 찾아볼 수 있습니다. 이런 사례는 불교가 전래된 여러 나라에서 다양하게 찾아볼 수 있습니다.

강진의 백련사

다음은 강진의 백련사입니다. 백련사는 다산 정약용과 인연이 있는 절입니다. 정약용과 교류하던 혜장스님은 대흥사 암자에 머물렀을 뿐만 아니라 이 백련사에도 머물렀습니다. 백련사에서 다산과 혜장스님은 많은 대화를 했다고 합니다.

백련사는 해발 고도가 상당히 높은 곳에 자리잡고 있어 남쪽으로 강진의 갯벌이 훤히 내려다보입니다. 절터는 다산초당보다 훨씬 더 높은 곳에 자리잡고 있습니다. 덕분에 지형 양쪽으로 있는 좁은 만과 그 만으로 물이 들고 나가는 모습이 다 보입니다.

젊은 시절 저는 책을 읽다가 문득 '종교가 왜 생겼을까' '무엇 때문에 종교가 태어났을까'를 진지하게 고민한 적이 있습니다. 나중에 우리나라 전역의 절들을 직접 답사하고 그 입지를 살펴보면서 그 고민의 해답이 될 만한 실마리가 보이는 것 같았습니다.

절의 입지에는 대부분 산과 물이 모두 있고, 그래서 그 산과 물이 서로 어우러지는 여러 관계들을 관찰할 수 있습니다. 때로는 산과 물이라는 대립적인 존재가 빚어내는 긴장 관계도 있을 테고, 물이 들락날락하는 변화도 있을 것입니다. 기후 변화도 중요한 변수입니다. 자연의 순환과 무상함을 보여주는 이런 풍경들을 바라보면서 깊이 성찰하다 보면 누구나 인간과 우주의 본질이 궁금해지지 않을까요?

　인간과 우주의 본질을 향한 탐구가 곧 종교일 것입니다. 당나라의 왕유 같은 산수시인들을 봅시다. 이들은 정치적으로 크게 고난을 겪은 후 유배를 당하거나 산림에서 은거하곤 했습니다. 이렇게 살면서 인생이란 도대체 무엇인가를 치열하게 고민했을 겁니다. 처음엔 고민만 하다가 점점 현실적 고민에서 초탈해지면서 자연을 관찰하기 시작했겠죠. 그러면서 마음이나 감성에서 우러나오는 시문을 짓게 되었을 겁니다. 이런 과정이 좀 더 섬세하고 철학적인 사유로 깊어지면 종교에까지 이르는 것이 아니겠습니까.

　다산 정약용은 이 지역에 유배를 와서 18년 6개월 간 지냈습니다. 백련사에 앉아 갯벌을 내려다보면서 물이 들락날락거리고, 가끔씩 배들이 오락가락하는 광경만 하루 종일 보았겠지요. 서학 즉 천주교를 믿은 죄목이 있던 다산이었지만, 이곳에 와 스님도 만나고 보통 사람들도 만나면서 그의 학문이 복합적으로 변화합니다. 여러분도 백련사에 가시면 강진의

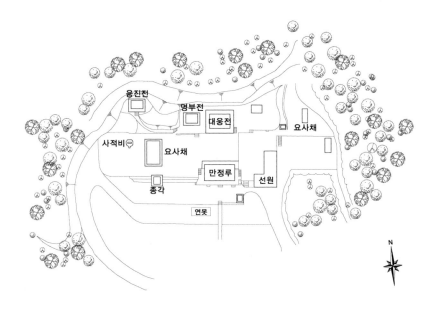

백련사 배치도

갯벌을 바라보면서 침묵 속에 앉아 보시길 바랍니다. 사유가 종교와 철학에 이르는 길을 조금이나마 경험하실 수 있을지 모릅니다.

백련사는 원래 아주 오래된 고찰이지만 최근에 증축을 하면서 원래의 형태가 다 사라졌습니다. 다만 입지를 보면서 옛사람들의 마음을 짐작할 수 있을 뿐입니다.

덕유산 줄기의 미황사와 대흥사

다음으로 볼 미황사와 대흥사를 이해하자면 이곳의 지리에 관한 설명이 필요합니다. 지형도에서 덕유산부터 산줄기가 남쪽으로 내려가는 데에 주목해 주십시오. 덕유산에서 내려가던 산줄기는 입암산성 쪽으로 내려갑니다. 이 산줄기는 승달산과 유달산으로 내닫고 목포까지 주욱 이어집니다. 따라서 입암산성은 굉장히 중요한 요충지입니다. 왜냐하면 전라도의 지형을 남북으로 나누는 경계가 되기 때문입니다. 충청도와 경상도는 좌우로 나뉘는데 비해 전라도는 산줄기에 의해 남북으로 나뉩니다.

입암산성에서 나뉜 산줄기는 무등산을 지나 남해안으로 내려갑니다. 무등산이란 '비교할 만한 산이 없다'는 의미입니다. 무등산을 지난 산줄기는 벽옥산 부근에서 다시 두 갈래로 나뉩니다. 하나는 섬진강 쪽으로 내려가 순천까지 이어지니 조계산 등의 산들이 이 줄기에 속합니다. 나머지 하나는 월출산을 지나 해남 쪽으로 이어집니다. 월출산에서 갑자기 바위가 막 돌출하면서 삐죽삐죽한 지형을 보여줍니다. 월출산부터 땅끝까지는 거의 직선으로 마치 지팡이가 쫙 나가는 것처럼 지형이 뻗어 나갑니다. 이곳에서는 산의 기복이 아주 심합니다. 그 가운데 미황사가 있는 달마산이 있습니다.

달마산 역시 기복이 굉장히 큰 산입니다. 바위도 노출되어 드러나 있습니다. 해남 대흥사는 많이 알려졌는데 달마산의 미황사는 상대적으로 덜 알려진 절입니다. 대흥사보다 좀 더 남쪽에 있는 미황사 즈음에 이르면

덕유산부터 대흥사, 미황사에 이르는 전라도 지역 지형의 흐름
덕유산에서 내려온 산줄기는 입암산성에서 나뉘며, 그 중 무등산을 지난 산줄기는 각각 해남과 순천 쪽으로 나뉘어진다.

산의 형태는 마구 춤을 추듯 합니다. 그 속에 들어앉은 미황사는 서쪽을
보고 있습니다. 여기서 북쪽으로 더 올라간 위치에 있는 대흥사 역시 산
에 완전히 둘러 싸여 역시 서쪽을 향합니다.

오래 전에 미황사에 처음 갔을 때 건물들이 아주 자연스럽고 좋았던 기억
이 납니다. 흙에서 그냥 올라온 것처럼 참 자연스러웠습니다. 다음번 답사
를 가 보니 절을 새로 중건하면서 건물을 짓고 있었어요. 지금은 새로운
형태로 다 정리되었다 합니다. 제가 처음 갈 때야 서울에서 여기까지 가는
사람도 거의 없던 때라 조용하고 좋았던 것이겠지요.

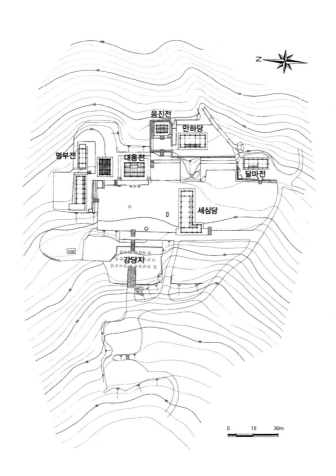

미황사 배치도

　　미황사는 경사가 극도로 심한 지형에 자리를 잡았습니다. 경사가 어느 정도 안정이 되어야 반듯하게 축을 만들고 건물을 앉힐 수 있을 텐데 여긴 그럴 수 없습니다. 그래서 건물들이 아주 띄엄띄엄 놓여 있어요. 그게 또 보기에 아주 자연스러웠습니다. 인공적으로 대지를 정리해 건축을 한 게 아니라 원래의 지형대로 건축물을 앉혔기 때문입니다. 평지가 조금 있으면 건물을 하나 짓고, 평지가 또 조금 나오면 또 하나 짓고 하는 식으로 건축된 절이어서 인상에 남았습니다.

　　미황사는 뒤쪽 산세가 어마어마하게 웅장합니다. 올라가다 보면 '헉' 소리 나올 만큼 산세가 대단합니다. 영암 월출산 쪽에서 단정하게 내려오는 듯하던 산세가 달마산에 이르러 바위가 마구 노출되면서 험해집니다.

미황사와 같이 두륜산의 대흥사도 서향입니다. 절 앞쪽으로 물이 흐르는데 절은 물 건너편에 있습니다. 부근에 서산대사의 영당(影堂, 한 종파의 조사(祖師)나 한 절의 창시자 또는 덕이 높은 승려의 화상(畵像)을 모신 사당)이 있는데, 대흥사에서 볼 때 물 건너 반대편에 자리합니다. 서산대사의 영당은 물의 서쪽, 대흥사의 금당은 물의 동쪽에 있습니다. 그러므로 산이 뒤를 두르고 그 앞쪽으로는 물이 흐르고, 물의 양쪽에 대흥사와 서산대사 영당이 서로 마주봅니다. 서산대사의 영당은 당연히 동향입니다.

　　서산대사의 영당이 왜 여기 있을까요? 서산대사가 원래 북쪽에서 활동했던 사실은 너무나 유명합니다. 그렇지만 서산대사는 입적하면서 유언을 남깁니다. "내가 가면 내가 입던 가사부터 모든 것들을 남쪽에 있는 대흥사에 갖다 두라"고 했습니다.

　　서산대사는 임진왜란 때 승병을 진두지휘한 인물입니다. 사명대사 유정에게 명해 금강산 건봉사에 팔도의 승려를 전부 집결하도록 했습니다. 유정이 일을 해서 움직였지만 서산대사가 명령을 내렸던 것입니다. 그래서 승려임에도 불구하고 공이 컸으니 나라에서 영당 즉 사당을 세워주었습니다. 그 위치가 바로 대흥사였습니다. 서산대사의 유물과 혼전이 이곳에 있었기 때문입니다. 밀양에 가면 표충사가 있습니다. 표충은 국가에 충성한 공로를 알린다는 의미입니다. 나라에 공을 세운 스님들을 기념하기 위해 만든 절이 표충사인 거죠.

대흥사는 원래 규모가 큰 절이 아닌데, 서산대사가 의발을 전수한 이

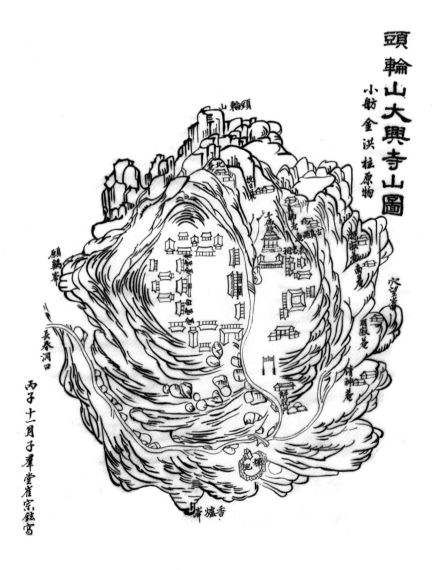

〈두륜산 대흥사산도〉, 최종현, 1996

후로 중창이 되어 오늘에 이릅니다. 중창이 되면서 홍살문도 세웠습니다. 지금은 없어졌으나 조선 시대까지는 홍살문이 절 입구에 있어서, 이 홍살문을 지난 다음에 일주문, 사천왕문을 거쳐 절에 이르렀다 합니다. 홍살문은 효자나 열녀에게만 주어지는 것이 아닙니다. 국가에 이바지한 승려 서산대사에게도 홍살문이 내려졌습니다.

해안 지역 절들의 또 다른 기능

지금까지 전남 해안 지역의 절들을 한번 살펴봤습니다. 이곳은 대흥사를 빼놓고는 다들 바다를 내려다보고 있는 점이 공통점입니다. 그러나 대흥사 뒷산에 올라가면 바다가 내려다보입니다. 제 견해로 이런 절들은 앞에서도 언급하였듯이 종교적인 기능 외에도 다른 기능을 겸했던 것으로 보입니다. 군사적인 기능이 그것입니다.

해안 지역에 위치한 절들은 해안의 동태를 살피는 기능, 즉 척후(斥候) 기능을 가진 보(堡)나 성(城)의 역할을 겸했다고 저는 생각합니다. 승려들이 국가 안보에 어느 정도 기여를 했던 것입니다. 그런 이유로 조선 시대 이후까지 이 지역의 절들은 남게 되었던 것입니다. 다른 지방의 절들은 훼손되고 폐사되는 일도 많았는데, 이 해안 지역의 절들은 대부분 규모가 꽤 큽니다. 그건 이 절들이 국가적으로 중요한 역할을 했기 때문이었던 것으로 보입니다.

절들이 모두 바다 쪽을 바라보는 것도 같은 맥락에서 이해할 수 있습니다. 대흥사는 예외입니다만 다른 절들은 조망이 바다 쪽으로 트여 있습니다. 향일암도 망망대해를 바라봅니다. 금탑사는 고지도를 보면 바로 인근에 진(鎭)이 있었고 봉화대도 남아 있습니다. 팔영산 능가사의 경우 절에서 바로 산을 넘은 곳에 진이 있었습니다. 절은 외부를 향해 드러나도록 배치되어 있지는 않으나, 매우 빠른 지름길을 통해 절과 진이 통하도록 되어 있습니다. 이렇게 절과 진의 소통이 원활할 땐 절이 해안 바깥쪽이 아닌 안쪽으로 들어갑니다.

금탑사도 그렇습니다. 지도를 보면 진의 위치를 확인할 수 있습니다. 당시의 조망권이란 요즘과는 달리 군사적인 의미가 더해졌다는 말입니다. 지도에서 전남 지역의 해안선을 따라가 보십시오. 바다를 향해 돌출된 지역에 절들이 유난히 많이 분포해 있습니다. 경상도 쪽도 이런 현상은 마찬가지입니다. 해안 쪽으로 돌출된 지형에 큰 절이 많이 들어서 있습니다.

처음부터 군사적인 목적에서 절이 이곳에 들어선 것은 아닐 것입니다. 앞에서도 보았듯이 절 바로 너머 뒤쪽으로 진이 있는 경우가 많았습니다. 그러다가 원래 있던 절을 활용해서 군사적인 변동을 척후하도록 했습니다. 절을 활용하여 군사시설인 진을 보강한 것입니다. 그렇게 하면 절의 척후 기능도 좀 더 강화되고, 절들이 쇠락해가는 상황에서도 이 절들은 오히려 규모가 보강되는 이득을 보게 됩니다. 이런 예는 해안 지역에만 있는 게 아닙니다. 북한산에서도 그런 사례를 찾을 수 있습니다. 북한산성을 다시 짓고 보강하면서 나라에서 그 지역에 있던 일부 절들을 중창해

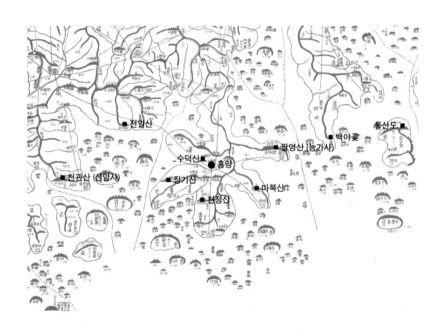

흥양(고흥)과 주변의 봉수
흥양의 마북산, 천정산, 장기산, 수덕산, 팔영산 및 주변 해안가에 봉수(■)가 설치되어 있다.

주었습니다. 산등성이에 있던 암자들을 보강해 군사적인 기능을 겸하도록 한 것으로 보입니다.

이런 사실들을 확인해보기 위해 홍양현을 다루고 있는 《대동여지도》와 지리지를 참고해서 들여다볼 필요가 있습니다. 홍양현 산천 조의 내용에 따르면, 이 지역의 산은 진산(소이산)을 제외하고는 모두 산정에 봉수대가 설치되어 있고 또 그 산들에 절이 있는 것을 알 수 있습니다. 뿐만 아니라, 팔전산(팔영산), 천정산, 마북산 등 이곳 주변의 다른 군현에 있는 산들 역시 바닷가에 면해 있는 산꼭대기에 봉수대가 있고, 관방(진), 사찰 등이 있습니다. 이 봉수대와 사찰들은 서로 유기적으로 배치, 연결되어 있습니다. 지리지의 산천, 관방, 봉수, 고적 조 등을 《대동여지도》에서 한번 찾아보십시오. 이런 사실을 쉽게 확인할 수 있습니다.

낙안읍성, 장흥향교

사찰 이외에도 이 지역에는 다른 건축물들 역시 볼 만한 곳이 많습니다. 간단히 몇 곳만 설명하겠습니다.

먼저 낙안읍성입니다. 바다 가까이 있던 읍치가 왜구의 침략으로 인해 내륙으로 옮겨 새로이 형성된 경우가 많다고 했습니다. 그럴 땐 민호들을 읍성 안으로 끌어들여 읍성 규모가 커진다고 했습니다.

원래 우리나라 읍치는 규모가 그리 크지 않았습니다. 상징적 수준의 건축물만 있어, 세 부분으로 이뤄진 관아 건물과 감옥 정도를 갖추고 있었습니다. 그런데 유독 내륙으로 옮긴 읍성들만 규모가 커졌습니다. 읍성의 규모가 후대에 커진 경우는, 잘 살펴보면 문을 기준으로 좌우 한쪽에 관아 건물 같은 공적인 건축물이 있고, 반대쪽으로 민가들이 있습니다. 낙안읍성엔 북문이 없습니다. 산에 기대고 있기 때문입니다. 반면 고창읍성은 남문이 없습니다. 낙안읍성은 동문과 서문을 잇는 선을 기준으로 북쪽에 관아 같은 공공 건축물이 배치되었고 남쪽에는 민가가 있습니다.

또한 이 부근에서 볼 만한 향교로는 장흥향교가 있습니다. 향교가 있는 이곳은 인공적으로 조성된 지형입니다. 자연적으로도 지형이 워낙 높은 곳인데, 왜구들의 침입이 잦다 보니 지형을 이용해 토성(土城)과 석성(石城)을 쌓은 것입니다. 성을 쌓아 보루 같은 기능을 하던 곳에 향교가 들어선 것입니다.

아직도 장흥향교 자리는 지형이 대단히 높습니다. 단차도 높고 성의 일부가 흔적으로 남았습니다. 장흥향교에는 좌우 대칭으로 은행나무가 서 있는데 수령이 500년 이상은 되어 보입니다. 나무의 연대로 봐선 세종, 세조 때쯤 향교가 들어섰다는 이야기가 됩니다.

오래된 향교이면서 군사적, 방어적인 의미가 있다는 점에서 장흥향교는 독특합니다. 지형도 일반적인 향교와는 달리 높은 지대에 있어 특이합니다. 우리가 알고 있는 일반적 향교의 입지 원칙에서 많이 벗어난 사례라서 관심을 가질 만합니다.

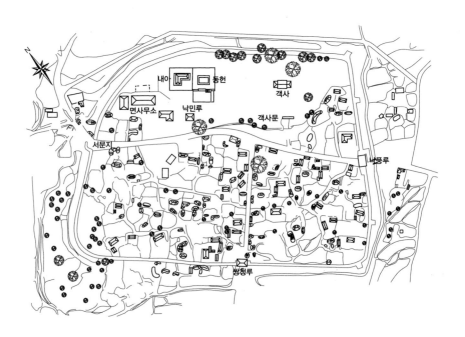

낙안읍성 배치도

지금까지 전라남도 해안 지방의 여러 절들에 대한 공부를 해봤습니다. 단순히 종교 시설로 알고 있는 절이 자연 지형을 활용하는 군사적 기능을 했다는 점이 남다릅니다. 답사를 통해 건축물의 입지를 관찰하다 보면 이렇게 사회적, 역사적인 문제에까지 이르게 됩니다. 건축이 인문학과 떨어질 수 없는 이유이기도 합니다.

장흥향교

문수사(文殊寺)(청평사)
《신증동국여지승람》, 권46, 춘천부, 불우(佛宇)

청평산(清平山)에 있다. 고려 때 이자현(李資玄)이 살던 곳이다. 고려 김부철(金富轍)의 기에 "충주의 청평산이란 것은 옛날의 경운산(慶雲山)이며, 문수원(文殊院)이란 것은 옛날의 보현원(普賢院)이다. 처음에 선사 승현(承賢)이 당나라로부터 신라에 와서 (고려) 광종 24년(973)에 처음으로 경운산에 절을 창건하고 백엄선원(白嚴禪院)이라고 하였다. 그때는 송나라 개보(開寶) 6년이었다. 문종 23년(1069)에 이르러, 좌산기상시 지추밀원사 이두(李頭)공이 춘주도와 감창사(監倉使)가 되었을 때, 경운산의 좋은 경치를 사랑하여 백엄의 옛터에 절을 짓고 보현원이라고 하였다. 그때는 송나라의 희령(熙寧) 원년(1068)이었다. 그 뒤에 희이자(希夷子)가 벼슬을 버리고 와서 여기서 숨어 사니 도적이 그치고 호랑이와 이리가 자취를 감추었다. 이에 산의 이름을 고치어 청평이라고 하고, 원명을 문수라 하였다. 이어서 영조(營造)와 수즙(修葺)을 더하였으니, 희이자는 이공의 장남이니 이름은 자현이고 자는 진정(眞精)이다. 산에 머무는 것이 모두 37년이나 되었다. 운운" 하였다.

원나라의 태정황제(泰定皇帝)의 황후가 중 성징(性澄)과 윤견(允堅) 등이 바친 불경을 보내 이 절에 수장하였다. 이제현(李齊賢)이 왕명을 받들어 비문을 지었으니, 비문에 말하기를, "태정 4년(1327) 3월 경자일에 청의 정승 신(臣) 흡(恰) 등이 중알자(中謁者)로 하여금 임금에게 보고하기를 '천자의 근신사도 강탑리(剛塔里)와 중정원사(中政院使) 홀독첩목아(忽篤帖木兒)가 천자의 황후에게 명령을 받고 사자로 와서 중 성징과 사인(寺人) 윤견 등이 바친 불서 한 질을 가져다 청평산 문수사에 귀속시키고, 돈 만 량을 시주하면서 그것으로 이식(利息)을 추하여 황태자, 황자를 위하여 복을 빌며, 각각 그들의 탄신을 기하여 중들에게 음식을 대접하고, 경을 열람하게 하는 것을 연중행사로 할 것이며, 또 비를 세워 영구히 뒷세상에 보이게 하라고 하였습니다. 신 등은 가만히 생각하니 불법이 중국에 들어와 세대를 따라 흥왕하기도 하고 쇠미하기도 한 것이 거의 천여 년이 됩니다. 원나라 조정에서는 그 도가 무위(無爲)로서 근본을 삼는 것이 성인의 정치에 부합되며 널리 제도함을 마음으로 하는 것이 어진 정치에 도움됨이 있다고 하며, 존숭하고 신앙함이 더욱 돈독합니다. 이제 이미 역착의 전거로써 그 불서를 수천 리 밖에 있는 깊은 산중까지 수송하고, 또 절을 유지할 재물을 세워 그 무리들의 생활을 넉넉하게 하였습니다. 이 일은 곧 불도들의 행복입니다. 이름난 산과 복된 땅이 온 천하에 적지 않건만, 우리나라를 비루하게 여기지 않고 여기에 황실의 복을 비는 곳을 설치하였으니 이것은 오직 불도들만의 다행이 아니고, 우리나라의 다행한 일입니다.

《신증동국여지승람》에 나타난 문수사(청평사)

장차 크게 쓰고 특히 써서 영원무궁하게 자랑하며 빛나게 해야 될 일입니다. 하물며 중궁의 전지가 있으니 감히 공손히 받들지 않을 수 있겠습니까. 청컨대 집필자에게 부탁하여 기를 쓰게 하소서.'하였다. 이에, 신 아무개에게 명(銘)을 지으라고 명령하시니 신 아무개는 명을 짓기를, '크도다 이미 원나라의 어진 정치 대대로 내려왔네, 따뜻한 봄날 같고, 때에 알맞은 단비 같아서, 천하의 만물은 생성한다. 이에 금선(金仙) 무위를 교화로 한 것을 흠모하며 그 흙부스러기와 지푸라기를 써서 중생을 이롭게 하고 사나움을 금지할 제 이것을 존숭하고 공경하네. 그 무리들을 후하게 복호하여 부역도 시키지 않고 세금도 부과하지 않으면서 그 불서만을 오로지 공부하게 한다. 그 불서가 천 상자도 넘어 호대하기가 안개 낀 바다 같도다. (그 글이) 정미하기는 호리를 쪼개고, 광대하기는 천지를 포함한다. 율(律)은 계(戒)를 좇아 서고, 논(論)은 정(定)으로부터 일어난다. 불경을 연수함은 지혜의 밝아짐이로다. 크도다, 저 규헌(攘軒)이여. 높도다, 양거(羊車), 녹거(鹿車)에 훈훈한 그 향기, 담복화(薝蔔花, 치자꽃) 가득한 숲 같구나. 처음 천축 땅에서 모은 이는 섭(葉) 과 난(難)이었고, 처음으로 우리나라에 전파한 이는 등(騰)과 난(蘭)이었다. 양나라에서는 그 쭉정이를 취하였고, 우리는 곡식을 맛보았네. 당나라에서는 그것을 돌이라고 짐작하였으나, 우리는 그것을 옥으로 쪼개었다. 저 중 성징과 사인 윤견은 입은 옷은 다르지만 마음은 서로 같아서 이미 불경의 서사(書寫)를 성취하고, 그 성공을 아뢰니, 천자의 황후가 가상하시고 그것을 간직할 땅을 계책하여 말하기를. '삼한은 선한 것을 즐기고 의를 돈독하게 지킨다. 고려의 지금 임금은 우리가 낳게 한 우리의 생질이다. 복을 빌어 황실에 보답할 그의 정성을 믿는다. 그 나라의 동쪽에 청평산이 있고 문수사가 있다. 길이 막히고 먼 것을 꺼리지 말고 역전(驛傳)을 통하여 가서 베풀지어다. 내탕고의 궤미 돈을 끌어내어 그 무리들을 먹고 살게 하고, 이어서 지키도록 왕과 신하들에게 부탁하라.' 하였네. 임금이 절하고 머리 조아리며 천자의 만세수를 송축했네. 천자와 황후가 함께하고, 근본과 자손이 백대를 누리면서 제잠(鯷岑:우리나라)에 기초가 뭉그러지고 접해(鰈海: 우리나라)에 물이 말라 티끌이 날지언정 이 공덕의 쌓임은 이지러지지 않고 떨어지지 않으리라.' 하였다.

만덕산 백련사
《신동국여지승람》, 권37, 강진, 불우

만덕산에 있다. 신라 때에 세우고 고려의 중 원묘(圓妙)가 중수하였고, 우리(조선) 세종 때에 중 행호(行乎)가 다시 중수하였다. 탑과 비와 세부도가 있으며, 또 만경루(萬景樓), 명원루(明遠樓)가 있다. 남쪽은 큰 바다에 임하고 온 골짜기가 소나무, 잣나무이레, 가는 대, 왕대와 동백나무가 어울려 사시를 한결같이 푸른빛이니 참으로 절경이다. 윤회(尹淮)의 기문에, "전라도 남쪽에 우뚝 솟아 맑은 산이 바닷가에 이르러 머물렀으니, 만덕산이라 한다. 산의 남쪽에 부처의 궁전이 있어 높고 시원하게 트여 바다를 굽어보고 있으니, 백련사가 곧 그것이다. 세상에서 전하기를 신라 때 처음 세웠고, 고려의 원묘대사가 새로 중수하였는데, 전해 내려와 11대의 무외사(無畏師) 때에 이르러서는 항상 법화도량이 되어 동방의 이름난 절로 일컬어졌다. 섬 오랑캐가 날뛰게 되자 바다를 등진 깊은 지역이 폐허가 되어 버렸으며, 절도 그 성쇠를 같이 하였다. 우리 조선에 와서는 거룩하신 임금이 서로 이어나가시매 바다와 산이 평안하고 풍진이 사람을 놀라게 하지 않았다. 이에 천태종(의 영수 행호(行乎)대사가 이 절에서 놀다가 그 황폐한 것을 보고 석장을 머무르고 길이 탄식하고, 발분 서원하여, 그의 제자 신심(信諶)등에게 일러 여러 시주들에게 권유하여, 경술년(1430) 다음에 공사를 시작하여 병진년(1436) 봄에 준공하였다.

불전과 승방 등을 거의 태평하였던 지난날의 모습과 같이 복구하였고 불공으로 나라의 축복을 비는 행사가 옛날보다 더 성하였다. 대사의 속성은 최씨인데, 문헌공(文獻公) 최충(崔沖)의 후손이요, 황해도 해주의 사족이다. 젊은 나이에 출사하여 계행이 높이 뛰어났고, 묘법을 깨달아 불도들이 우러러보았다. 성품이 순수하고 효성이 지극하여 늙은 어머님을 섬김에 있어 살았을 제 봉양하고 죽어서 장사 지내는 데 힘써 정성을 다하였으니, 다른 불도들이 비길 바가 아니었다. 두류산의 금대(金臺), 안국(安國), 천관산(天冠山)의 수정(修淨)등은 모두 그가 새로 지은 것인데, 백련이 그 최후의 것이라 한다." 하였다.

《신동국여지승람》에 나타난 만덕산 백련사

달마산 미황사
《신동국여지승람》, 권35, 영암

옛날 송양현(松陽縣)에 있는데 군 남쪽으로 124리 떨어져 있다. 고려 때 중 무외(無畏)의 기에 "전라도 낭주(郎州)의 속현을 송양현이라 하는데, 실로 천하의 궁벽한 곳이다. 그리고 그 현의 경계에 달마산이 있는데 북쪽으로는 두륜에 접해 있고, 삼면은 모두 바다에 닿아 있다. 산허리에는 소나무와 참나무가 무성하여 모두 백여 척이나 되는 것들이 치마를 두르듯 늘어서 있다. 그 위에 아주 흰 돌이 우뚝 솟아났는데 당(幢)과 같고 벽과도 같다. 혹사자가 찡그리고 하품하는 것 같기도 하고, 혹은 용과 범이 발톱과 이빨을 벌리고 있는 것 같기도 하며, 멀리 보면 쌓인 눈이 공중에 떠 있는 것 같기도 하다. 산꼭대기 고개 동쪽에 천 길이나 되는 벽 아래, 미타혈(彌陀穴)이라는 구멍이 있는데, 대패로 민 듯 칼로 깎은 듯한 것이 두세 사람은 앉을 만하다. 그리고 앞에는 층대가 있어 창망한 바다와 산들이 지호지간에 있는 것 같다. 그 구멍에서 남쪽으로 백여 보를 가면 높은 바위 아래 작고 네모진 연못이 있는데, 바다로 통하고 깊어 바닥을 알지 못한다. 그 물은 짜고 조수에 따라 늘었다 줄었다 한다. 그 땅의 끝편에 도솔암이 있고, 그 암자의 향한 형세가 곳을 얻어 그 장관에 따를 만한 짝이 없다. 화엄조사(華嚴祖師) 상공(相公)이 터 잡고 지은 곳이다.

그 암자 북쪽에는 서굴(西窟)이 있는데, 신라 때 의조화상이 비로소 붙어 살면서 낙일관을 수리한 곳이요, 서쪽 골짜기에는 미황사, 통교사가 있고, 북쪽에는 문수암, 관음굴이 있는데, 그 상쾌하고 아름다움이 참으로 속세의 경치가 아니다. 또 수정굴이 있는데 수정이 나온다. 신사년(1281) 겨울에 남송의 큰 배가 표류해 와, 이 산 동쪽에 정박했을 때 한 고관이 산을 가리키며 주민에게 묻기를 '내가 듣기에 이 나라에 달마산이 있다 하는데 이 산이 그 산이 아닌가.' 하므로 주민이 '그렇다.' 하였다. 그 고관은 그 산을 향해 예를 하고, '우리나라는 다만 이름만 듣고 다만 공경할 뿐인데, 그네들은 이곳에 생장했으니 부럽고 부럽도다. 이 산은 참으로 달마대사가 상주할 땅이다.' 하고 그림으로 그려 갔으니 위대하다 이 산이여, 어찌 매우 높고 빼어난 모양이 산과 바다의 아름답고 풍부함을 다했을 뿐이랴. 그 성적과 영험한 자취도 많도다. 또 외국인들까지도 우러르고 공경함이 저와 같다. 그러나 거친 지방에 있어 세상에는 동반하여 감상하는 자가 없으니 슬프다. 만약에 세상을 버리고 도를 찾는 선려로서 절정에 올라 바람의 설렁한 것을 타고, 대사에게 세상 밖에서 참배하고 이른바 전하지 못하는 묘함을 얻는 자가 있다면, 저 소림에서 진수를 얻는 자가 또한 어떠한 사람이라 할까?" 하였다.

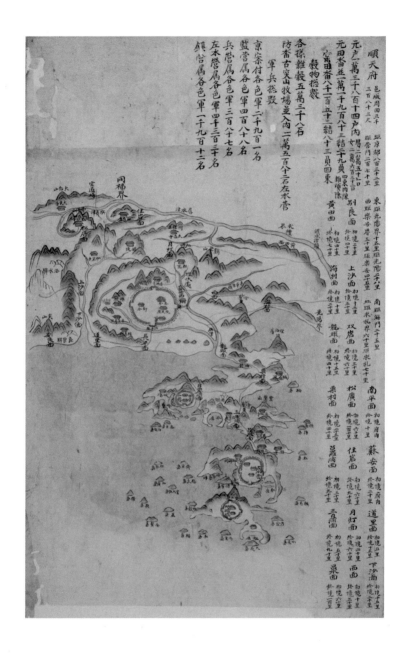

순천 승주의 선암사가 있는 조계산을 살펴보면 한편에 송광사가 있고 산을 넘으면 선암사가 있다. 일반적으로 큰 산의 한쪽에 절이 있으면 산을 넘어 반대쪽에 비슷한 규모의 절이 있는 사례가 많다.

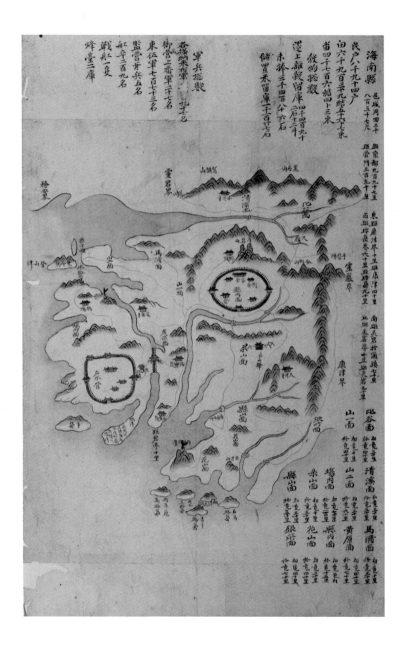

월출산부터 땅끝까지는 지형이 거의 직선으로 뻗어 나간다. 대흥사보다 좀 더 남쪽에 있는 미황사 즈음에 이르면 산의 형태는 춤을 추듯 한다. 그 속에 들어앉은 미황사는 서쪽을 보고 있으며, 북쪽으로 더 올라간 위치에 있는 대흥사 역시 산에 완전히 둘러 싸여 역시 서쪽을 향하고 있다.

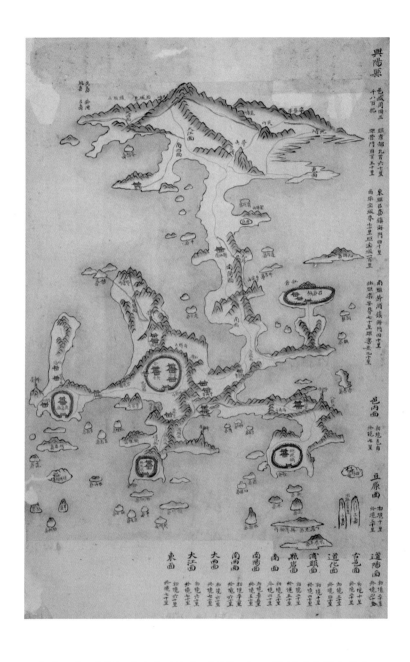

홍양(고흥) 지역은 진산(소이산)을 제외하고는 모두 산정에 봉수대가 설치되어 있고 산에 절이 있다. 또한 팔전산, 천정산, 마북산 등 주변 군현에 있는 산들 역시 바닷가에 면해 있는 산꼭대기에 봉수대가 있고, 관방(진), 사찰 등이 있다. 이 봉수대와 사찰들은 서로 유기적으로 배치, 연결되어 있다.

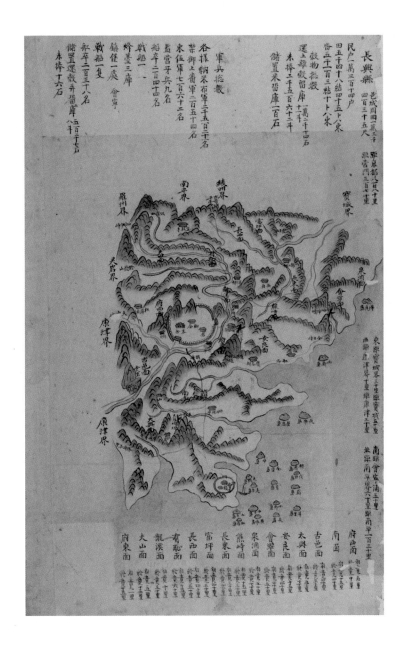

장흥 보림사는 매우 오래된 고찰이다. 가지산 보림사를 중창한 보조선사는 837년 당나라에 갔다가 840년에 귀국, 보림사에서 거주하다가 이곳에서 세상을 떠났으며 보조선사의 탑과 비가 보림사 입구에 있다. 전해지는 말로는 인도에서 우리나라로 차가 전해진 곳이 보림사라는 설도 있다.

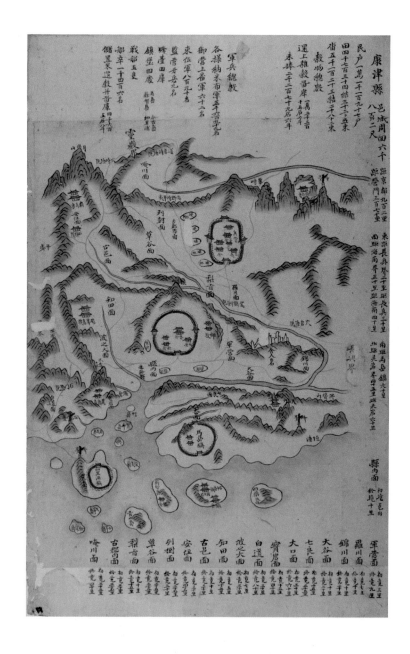

다산 정약용과 인연이 있는 절인 강진의 백련사는 해발 고도가 상당히
높은 곳에 자리잡고 있어 남쪽으로 강진의 갯벌이 훤히 내려다보인다.
절터는 다산초당보다 훨씬 높은 곳에 자리잡고 있다. 덕분에 지형 양
쪽으로 있는 좁은 만과 그 만으로 물이 들고 나가는 모습이 다 보인다.

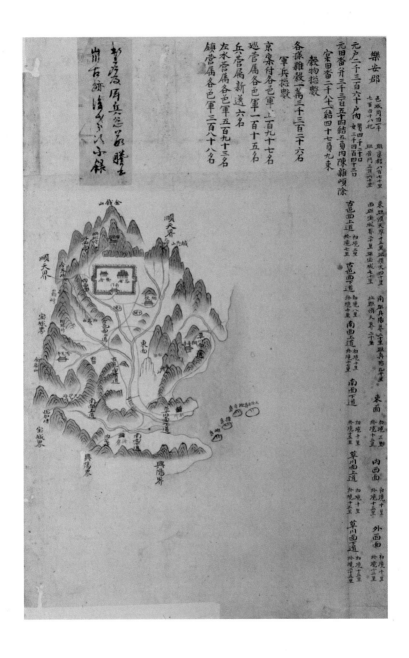

바다 가까이 있던 읍치가 왜구의 침략으로 인해 내륙으로 옮겨 새로이
형성된 경우가 많다. 그럴 땐 민호들을 읍성 안으로 끌어들여 읍성 규
모가 커진다. 낙안읍성은 북문이 없다. 산에 기대고 있기 때문이다. 동
문과 서문을 잇는 선을 기준으로 북쪽엔 관아가 배치되었고 남쪽에는
민가가 있다.

노래를 읊으며
자연을 바라보다

전남 가단문학과
정자

이번에는 전남 무등산 자락에서 시작해 보길도까지, 남도를 살펴볼까 합니다. 이 지역은 이제 인기 답사지로 꼽히고 있어서 가보신 분들도 많을 겁니다. 저는 이 지역의 옛 건축들을 중심으로 새로운 시각으로 살펴보려 합니다. 이미 잘 알고 있다고 생각하던 곳도 시각을 바꾸면 새롭게 보이는 것들이 많습니다.

가파른 지형 위에 있는 창평향교

먼저 담양 쪽의 가단(歌壇) 문화와 정자 문화를 생각해볼까 합니다. 전남 담양 일대는 가단문학의 본거지이며 우리나라의 누정 문화가 활짝 꽃핀 곳이기도 하니까요. 담양은 성산가단(星山歌壇, 정철의 〈성산별곡〉으로 대표되는 당시의 문학 그룹을 지칭하는 말)의 핵심 지역이기도 합니다. 국문학을 연구하는 이라면 가단문학을 주제로, 건축이나 조경을 공부하는 이라면 누(樓)와 정(亭)을 주제로 답사를 할 수 있을 것입니다. 그런데 이 모든 주제들은 결국 대지, 즉 땅과 지형을 바탕으로 이루어진 것이 아니겠습니까. 생각의 방향에 따라 판단도 달라집니다.

본격적으로 가단문학의 자취를 살피기 전에 창평향교를 먼저 들러봅니다. 창평향교는 매우 독특한 공간입니다. 전라도에서 유일하게 향교의 전형과 일반성에서 벗어나 지형에 맞게 건물을 배치한 향교입니다. 그런 측면에서 매우 소중한 건물이라 할 수 있습니다.

창평향교는 경사가 가파른 지형 탓에 지그재그로 진입해야 합니다. 위로 올라가서도 문에서 뒤쪽까지 일정한 거리가 확보되지 않은 탓에 향교 건축의 전형에서 벗어납니다. 원래 향교의 문에 들어서면 길게 깊이가 있는 공간이 나와야 합니다. 문에서 누, 명륜당, 다시 삼문이 있고 대성전이 이어지는 것이 정석입니다. 동무, 서무와 동재, 서재가 그 중심축 옆에 놓입니다. 그런데 창평향교는 문을 열고 들어가면 바로 담벽과 붙어 있는 누 남쪽 측면이 나옵니다. 누벽인 셈입니다. 누에 면해서 바로 교사(校舍)

대동여지도
노래를 읊으며 자연을 바라보다

담양부터 보길도까지 남도 지역은
가단문학의 본거지이다.

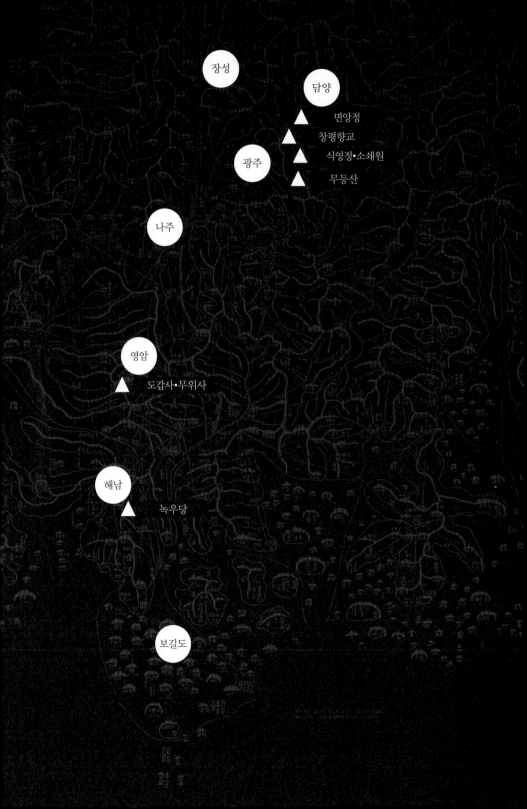

장성

담양

▲ 면앙정

▲ 창평향교

광주

▲ 식영정•소쇄원

▲ 무등산

나주

영암

▲ 도갑사•무위사

해남

▲ 녹우당

보길도

산맥도
노래를 읊으며 자연을 바라보다

앞의 《대동여지도》를 바탕으로
무등산 일대를 현대의 지형도에 그린
산맥도이다.

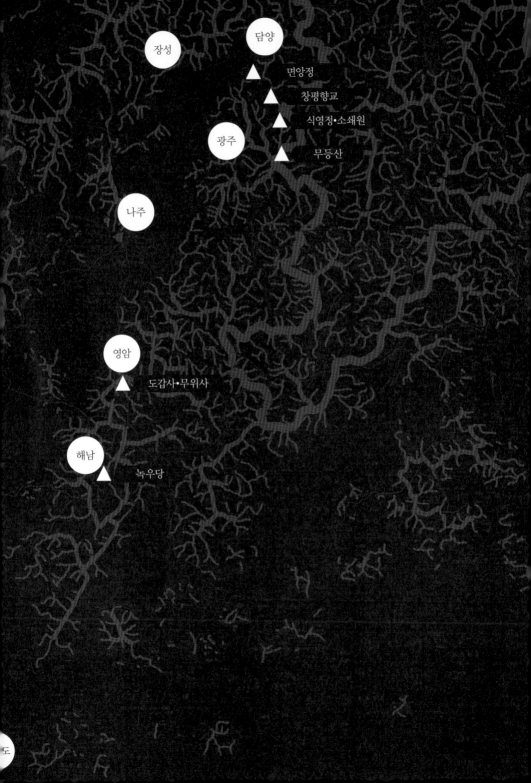

장성

담양

△ 면앙정

△ 창평향교

△ 식영정•소쇄원

광주

△ 무등산

나주

영암

△ 도갑사•무위사

해남

△ 녹우당

도

가 이어집니다. 서재를 감싸고 좁은 골목 같은 회랑이 있고 대성전이 이어
집니다. 좁은 지형에 아주 밀도 높게 건물을 배치했습니다.

　　동재와 서재 사이에는 대성전 뜰을 감싸고 있는 담이 있는데, 동재
서재의 방향은 향교의 외부에 있는 요소에 의해 결정되었습니다. 특히 서
재는 아래쪽에 마루 방을 붙여 멀리 맞은편 산자락을 향하고 있습니다.
대성전은 제례공간으로 사용되는, 담이 둘러쳐진 마당을 갖고 있는 것이
특징입니다. 건물의 벽으로 막히게 된 것이 아닌, 담장으로 마당을 감싸
는 대성전이 있는 예는 거의 찾아보기 힘듭니다.

　　우리 옛 건축에서 이런 밀도 높은 평면으로는 창평향교와 양양향교,
강릉향교 등에서 돋보입니다. 저는 가끔 이런 건축 유형을 현대 건축에
응용할 만하다는 생각을 합니다. 도시는 공간이 넉넉하지 않은 경우가 대
부분입니다. 필지가 작은 도시의 빌딩에 이런 옛 건축 형태를 적용해 본다
면 실용적이면서도 아름답지 않겠습니까? 그런 측면에 관심을 두는 사람
이 별로 없다는 현실이 참으로 안타깝습니다.

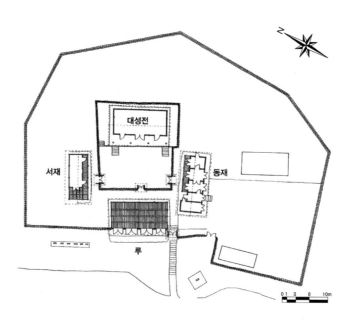

창평향교 배치도

저는 고려 시대의 건축이 보여주는 긍정적인 면을 잘 살려나가야 한다고 생각하곤 합니다. 조선 시대의 건축 배치는 관념과 건축의 원형(archetype)을 따르는 데에 좀 치우친 느낌이 있습니다. 반면 고려 시대는 규칙을 지키는 면에선 훨씬 자유로워웠습니다. 이상적인 관념보다는 지형을 읽어 그에 맞는 건축 배치를 하려 했던 흔적을 찾아볼 수 있습니다. 그래서 고려 때의 건물인 춘천의 청평사 역시 밀도 높은 배치를 자랑하고 있습니다.

가단문학과 면앙정, 식영정

가단문학에 가담한 사람들 중 담양 쪽에 최초로 자리를 잡은 문인은 면앙정 송순[1]입니다. 그는 중종 때 낙향하여 이 지역에 자리를 잡고 정자를 짓기 시작했습니다. 이후 유명한 소쇄원의 양산보[2]도 이 부근에 정착했습니다. 양산보는 정암 조광조의 문인이었습니다. 능성현에 유배 온 스승 조광조를 따라 이곳에 머물다가, 스승이 사약을 받고 세상을 떠나자 본인도 이 지역에 자리를 잡았다고 합니다.

송순은 면앙정가단(俛仰亭歌壇)의 창설자입니다. 1519년 문과에 급제하고 1520년 시가독서를 마친 뒤 1527년 사간원 정언이 되었는데, 1533년 김안노가 권세를 잡자 사직하고 귀향하여 면앙정을 짓고 시를 읊으며 지냈다고 합니다.

면앙정을 지었을 때 송순의 나이는 41세였습니다. 담양의 제월리에 세운 이 정자에 호남 제일의 가단이 형성되었습니다. 임제, 김인후, 고경명, 임억령, 박순, 소세양, 윤두수, 양산길, 노진 등 많은 인사들이 출입하고 시를 지으며 가단에 합류했다 합니다. 그 후 1552년 면앙정을 다시 증축하였습니다. 증축 당시 기대승이 〈면앙정기(俛仰亭記)〉를, 임제가 부(賦)를, 김인후와 임억령·박순·고경명 등이 시를 지었습니다.

송순이 지은 면앙정은 건축적으로도 대단히 중요한 정자입니다. 면앙정은 정자에 온돌방을 들이고 사면을 마루로 둘렀습니다. 이런 정자 평면 형식은 산간 지방처럼 낮과 밤의 기온 차가 심한 지역에 등장합니다. 면앙정과 소쇄원에 모두 이런 공간 형식이 있습니다. 경상도와 전라도, 창덕궁 후원에도 이런 형식의 정자가 있습니다.

　가운데에 방이 있는 정자는 낮에는 전통적인 정자로 풍광을 즐기다 밤이 되어 기온이 떨어지면 아궁이에 불을 때서 난방을 할 수 있습니다. 낮에는 문을 열어 천장에 올려두었다가 방이 필요할 때엔 사방에 있는 문을 전부 내립니다. 그럼 트였던 정자 공간이 닫힌 방으로 변신합니다. 면앙정보다 연대가 더 앞서는 시대에 봉화 닭실(유곡)의 권벌 가문 후손이 춘양 쪽에 이런 형식의 정자 한수정[3]을 지은 적이 있습니다. 앞서 말했듯이 소쇄원의 광풍각도 이런 형식의 정자입니다.

　가단문학은 산수가 아름다운 풍광을 바라보며 그 자연의 변화무쌍

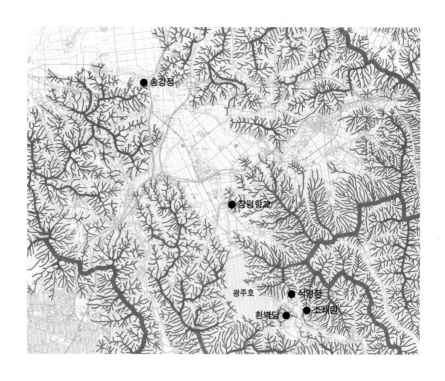

광주 담양 일대의 정자 및 향교(1/25000 지도에 그린 산맥도)
무등산 북쪽 산자락 계곡에 송강정, 소쇄원 등 정자와 향교가 위치한다.

한 조화를 읽어 가사문학으로 읊었습니다. 송순, 양산보, 김인후[4] 등이 그런 문인들입니다. 이들은 사대부들 가운데에서 자의든 타의든 중앙 정치에서 물러난 선비들입니다. 그들이 모여 학문을 토론하고 산수를 읊었고, 그들의 공간적인 터전이 된 곳이 이 지역이었습니다.

담양, 장성 일대는 전라도에서 정자가 모여 있는 유일한 지역입니다. 전형적인 원림의 원류로 생각되는 명옥헌 역시 이곳에 있습니다. 이런 건축적인 특성이 제가 보기엔 가단문학과 연관이 있어 보입니다.

경상도에서 이 지역과 유사한 원림을 든다면 의성 쪽입니다. 영천 이씨 마을은 각각의 주택 내부에 정원을 꾸몄는데, 그쪽은 사가 원림이라는 특성이 있어 담양 쪽과는 좀 다릅니다. 의성의 정자들은 집집마다 정자를 집 안에 만들어 큰 마당 안에 넣었거든요. 이곳은 조선 중기 이후의 것으로 추정됩니다.

식영정은 면앙정과는 달리 열린 구조의 정자입니다. 조망이 확 트여 있어 무등산 계곡 한쪽을 내려다보고 있으니, 열려 있는 입지의 정자 원림입니다. 이것은 성산 자락에 있는데, 정면 2간, 측면 2간 해서 4간 짜리 팔각지붕 정자입니다. 송강정, 환벽당과 더불어 송강 정철의 가사문학과 관련된 유적입니다.

'그림자가 쉬어 가는 정자'라는 뜻의 식영정(息影亭)은 1560년 서하당 김성원이 스승이자 장인인 석천 임억령을 위해 지었습니다. 정면으로 보이는 증암천 개울 주변에 자미탄, 조대, 노자암, 방초주, 서석대 등의 승경지가 있습니다. 모두 당대의 문인들이 이곳에 가단을 형성하고 시를 지어 즐겼던 곳들입니다. 이때에 문인들이 남긴 작품으로 〈성산별곡〉, 〈식영정 18영〉 등이 남아 있습니다. 이곳은 지금 광주호가 생기면서 수몰되어 잠겨버려 옛날의 승경을 감상할 수 없으니 안타깝습니다.

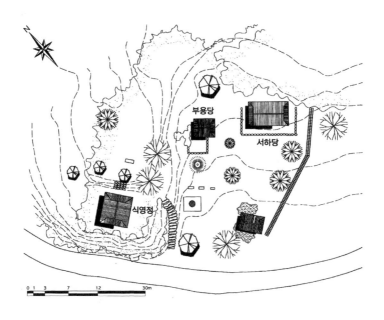

식영정 배치도와 현재 모습

우리 옛 원림의 특수한 사례 소쇄원

열려 있는 식영정과 대조적인 성격을 지닌 원림이 소쇄원입니다. 소쇄원은 완전히 아래쪽으로 내려가 있는 데다가 숲과 담까지 둘러쳐져 폐쇄적인 공간을 조성했기 때문입니다.

　　소쇄원의 이런 특징은 아마 양산보의 이력과도 연관이 있지 않을까 합니다. 양산보는 스승 조광조가 유배 도중 사약을 받아 죽은 후 소쇄원에 눌러 살았습니다. 이 정원은 후손 2대에 걸쳐 조성된 것이지만, 그런 환경과 인품이었으니, 세상과 멀리 떨어져 은거하겠다는 마음이 건축에 반영이 된 것이 아닐까요? '소쇄(瀟灑)'란 맑고 깨끗하다는 의미입니다. 제나라 문인 공덕장의 〈북산이문(北山移文)〉에 나오는 말입니다. 당나라 시인 이태백의 시 〈왕우군(王右軍)〉에도 이 말이 등장합니다. 그 시에 '왕우군은 본시 성품이 맑고 참되어서(右軍本淸眞) 깨끗하고 맑게 세속을 벗어

소쇄원

낭다(瀟灑在風塵)'라고 되어 있습니다.

지금의 소쇄원은 원형이 꽤 훼손된 상태입니다. 건물도 원형에서 몇 곳이 없어졌고 소쇄원의 본 모습을 기록한 그림 목판도 누군가에 의해 없어져 버렸습니다. 다만 김인후가 지었다고 하는 〈소쇄원 48영〉은 아직도 전해지고 있습니다.

〈소쇄원 48영〉은 소쇄원 곳곳의 경치와 풍물들을 노래한 시입니다. 이 시들에 나와 있는 수목들을 보면 어디까지가 의도적으로 배식된 수목이며 어디까지가 원래 이 지역에 심겨 있던 수목인지 불분명합니다. 48영을 보면 매화, 대나무, 소나무, 동백, 치자, 복숭아나무, 수양버들, 배롱나무 등을 확인할 수 있습니다. 그러나 어떤 것들이 자연 수목인지는 참으로 구별하기 어려워요. 소쇄원에 대해서는 김인후의 시를 비롯해 고경명, 최경창, 송순, 임억령, 기대승, 정철, 백광훈 등의 시가 있습니다. 또 후대인이 차운해서 쓴 시로 김창흡, 김춘택 등이 쓴 시가 있고, 송시열이 쓴 양산보의 아들 고암공 행장(行狀)도 있습니다.

소쇄원을 우리 옛 원림의 대표적인 사례로 보는 견해에 대해 저는 찬성하기 어렵습니다. 소쇄원은 원림 건축에서는 돌발적인 사례, 즉 일반적인 원림의 특성에서 벗어나는 특수한 사례입니다. 소쇄원은 분명 훌륭한 정원이긴 하지만, 우리 옛 정원의 전형은 아니라는 말입니다. 공부하는 제 입장에서는 오히려 장성 주변의 청계정 원림이나 명옥헌[5], 식영정, 환벽당[6], 송강정[7] 등의 원림 기법에 더욱 주목할 필요가 있다고 봅니다. 이들 건축에서는 우리의 전통 원림 기법인 차경의 예를 볼 수 있기 때문입니다. 차경은 경치를 내가 전부 다 구축하는 것이 아니라 이미 있는 것, 남의 것을 슬쩍 빌어와서 내 것으로 보는 기법으로, 우리 전통 원림에서 매우 중요한 특징 중의 하나라고 앞서 말씀드렸습니다. 이 차경 기법은 고려 시대 개성에서도 쓰였던 것으로 나타납니다. 또 춘천 청평사의 연못, 승주 조계산 선암사의 연못이 이런 맥락에서 조성되었던 것으로 보입니다.

그러므로 소쇄원 하나만 놓고 아름답다고 말하기보다는 인근 다른 정자들과 소쇄원의 차별성이나 이 건축물들의 역사적인 맥락, 우리 원림 기법의 전통과 역사 등을 살펴보는 것이 좀 더 생산적인 논의가 아닐까

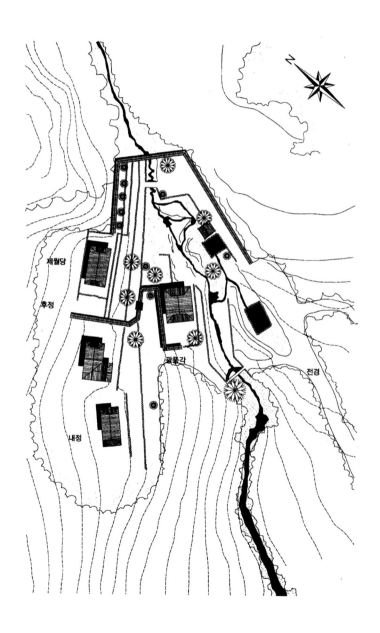

소쇄원 배치도

요? 이밖에도 담양에는 제월리 고인돌을 비롯해서 담주산성, 담양향교, 관방제 수림, 석당간, 오층석탑 등도 볼 만한 유적입니다.

월출산의 도갑사와 무위사

이제 영암의 옛 건축들을 살펴볼 순서입니다. 영암 월출산은 월나산, 월생산, 외화개산이라고도 하며 독특한 지형으로 유명한 산입니다. 월출산 도갑사와 무위사는 연대를 늦춰 잡아도 최소한 고려 시대에 창건된 유서 깊은 절입니다.

도선(827~898)은 호가 옥룡자이고 속성은 김씨입니다. 15세에 출가하여 20세 때 "장부가 마땅히 세법을 떠나 스스로 안정할 것이어늘, 어찌 문자만을 붙잡고 있으랴"고 했다 합니다. 곡성의 동리산 태안사로 가서 혜철(785~816)에게 배우고 23세에 비구계를 받았습니다. 나중에 광양현에 있는 백계산의 옥룡사에 머물렀습니다.

도선이 지리산 구령에 암자를 짓고 있을 때, 어떤 사람이 와서 "내게 조그마한 술법이 있어 스님께 받들려 하니 다음날 남해 가에서 드리겠노

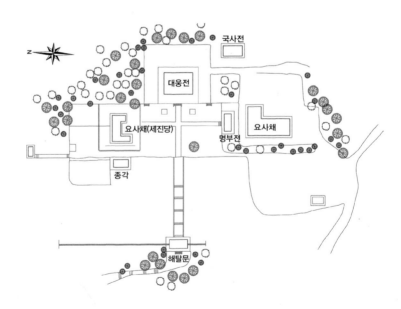

도갑사 배치도

라"고 했다 합니다. 그 뒤 약속한 장소로 갔더니, 그 사람이 모래를 모아 산과 강의 순하고 거스르는 지세를 알려주었다 합니다. 그곳이 구례 화엄사 근처의 사도촌입니다. 도선은 이 뒤부터 지리와 음양학에 대한 조예가 깊어졌습니다. 고려 태조의 출현을 예언했으며, 우리나라 풍수지리설의 시조로 불립니다. 고려 때에는 그가 지었다고 하는 《도선비기(道詵秘記)》가 유행했습니다. 72세에 세상을 떠났는데, 효공왕에 의해 요공선사라는 시호를 받았고, 제자들이 세운 탑의 호를 증성혜등이라 했습니다.

도갑사와 관련된 유명한 승려는 수미 묘각스님입니다. 그는 랑주(朗州) 최씨로 13세에 월출산 도갑사에서 승려가 되어 20세에 구족계를 받았습니다. 속리산 법주사에서 신미대사와 더불어 경과 논을 연구하였는데 그 계율이 엄정했다 합니다. 그러다 어느 날 동학들에게 "내가 지금 공부하는 것은 마치 승요(僧繇, 남북조 시대의 남조인 양(梁)나라의 유명한 화가 장승요(張僧繇)를 말함)가 인물을 그리는 것 같아서 아무리 묘한 그림이라 할지라도 산 것이 아닌 것과 같다"라고 한 후 경전 공부를 버리고 참선에 몰두하였습니다. 묘각스님은 쓰러진 교계를 일으키고 종문을 정돈한 후 도갑사에 돌아와 절을 중수하고 종풍을 크게 떨쳤습니다.

무위사는 월출산 남쪽 산자락에 있는데, 행정구역상으로는 강진군 성전면입니다. 신라 진평왕 39년(617)에 원효대사가 창건하여 관음사라 했다가, 815년 도선국사가 중건하고 갈옥사라 개칭했습니다. 946년에 선각국사 형미가 중창하여 방옥사라 하였고, 1550년 태감(太甘)이 확장 창건하고 무위사라고 하였답니다.

이 절은 한때 건물이 58동에 이를 만큼 큰 사찰이었는데 화재 등으로 규모가 줄었습니다. 극락전 건물, 부처님 진신사리를 보관하고 있다는 사리탑, 극락보전 후불탱화와 28점의 벽화가 유명합니다. 그리고 도선국사의 비인 선각대사 편광탑비는 보물로 지정되어 있습니다. 그 옆에 석탑 형식의 부도가 있는데 선각대사 편광영탑이라 부릅니다. 조선 초기 것으로 목조 〈아미타삼존불상〉 〈수월관음도〉 〈아미타내영도〉 〈아미타삼존도〉 등도 보관되어 있습니다. 〈아미타내영도〉는, 염불을 잘 외운 사람은 죽을 때나 수행이 성숙해졌을 때 아미타불이 마중 와서 서방 극락으로 맞이해 간다는 내용을 그림으로 표현한 것입니다.

옛날에는 도갑사와 무위사 모두 수도(修道) 도량, 즉 선 수행을 중심으로 삼는 승려들이 모인 절이었던 것입니다. 옛 사찰에 방형의 큰 마당이 있고 그 주변으로 건물들이 모여 경계를 따라 배치된 것을 본다면, 이곳은 옛날에 야단법석(野檀法席)이 열리던 곳이라고 보면 대개 맞습니다. 야단법석은 대규모의 불교 집회인데, 법회를 위해선 적잖은 수의 승려들이 모여야 했을 것이고 설법의 중심이 되는 큰스님이 있어야 했습니다.

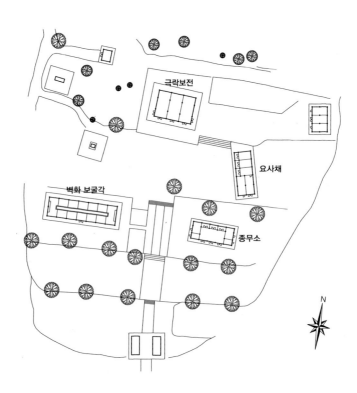

무위사 배치도

야단법석이 사찰의 중심 기능이 될 경우 그 절은 건물 규모가 크지 않은 게 보통입니다. 대승불교의 근본 원리는 포교와 수행으로 나뉩니다. 포교를 위해선 법당이라는 건물이 중요하겠지만, 수행을 위해선 설법을 듣고 참선하는 일이 더 중요합니다. 좌선은 공간적인 제약을 덜 받지만 설법은 아무래도 특별한 공간 형식을 요구하게 됩니다. 법문을 듣기 위해 어느 정도 규격화, 양식화된 공간이 있어야 했을 것입니다.

종교 건물의 목적과 기능은 어디에 있을까요. 불교의 본질, 수행 형식의 본질과 불교 건축의 관계에 대해 건축 전공자뿐 아니라 불교 관계자들도 좀 더 사려 깊게 공부할 필요가 있을 것 같습니다. 예를 들어 전라도에서 가장 큰 절의 하나인 선운사 같은 곳은 수도 도량으로서 참선을 하는 수많은 승려들이 모여 공부하던 곳입니다. 그러므로 원래는 마당이 장방형으로 길게 있었고 그 마당을 중심으로 가람 건축이 배치되어 있었습니다. 그것이 1980년대에 들어와 깨졌습니다. 새로운 건축물들이 들어서면서 원래의 구조가 망가진 것이죠.

송광사 역시 옛 가람 배치가 달라진 사례입니다. 송광사는 원래 고려시대 보조국사 때부터 유명한 수행승들이 모여 공부를 한 선방이라 승보 사찰이라 불립니다. 승보 사찰이라면 무엇보다도 승려들이 절에서 가장 중요했다는 말이 됩니다. 당연히 야단법석 즉 설법을 하는 장소도 절의 중심이 되어야 했을 것입니다. 그런데 현재는 그 설법 공간인 야단에 건물들이 들어서 있습니다. 절의 역사성이나 종교적인 특징을 감안하지 못한 건축이라고 저는 생각합니다.

건축에서 중요한 것은 양식이 아닙니다. 양식의 특징을 이해하고 암기한다 해서 건축을 제대로 공부한 것은 아니라는 말입니다. 양식이 건축의 전부가 아니기 때문에 양식의 역사적인 변천을 설명하는 것은 '건축사'가 아니라 건축'양식사'일 뿐입니다. 제대로 된 건축, 건축사를 이해하기 위해선 그 건축의 '본질'을 알아야 합니다. 건축물로서 절을 논하려면 절의 본질이 무엇인가를 알아야 한다는 말입니다. 절의 건축 양식이 아니라 불교의 근본 원리와 수행 방법을 이해할 때 사찰 건축을 제대로 말할 수 있습니다.

도갑사에서 한 가지 더 보탤 만한 것이 국장생입니다. 도갑사 아래 동구에 두 개의 입석이 있습니다. 하나는 '국장생(國長生)'이라는 세 글자가 새겨 있고, 또 하나에는 '황장생(皇長生)'이란 세 글자가 새겨졌습니다. 이런 국장생은 절의 영역을 표시하는 것이 그 목적인데, 경상도 통도사에 국장생이 있던 흔적이 남아 있습니다. 전라도에서 국장생이 남아 있는 곳은 도갑사밖에 없어요.

장생은 영역을 표시하는 이외에 다른 목적도 있었습니다. 고려 시대부터 나라에서는 불교 사찰 보존과 더불어 사찰 주변의 산림 보호에도 관심을 보였습니다. 나라에서 산림을 보호했던 목적은 무엇이었을까요? 왕실이나 나라에서 필요한 건축용 목재를 조달하기 위해, 그리고 군사적 용도 등으로 배를 짓기 위해서였습니다. 절의 영역을 지켜주는 대신 주변 산림을 해당 절에서 관리하도록 했던 것이 장생인 것입니다. 국장생이 있는 절 주변은 훼손하지 않고 보존했다가 사찰을 중수하거나 국가에서 필요할 때 나무를 채벌하던 곳이었다고 보면 되겠습니다. 옛날 큰 절들을 보면 절의 영역이 상당히 넓습니다. 그 영역 전부에 절을 짓는 것도 아닌데 왜 그렇게 넓은 땅이 절에 귀속되어 있었을까요. 국가에서 국토를 절에 위임 관리토록 했던 것으로 절의 토지를 이해해야 옳을 것입니다.

윤선도의 토목관과 보길도

보길도는 윤선도와 그가 지은 문학 작품의 측면에서 많이들 관심을 가지는 곳입니다. 그렇지만 도시건축 역사 전공자인 저 역시 보길도에 흥미를 가지고 있습니다. 윤선도는 문학사에서 유명한 인물이지만 건축사에서도 중요하게 봐야 하는 인물입니다. 그는 조선 시대를 통해 토목 분야에 가장 밝은 인물이었기 때문입니다. 그리하여 풍수지리 문제로 송시열이나 왕실과 부딪히기도 했습니다. 윤선도가 효종의 능을 수원으로 해야 한다고 주장했는데 다른 사람들의 반대에 부딪혀 뜻을 관철하지는 못했죠.

윤선도의 토목관은 아주 독특합니다. 그가 서울을 떠나 주로 활동했던 지역은 보길도와 진도인데, 이 지역에서 간척사업을 활발히 펼쳤습니다. 윤선도와 간척이라면 언뜻 잘 연결이 되지 않는 분도 많으실 겁니다. 진도에 굴포라는 곳이 있습니다. 남동쪽 끝자락인데 이곳이 윤선도가 간척을 한 지역입니다. '굴포'라는 지명 자체가 간척의 흔적을 보여줍니다. 이곳엔 윤선도의 사당도 있습니다.

보길도에 가려면 노화도를 거쳐 가야 했습니다. 이쪽에도 나무 기둥을 박아 간척하여 농경지를 만든 흔적이 나옵니다. 진도 의사면 일대와 노화도 일대, 보길도 쪽 모두 윤선도의 간척사업이 시행된 곳입니다.

저는 윤선도가 이 지역에서 이렇게 활발하게 자의적으로 활동할 수 있었던 것이 조선 시대 당시의 행정구역 체제와도 연관이 있지 않나 생각합니다. 당시에는 보길도 일대, 즉 노화도, 보길도, 소안도 등이 행정구역으로 영암군의 땅이었습니다. 현재 보길도의 행정구역은 완도군 노화읍 보길면입니다만 예전엔 달랐습니다. 완도는 강진군에 있었고 보길도 주변은 영암군 소속으로, 월경지[8] 또는 비입지, 월입지라고 불렀습니다. 이곳은 행정 책임자의 영향이 상대적으로 미치기 어려운 변방이었으니만큼 윤선도의 행보도 자유로울 수 있었을 듯합니다.

보길도는 주변의 산이 안을 둘러싸 감고 돌아, 마치 분지처럼 느껴집니다. 원래 조선 시대의 사대부들은 바닷물에 면해 집이 앉는 것을 좋아하지 않았습니다. 양명학을 연구했던 강화학파는 강화도의 서쪽 바닷가에 자리를 잡았는데 이는 매우 예외적인 경우입니다. 유학자들은 섬에 거주하더라도 바다가 직접 보이지 않는 곳에 입지를 정하곤 했습니다. 윤선도의 보길도 입지 역시 그런 경우입니다. 윤선도의 거처는 앞쪽 바다의 장

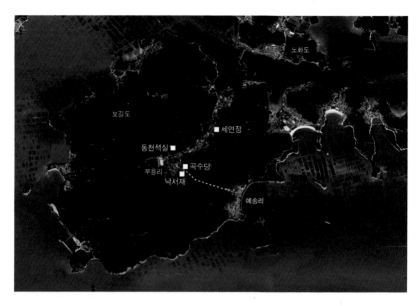

▲ 보길도 내 윤선도 유적 위치
지도 위의 점선은 예송리와 부용리를 잇는 오래된 길이다.

▼ 윤선도는 바다가 보이지 않는 보길도 내 분지 지역에 터를 잡았다.

사도가 내륙 방향 어귀를 막고 있습니다. 만약 장사도가 없었다면 노화도에서 보길도 안쪽이 다 들여다보였을 것입니다. 그런 곳을 피해서 여기에 자리를 잡았을 것입니다.

윤선도는 보길도에서도 부용리, 그 중에서도 세연정 안에서 주로 시간을 보냈다 합니다. 현재 해수욕장으로 유명한 보길도 동남쪽 예송리에서 보면 부용리 쪽으로 넘어오는 작은 길이 있습니다. 이 길은 옛날 지도에도 나타나 있는 오래된 길입니다. 길은 사람들의 왕래를 의미합니다. 저는 이 길을 놓고 예송리와 부용동 사이에 어떤 교류가 있었던 것일까 관찰해 보았습니다. 예송리에서 길을 따라 부용리 쪽으로 넘어오다 보면 옛날 차밭이었던 곳이 나옵니다. 그렇다면 예송리 주민들이 차밭에서 노동력을 제공했을 가능성이 크지 않을까요? 부용리는 섬의 일반 주민들이 함부로 드나들 수 없는 곳이었을 겁니다. 그렇지만 노동력이 필요한 부분이 있었을 테고 그런 경우에는 현지 주민들의 도움을 받아야 했겠죠.

보길도는 현재 유적을 발굴하는 중이라 과거의 배치나 흔적에 대해 뭐라 말할 수 있는 것이 없는 상황입니다. 아주 오래 전에 제가 이곳에 답사를 갔을 때 부용동에서 냉방 기법을 매우 재미있게 본 적 있었습니다. 보길도는 남쪽에 있으니만큼 난방도 난방이지만 냉방이 절실히 필요하지 않았을까요? 부용동에는 천연 냉방 시스템이 있었습니다. 개울이 흐르면서 생기는 찬 기류를 온돌 아래쪽으로 흐르게 해서 찬 기운을 얻은 방식인 것이죠. 발굴로 인해 그런 구조들은 다 허물어지고 해서 발굴 이후 어떻게 복원될지는 모르겠지만 말입니다. 아궁이와 온돌만 생각했던 시대에 정반대의 개념을 생각해냈다는 점 때문에 그 구조 앞에서 감탄을 했던 기억이 납니다.

해남 윤씨 종가 녹우당

예전에 답사를 다닐 때 해남읍 연동에 있는 해남 윤씨 종가 녹우당을 찾아가자면 버스에서 내려서도 5리 이상을 한참이나 걸어 들어가야 했습니다. 가다 보면 큰 연지가 있고 거길 돌아서 숲을 지나 마을로 들어갔었습니다. 동쪽으로 큰 산이 있고 그 산기슭에 집이 있었습니다. 이곳의 집들은 그래서 서향입니다.

녹우당 앞쪽으론 큰 은행나무 고목이 있었습니다. 그리고 이곳 사랑채에는 차양이 있습니다. 서향이라 햇볕이 들어오는 것을 막기 위해 설치한 것입니다. 앞에서 언급하였듯이 조선 시대의 건물 중 차양이 남은 곳은 네 군데밖에 없습니다. 창덕궁 후원과 강릉 선교장 사랑채, 서산에 있는 정순왕후 생가, 그리고 이곳 녹우당 사랑채입니다. 녹우당의 차양은 상태와 품질이 꽤 괜찮습니다.

이 집은 안채 뒤쪽으로 채전(菜田)이 있는데, 들어가면서 마당이 엮인 모양이 재미있습니다. 대문으로 들어가면 마당이 하나 있고, 다시 또 감아 돌아서 마당이 하나 더 있고, 작은 대문으로 들어가 면하는 곳에 또 하나가 있고 또 안쪽에 있고, 안채 쪽으로 다시 큰 마당이 있습니다. 안채의 큰 마당은 아마 타작 같은 여러 용도로 쓰였겠지요. 마당에 인접한 공간의 성격에 따라 마당들 역시 각각 기능과 성격이 달라졌을 것입니다.

이 집에서 또 한 가지 재미있는 점은 사당이 안과 바깥, 두 곳에 있다는 사실입니다. 사당이 두 군데로 나뉘는 것은 오래된 종갓집에서만 볼 수 있는 일입니다. 흔히 4대 봉사, 즉 제주에서 4대까지 제사를 모신다고 합니다. 4대가 지나면 그 조상에게는 제사를 모시지 않고 신위를 없애곤 합니다. 그런 상황에서 집안이 오래되어 10대, 20대를 내려가면 같은 집안이지만 촌수가 갈리고 인척이 많아집니다. 본가에서는 제사를 안 모셔도 작은집 쪽에서는 제사를 모셔야 하는 조상도 생기게 되는데, 그런 조상에 대한 제사를 바깥 사당에서 모셨습니다. 사당이 두 군데 있다는 건 뼈대 있는 집안이라는 사실을 은연중에 자랑하는 의미도 됩니다.

윤선도 고택에는 고지도가 많이 보관되어 있는 게 특징입니다. 윤선도의 증손자이자 화가로 유명한 윤두서[9]도 그림뿐 아니라 지도를 그렸습니다. 고지도가 많은 집안은 실학과 연관이 있었다고 보아도 됩니다.

　녹우당의 평면은 ㅁ자 폐쇄형 구조입니다. 경상도에서는 많이 쓰는 구조이지만 전라도에선 드문 구조라는 점이 이채롭습니다. 평면도에서는 담의 위치에 관심을 가져야 합니다. 안채로 들어서면서 담까지는 사랑채 영역이 됩니다. 담 이후부터는 본채의 영역이 되죠. 담을 경계로 남자들과 여자들의 영역이 나뉘어 있습니다.

　녹우당은 안과 밖, 두 곳으로만 나뉘는 게 아니라 그 중간에 모호한 경계 구역도 있습니다. 아랫사람들에게 일을 시킬 때도 남자들의 일손이 필요한 부분이 있고 순수하게 여자들만의 일손으로 충당하는 부분도 있었을 텐데, 그런 기준으로 공간을 다시 분리한 것입니다.

　흔히 여자들의 구역을 안채, 부인을 안사람이라고 부르는 것이 여자들을 비하하는 의식을 반영한다고 보는 견해가 많습니다. 하지만 제가 공부한 바로는 '안'이란 사실 '중심'이라는 뜻입니다. 안채를 한자로 '정침(正

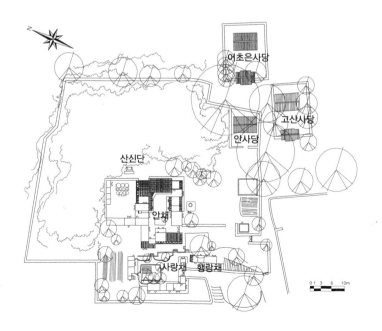

녹우당 배치도

寢)'이라고 하죠. 집안의 중심이란 의미입니다. 전통 사회에서는 재산권이
나 집안 관리의 권한이 여성에게 있었습니다. 녹우당의 구조를 보면서 안
채의 위치와 위상을 보면 그런 사실이 드러납니다.

이번 시간은 전남 담양 일대와 보길도를 살폈습니다. 담양은 가단문학의
본거지고 보길도는 윤선도가 은거한 곳입니다. 두 지역 모두 문학과 관련
된 유적이 많습니다. 그뿐만 아니라 정신사적인 배경이 되는 건축 문화가
구체적으로 존재한다는 점이 특징입니다.

　　역사를 공부하는 사람들은, 사상사란 오로지 정신적인 측면만을 다
루는 것이라고 생각하기 쉽습니다. 사상을 이루는 물질적 배경이나 구체
적인 공간 개념은 망각하기 쉬운 것이지요. 저는 그런 역사 공부는 온전
한 것이 아니라고 생각합니다.

　　〈어부사시사〉로 유명한 윤선도는 간척의 귀재였으며 토목에 밝았습
니다. 그 두 가지 사실이 과연 별개의 것일까요? 자연을 이용할 줄 알았기
에 자연을 제대로 노래할 수 있었던 건 아닐까요. 가단문학 역시 자연 속
에 은거하며 가사를 읊고 교류했습니다. 그러기 위해선 그 자연을 즐기기
위한 누와 정이 필요했습니다. 가단문학의 문인들은 자연 풍광을 건축으
로 끌어들이는 차경 기법을 훌륭하게 활용했죠. 가사문학의 산실이었던
누정에 서서 그런 측면을 상기해보면 어떻겠습니까.

　　정신과 물질은 서로 분리되기 어렵습니다. 물질적 근거 없이 추상적
인 사상이 등장하지는 않을 것입니다. 옛 건축을 대하면서 이런 관점을
가져보는 것도 의미 있을 것 같습니다.

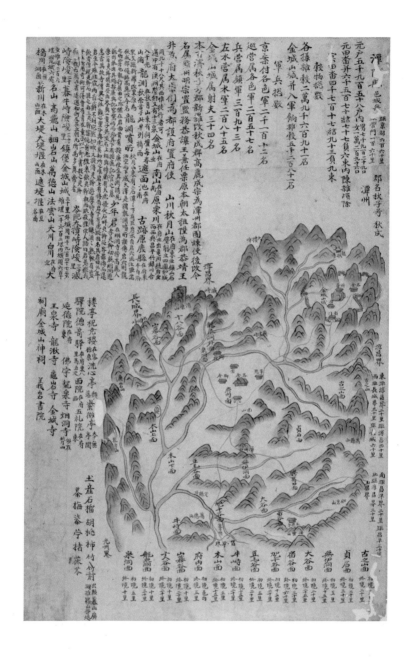

담양 일대는 가단문학의 본거지이며 우리나라의 누정 문화가 활짝 꽃
핀 곳이다. 가단문학에 가담한 사람들 중 담양 쪽에 최초로 자리를 잡
은 문인은 면앙정 송순으로, 중종 때 낙향하여 이 지역에 자리를 잡고
정자를 짓기 시작했다. 이후 유명한 소쇄원의 양산보도 이 부근에 정
착했다.

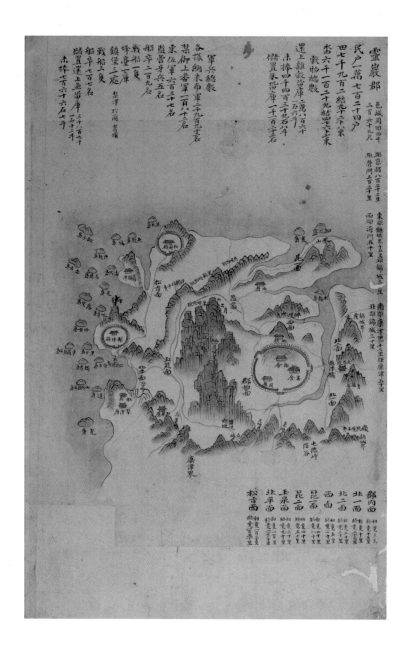

영암 월출산은 월나산, 월생산, 외화개산이라고도 하며 독특한 지형으로 유명한 산이다. 월출산 도갑사와 무위사는 연대를 늦춰 잡아도 최소한 고려 시대에 창건된 유서 깊은 절로, 옛날에는 모두 수도 도량 즉 선 수행을 중심으로 삼는 승려들이 모인 절이었다.

넉넉한 경치,
풍요로운 문화

충남 해안 지역의
건축

이번에는 충청도 해안 지방을 한번 살펴볼까 합니다. 지역적으로 예산, 당진, 태안 등이 중심입니다. 이곳은 여행지로 아주 인기 있는 곳은 아니나 볼거리가 꽤 많은 지역입니다.

저는 이 지역을 볼 때마다 항상 전라도의 부안 지방과 비슷하다는 생각을 합니다. 천안에서 산자락이 이쪽으로 뻗어 산세가 높고 역동적이며, 해안선은 들쑥날쑥해서 만(灣)이 많습니다. 따라서 바다에는 어종이 다양합니다. 이 지역에서 나는 굴이며 김, 꽃게 등이 아주 유명합니다. 농산물 수확도 넉넉합니다. 경치가 좋아 일제강점기 때부터 이 지역의 대천, 만리포, 천리포에 별장과 해수욕장이 들어서기도 했습니다.

맹사성의 맹씨 행단

경치나 자연환경이 아름다울 뿐만 아니라 문화유적도 많은 이곳에서 처음 볼 곳은 아산의 맹씨 행단입니다. 맹씨 행단은 맹사성[1]의 집입니다. 맹사성은 최영의 외손자였는데, 최영이 실각하면서 이 집이 맹사성에게로 넘어간 것이라고 합니다.

맹사성(孟思誠, 1360~1438)은 고려 말 조선 초의 문신입니다. 우왕 12년(1386)에 문과에 급제, 관직은 우헌납에 이르렀는데 조선이 개국하자 수원 판관에서 시작하여 좌의정에 이르렀습니다. 1435년 벼슬을 사양하고 물러났는데, 평생 가산을 돌보지 않고 청백리로 지내 수많은 일화를 남겼다 합니다. 집에 비가 새기도 했고, 고향에 다닐 때 남루한 차림으로 지방 수령들의 야유를 받기도 했다 합니다.

맹씨 행단의 건물 배치는 조선 시대의 전형적인 형식입니다. 우리 옛 건축들은 공간이 넓다 해도 사람들이 거처하는 공간, 즉 건물들은 작게 지었습니다. 건축물로 땅을 가득 채우거나 하지 않았습니다. 맹씨 행단 '공(工)'자 방(본채)도 대지는 무척이나 넓은데 건물은 작습니다. 옛 사람들은 건물은 가급적 작고 가볍게 지어 관리하기 쉽게 하고 대신 계절 변

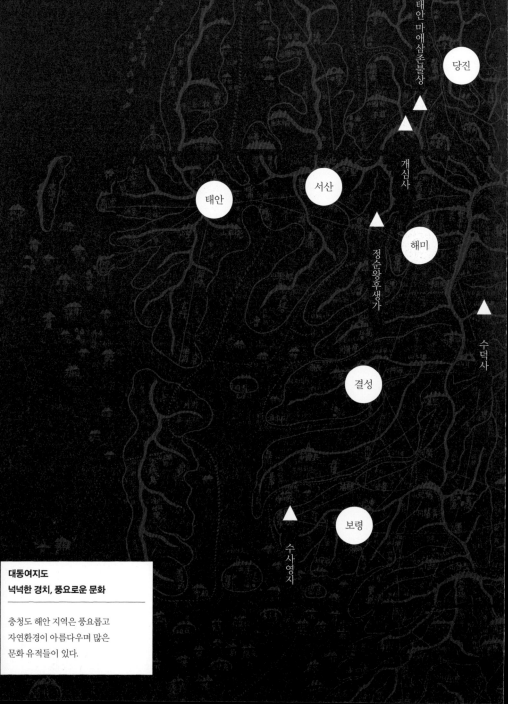

당진

태안 마애삼존불상

서산

태안

개심사

해미

정순왕후생가

수덕사

결성

보령

수사영지

대동여지도
넉넉한 경치, 풍요로운 문화

충청도 해안 지역은 풍요롭고
자연환경이 아름다우며 많은
문화 유적들이 있다.

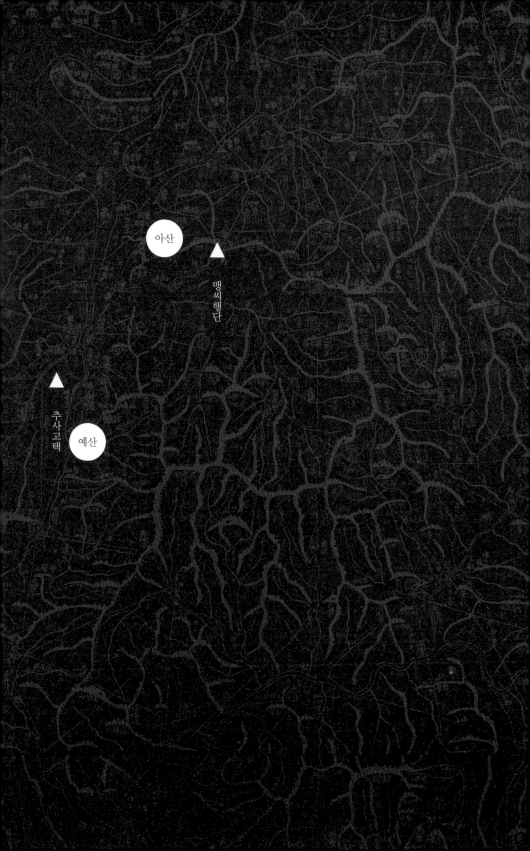

아산

맹씨행단

추사고택

예산

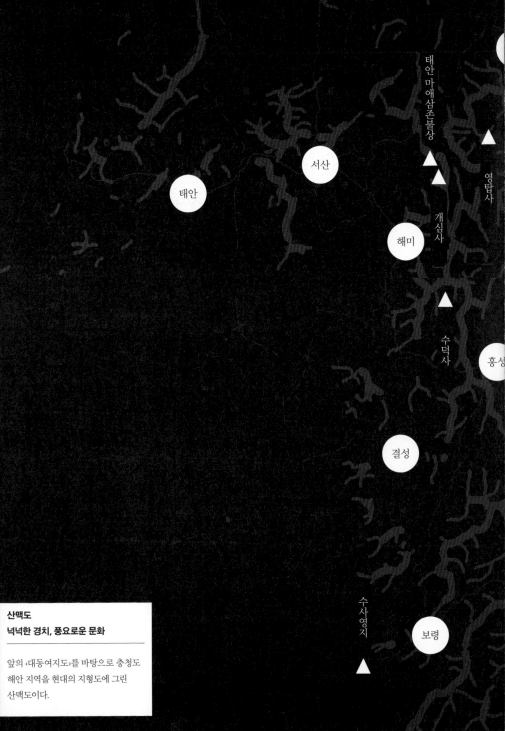

태안

서산

태안마애삼존불상

영탑사

개심사

해미

수덕사

홍성

결성

수사영지

보령

산맥도
넉넉한 경치, 풍요로운 문화

앞의 〈대동여지도〉를 바탕으로 충청도
해안 지역을 현대의 지형도에 그린
산맥도이다.

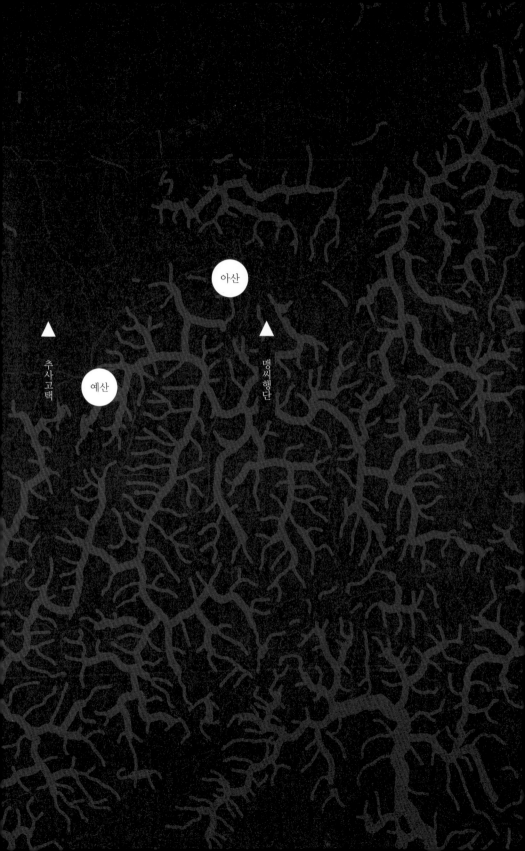

아산

추사고택 ▲

예산

맹씨행단 ▲

화와 상황에 따라 건물 외부 공간을 활용했습니다. 그런 특성을 오늘의 우리도 고민해봐야 하지 않을까 싶습니다.

맹씨 행단 구괴정은 황희, 맹사성, 허형 등 3정승이 모여 정사를 토론하고 휴식을 취한 곳이라 합니다. 이들이 심었다는 느티나무가 아직도 생존해 있습니다. 현재 이곳에 남은 유물들은 모두 맹사성 집안과 관련이 있습니다. 그런데 이곳 은행나무의 연대는 맹사성 이전으로 거슬러 올라갑니다. 나무를 잘 살펴보면 한 번 죽었다가 다시 본래 나무 주변에 싹이 나서 자라 오늘에 이른 것을 알 수 있습니다.

저는 처음의 은행나무가 죽은 이유가 궁금해서 맹씨 행단의 지형을 자세히 관찰해 본 적이 있습니다. 그 결과 소유주가 바뀌면서 지반이 바뀐 것을 발견했습니다. 최씨 집안에서 맹씨 집안으로 넘어가면서 지반을 돋워 마당을 더 넓게 만든 것입니다.

추측하건대 현재 '공(工)'자 방 입구의 마당 쪽 흙을 돋우면서 은행나무가 흙 속에 묻혀 죽었다 다시 살아난 게 아닌가 합니다. 이런 지반 변화는 잘 관찰해보면 드러납니다. 관리사가 그런 사례에 해당하는 것으로 아래쪽 마당 바닥에 있던 건물인데, 이 건물이 다른 구역들과 계단으로 이어졌습니다.

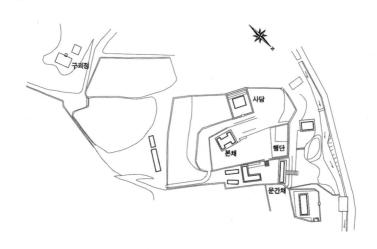

맹씨 행단 배치도

맹사성의 맹씨 행단에서 발견한 이런 지반 변화는 고종 황제와 순종 황제의 능이 있는 홍유능에서도 볼 수 있습니다. 이 능은 지반 변화와 나무 식재의 관계를 잘 보여주는 대표적인 예입니다. 고종의 능은 깊은 곳이 1m 40cm가 넘을 정도로 엄청난 양의 흙을 성토했던 것으로 보입니다. 능이 들어서기 이전에는 이곳에 원래 오리나무 한 그루가 크게 자랐던 것 같습니다. 성토를 할 때 이 나무를 살리기 위해 나무 주변으로 넓게 공간을 비우고 돌을 쌓아 나무를 살렸습니다. 몇 년 전 이 나무는 죽었습니다만 그 흔적은 아직도 있습니다.

고종의 능이 이렇게 대규모로 흙을 쌓아 성토하여 조성된 사실은 아직까지 잘 알려져 있지 않습니다. 저도 7~8년 전쯤에 새롭게 발견한 사실입니다. 성토에 쓰인 흙은 현재의 순종 능 자리에서 파온 것으로 보입니다. 제가 거듭 말씀드리지만 옛 건축에서는 흙을 파거나 지형을 변화시켜도 타 지역으로 반출하지 않는 것이 원칙이었습니다. 땅을 파서 흙이 생기면 그 흙으로 가산을 조성하거나 했고, 홍유능처럼 지반을 돋울 일이 있으면 같은 공간의 흙을 이용했던 것입니다.

예산 추사고택

다음은 추사고택이라 불리는 예산군 용궁리로 떠납니다. 이 부근 가까이 있는 화암사 역시 추사와 관계가 깊습니다.

추사 김정희[2]의 고조부는 영조의 부마였습니다. 영조가 딸을 위해 내준 땅이 이곳입니다. 그러니까 이곳은 양반 계급의 별서이며 향촌 경영지였던 것으로 볼 수 있습니다. 공주의 무덤도 이곳에 있습니다. 서울의 경택(京宅)은 통의동 백송으로 유명한 창의궁이었고, 생활 기반이 되었던 향촌은 추사고택 쪽입니다.

이곳만 해도 서울에서 꽤 떨어져 있습니다. 조선 초부터 시작해 세월이 흐르며 왕실의 일가붙이가 늘어나자, 그들에게 하사하는 전지(田地)가

추사고택

서울에서 점점 멀어지는 것을 볼 수 있습니다. 선조 때만 해도 부마들에게 내리는 전지는 거의 현재의 안산 부근이었는데, 영조 때의 전지는 여기 충청도까지 온 것입니다.

추사고택의 건물들은 단아하면서 밀도 있습니다. 그런데 이것이 추사고택의 전부가 아닙니다. 한쪽에는 우물도 있고 하인들의 생활 공간도 있습니다. 우리는 옛 건축물들을 논하면서 이런 부속 건물들을 습관적으로 제외시켜버립니다. 이는 절반밖에 보지 못하는 것입니다. 실제로 그 집에서의 생활은 아랫사람들이 담당하지 않았습니까? 추사고택의 평면도에 나와 있지는 않지만 우물과 고지기채가 안채 마당의 왼편에 있습니다.

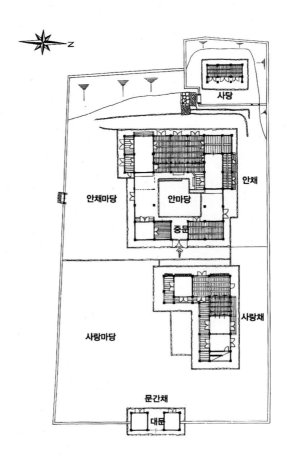

추사고택 평면도

이곳에서 생활하던 아랫사람들은 쪽문을 통해 안채로 드나들었습니다. 양반들이 아랫사람들의 거처로 드나들 일은 없었을 것입니다.

이 부속 건물 쪽은 현재는 막혀 있는데 본채보다 평면 높이 즉 레벨이 한참 낮습니다. 신분 질서를 건축적으로 확고하게 표현한 것입니다. 그렇지만 이 부속 건물까지 포함해서 건물 배치와 수목 배치, 조경 등을 논하는 것이 옳은 태도일 것입니다. 예를 들자면 본채 쪽에는 왕실에서 하사한 귀한 나무 같은 것들이 있을 수 있었겠죠? 반면 부속 건물 쪽에는 밥상에 오르는 채소들을 기르는 채전이 있었을 가능성이 큽니다.

추사고택의 안채는 지형적으로 높이 있습니다. 흔히 추사고택의 안채가 ㅁ자 형이라 폐쇄감이 강하다고 설명합니다. 그러나 제가 보기에 이 안채에선 오히려 개방감을 느낄 수 있습니다. 안채의 정침 쪽 마루에 서서 보면 하늘이 보입니다. 다른 건물군보다 지형적으로 건축적인 레벨이 높기 때문입니다. 시각적으로 트여 있습니다. 원래의 지형을 이용하되 건물의 위계에 맞춰 건물들을 배치함으로써, 제사를 지내는 마루와 짝을 이루어 안채의 위상을 살렸습니다.

당진의 영탑사와 영랑사

영탑사가 있는 당진의 면천은 조선 시대까지는 꽤 컸던 지역입니다. 토성 성곽 일부가 아직 남아 있는데, 진달래술로 유명한 면천에는 지금도 양조장이 남았습니다.

면천의 '면(沔)'은 작은 물길들이 많다는 의미의 '잔물 면'자입니다. 이 면천의 읍치에서 서쪽으로 7리쯤 되는 야산 자락에 영탑사가 있습니다. 영탑사는 고려 때 창건된 오래된 절이지만 세월 속에서도 지형이 그리 많이 변하지 않았습니다. 절 뒤쪽으로 돌출된 돌이 있고 그곳에 석불이 새겨져 있습니다. 석불 앞쪽으로 탑이 있어서 영탑사라고 불리는데, 이 절은 직접 가 보면 고려 시대의 절이라는 사실을 알 수 있습니다. 탑이나 바위의 암각화, 불상도 고려 시대의 특징을 보여줍니다.

영탑사의 입지는 크지 않고 게의 집게발처럼 생긴 지형입니다. 집게
발 안에 절이 들어앉은 격입니다. 이 절의 측면 언덕에 있는 탑은 도참사
상에서 '비보(裨補)'라고 표현할 만한 성격의 것입니다. 즉 지형의 약한 점
을 보강하는 역할을 하고 있습니다.

영탑사의 대웅전과 요사채가 원형 그대로 남아 있다면 굉장히 운치
있는 절이었을 것입니다. 그런데 법당을 증축하면서 애초의 건축 형태와
는 많이 달라졌습니다.

다음으로 볼 곳은 당진의 영파산에 있는 영랑사입니다. 이 절 역시 큰 절
은 아니며 영탑사와 마찬가지로 게의 집게발 같은 지형에 지어졌습니다.
들어가는 어귀가 좁고 안에 들어가면 아늑합니다.

영랑사는 공간이 좁기 때문에 오랫동안 구조가 허물어지지 않을 수
있었던 것으로 보입니다. 절이 처음 건립되었을 때와 배치가 크게 달라지

영탑사

지 않은 것입니다. 영랑사는 그림자 영(影), 물결 랑(浪)자를 씁니다. 실제로 이곳에서 바라보는 산 그림자는 파도 같습니다. 숲이 크고 잔잔해 일단 절 안에 들어가면 완전히 다른 세상에 들어온 것 같은 느낌이 듭니다.

영랑사도 영탑사와 마찬가지로 고려 때의 절로서 큰 변화를 겪지 않고 간간이 유지 관리되는 정도로 명맥을 이어왔습니다. 금당 건물의 크기도 지형에 맞게 아담하며 요란하지 않습니다.

태안 백화산의 마애삼존 조각상과 홍주사

마애삼존불은 흔히 '백제의 미소'라 불리는 서산의 마애삼존불과 태안의 마애삼존불이라 불리우는 두 곳이 있습니다. 서산의 마애삼존불은 많이 소개되고 널리 알려져 있는 반면에 태안 쪽은 상대적으로 소개가 덜 되었습니다. 한때는 태안 마애불이라 불리우는 조각상들이 다리 부분까지 땅속에 묻혀 있기도 했었습니다.

이 조각상들의 특징은 가운데 있는 조각상이 특이하게도 좌우의 조

영랑사 요사채

각상보다 왜소하다는 데에 있습니다. 조성 연대로 보아서는 꽤 오래된 것이 확실해 보입니다. 조각상 밑에는 태을암이라는 암자가 있고, 위에는 수직 바위벽에 '태을동천(太乙洞天)'이라는 각자가 새겨져 있습니다. 또한 바위벽 위에는 바둑판과 장기판이 새겨져 있기도 합니다. 이런 점들은 신선사상의 흔적이 남은 것입니다. 태을이란 태일(太一)과 상통하는 단어로, 신선사상에서 만물의 근원을 가리키는 말입니다.

　그런데 왜 이곳에 이런 형상의 마애불이라는 조각상이 있는 것일까요? 마애불과 이런 명칭들과 문양들은 대체 어떤 관계가 있을까요? 구체적인 기록이 없어 정확한 답을 알 수 없습니다만 궁금증을 자아내는 부분이 아닐 수 없습니다. 현재 많은 학자들이 이 태안 삼위조각상을 가리켜 양쪽에 부처가 있고 가운데에 보살이 있다고 설명합니다. 이는 크기가 큰 불상을 부처로, 작은 불상을 보살로 보는 입장이라고 할 수 있습니다. 하지만 저는 그러한 견해에 동의하기 힘듭니다. 3이라는 숫자는 중심과 좌우로 나뉩니다. 가운데가 가장 높은 것입니다. 그렇다면 가운데에 있는 관음이 마애삼존불의 중심이 되어야 하고, 자연히 양쪽에 있는 두 불상은 석가모니가 아니라고 보아야 합니다. 불상의 위계상 석가가 관음보다 아래에 놓일 수는 없으니 말입니다.

　이 조각상이 있는 백화산은 전통 신앙과 연관지어 이해해야 합니다. 불교가 전래되어 정착되는 단계에서 전통 신앙과 습합되는 흔적이 꽤 많습니다. 대표적인 사례가 관음불의 성이 남성도 여성도 아닌 모호한 형태로 남아 있는 것을 들 수 있습니다. 우리 전통 신앙이었던 할머니 신앙 즉 노고(老姑) 신앙을 불교가 습합한 흔적입니다. 또한 부석사 역시 전통 신앙과의 관련을 보여줍니다. 부석사 창건 설화에 '절의 창건을 방해하는 500여 명의 무리를 물리치기 위해 돌을 머리 위로 띄웠다'는 이야기가 있습니다. 이 설화 역시 기존에 존재하던 돌을 숭배하는 신앙과 불교 사이에 일어난 투쟁의 흔적이라고 저는 봅니다. 기존의 산 신앙이 있던 장소를 불교 사찰이 접수한 것입니다.

태안 마애삼존 조각상이 있는 백화산 역시 바위산으로, 날씨가 좋으면 전통 신앙의 성소인 마니산이 보입니다. 마애 조각상의 비밀을 풀기 위해서는 백제 불교사와 외교사 등을 좀 더 자세히 연구해봐야 합니다.

태안 마애 조각상으로 돌아가 생각해 봅시다. 태을(太乙)이란 별자리 이름으로 자미원(紫微垣)에 속하는 태일의 다른 이름이기도 합니다. 도교에서는 천제(天帝)가 머문다고 믿는 태일성(太日星: 북극성)을 말하는데, 병란과 재화 및 생사를 관장한다고 합니다. 또 북극, 즉 천극(天極)의 신을 가리키는 이 말은 천지만물의 출현과 성립의 근원인 우주 본체를 인격화한 천제, 천황대제(天皇大帝)를 뜻하기도 합니다.

《동국여지승람》 태안군 사묘 조에 "태일전(太一殿), 백화산은 고성 안에 있다. 성종 10년 기해년(1479)에, 경상도 의성현으로부터 이곳으로 옮겨 봉안하였다"라는 기록이 나옵니다. 다시 의성현 고적 조를 찾아보면, "태일전은 빙혈(冰穴) 옆에 있다. 매년 정월 보름에 임금이 향을 내려

태안 마애삼존불

서 제사 지낸다. 성화(成和) 14년(1478)에 충청도 태안군으로 옮겼다"는
기록이 나옵니다. 이 구절들이 앞서 가졌던 의문을 풀 수 있는 실마리입
니다. 태일전이란 태일에게 제사를 지내는 전각입니다. 아마도 김해 김씨
가 이 태일전을 지키는 데 비중 있는 역할을 했던 것으로 추측됩니다.

백화산의 삼위마애 조각상이 불교적인 의미에서의 마애불이라면, 인근
홍주사는 마애불의 태을암과 연관해서 봐야 하는 사찰입니다. 백화산을
두고 홍주사와 마애불이 동서로 양쪽에 있기 때문입니다. 옛 건축을 보면
이렇게 중요한 산에는 절 두 곳이 대칭으로 위치한 사례가 많다고 말씀드
린 바 있습니다.

　백화산에서 보자면 좌로는 홍주사, 우로는 태을암 삼존 조각상이 있
는 배치입니다. 홍주사는 잘 알려지지 않은 절이라 저도 처음에는 지도를
보고 찾아갔던 기억이 납니다. 홍주사에는 800년이 넘는 은행나무가 있
어 인상적이었습니다. 절의 연원 역시 800년이 넘었습니다.

　이 절의 누각인 만세루는 맞배지붕이며 구조 등이 고려 시대의 누 건
축 양식을 보여줍니다. 하지만 보수를 하면서 원형이 훼손되고 말았습니
다. 예전에는 누의 아래쪽으로 다녔을 가능성도 있어 보입니다.

　홍주사의 입지는 동향으로 팔봉산 쪽을 바라보고 있습니다. 불상 역
시 동쪽을 바라봅니다. 제가 누의 훼손 가능성을 말했는데, 절의 원래 배
치와 현재 배치는 서로 축이 잘 맞지 않기 때문입니다. 원래는 누와 탑, 대
웅전 등의 동선을 세심히 고려해 절을 건립했을 것인데, 시대가 가면서 여
러 곳이 원형에서 바뀌고 말았습니다.

서산 관아문, 서산향교, 서산 정순왕후 생가

충청도에서 관아 건축으로 가장 유명한 것은 해미읍성입니다. 그렇지만
서산에도 원래의 위치에 관아 누문이 그대로 있습니다. 동헌 건물 역시

지금도 있습니다. '서령군문(瑞寧郡門)'이란 편액이 걸려 있는 이 문루는 간단한 익공 목구조인데 정면 3간 측면 2간에 다락이 있는 형식입니다. 특이하게도 건물의 초석, 즉 주춧돌을 기둥 형식으로 사람의 키만큼 높이 올리고 그 위에 나무 기둥을 세웠습니다. 삼문 형식으로 가운데에 대문을 설치하고 좌우로 작은 문을 설치하여, 수령과 그 아래 아전들의 출입을 구별하고 있습니다.

　이 문루의 주춧돌이 높은 이유를 설명해야 할 것 같습니다. 바닷가나 큰 물가는 육지와 다르게 기류의 움직임이 역동적입니다. 비가 내려도 빗물이 수직으로 떨어지지 않고, 사선으로 떨어지는 경우가 자주 있습니다. 그래서 물에 상하지 않는 석재를 써서 건물을 가급적 높이 올리려는 의도가 여기에 반영됐습니다. 그뿐만이 아니라 집 높이에 비해 굴뚝 높이가 유난히 높기도 합니다. 그 이유는 기압이 높기 때문에 연기가 잘 빠지게 하기 위한 조치로 설명할 수 있습니다.

　전국적으로 보면 읍치의 동헌 자리에 보통 근대 이후 군청이나 학교

서산 관아문

가 들어섰습니다. 그런데 서산에는 동헌 건물이 사라지지 않고 그대로 있어 특기할 만합니다.

서산에는 향교도 남아 있습니다. 서산향교는 ㄷ자로 꺾인 배치가 특색입니다. 대성전 좌우로 동무와 서무가 있는데, 동서무 건물의 절반 정도가 월대에 겹쳐 있는 것도 독특합니다. 명륜당, 누, 동재, 서재가 한 덩어리로 되어 있는 것도 특이합니다. 이는 지형의 한계에 따른 배치가 아닐까 합니다. 지형의 한계를 극복하는 방법은 건축물의 형태를 조정하는 길밖에 없다고 생각합니다. 이미 살펴본 바 있지만, 전라도의 무등산 자락에 있는 창평향교의 배치는 이런 선택을 보여줍니다. 강릉향교 역시 지형에 순응하는 건축물의 형태를 창안해서 만들어낸 형식입니다. 저는 이런 방식이 우리 옛 건축의 조영(造營) 사상이라고 생각합니다. 현대인들은 장비를 동원해 지면을 마구잡이로 변경해서 용적률을 부풀릴 대로 부풀린 건축이 좋

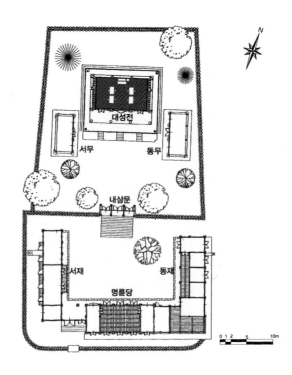

서산향교

은 건축이라 생각하기 쉽습니다. 이런 생각이야말로 전통적인 조영 사상
과는 아무 관련 없는, 그야말로 배금주의 사상의 횡포라고 봅니다.

정순왕후 김씨는 영조의 계비로 열다섯 나이로 시집을 갔던 그 왕비입니
다. 정순왕후는 경주 김씨 김한구의 딸인데, 정성왕후 서씨가 죽자 1759
년 왕비에 책봉되어 가례를 올렸습니다. 사도세자와 틈이 생겨 참소가 심
하다가 나언경으로 하여금 사도세자의 비행을 상소하여 폐위시키고 뒤
주에 가둬 죽게 하였다고 합니다. 정조가 죽고 순조가 어린 나이로 즉위
하자 정순왕후는 수렴청정을 하면서 남인(南人) 시파(時派)를 천주교도
라 하여 박해를 했다 합니다. 이 과정에서 이가환, 정약종 등이 처형당했
으며, 정약전과 정약용 형제는 전라도로 유배를 가게 되었습니다. 종친 은
언군(恩彦君)과 그의 부인, 며느리 등도 천주교인이라는 이유로 사사시켰
다고 합니다. 이 사건의 배경에는, 정조 즉위 후 사도세자의 죽음에 관련
된 죄목으로 유배를 당하고 유배 중에 죽은 오라버니 김구주의 원한을
갚겠다는 정순왕후의 마음도 있었다고 해석되곤 합니다.
　　정순왕후의 생가가 있는 마을은 잘 뜯어보면 예쁜 마을입니다. 이 마

정순왕후 생가

을 근처에는 큰 산이 없습니다. 서쪽과 북쪽으로 야산 자락이 이어졌고 남동쪽으로는 평지라 트여 있습니다. 그래서 남쪽에 일부러 숲을 조성해 이처럼 트여 있는 것을 막았습니다. 마을로 들어오자면 둔덕을 넘어 오면서 남쪽의 숲이 빈 곳을 메우고 있어 보기에 좋습니다.

정순왕후 생가에서 볼 만한 것은 동판으로 만들어 처마에 잇대어 달아낸 차양입니다. 서향집이기 때문에 햇빛을 가릴 것이 필요했을 것입니다. 동판 차양은 예전엔 아주 고가의 물건이었기 때문에 아무나 쓸 수 없었습니다. 우리나라에 창덕궁 후원의 연경당 서재, 강릉 선교장의 열화당, 해남 윤선도의 고가 사랑채인 녹우당 등과 이곳 도합 네 군데 있다고 앞서 말씀드린 바 있습니다.

해미읍성, 해미향교

요즘 해미읍성은 관광지로도 유명합니다. 태종 7년(1407)에 정해(貞海), 여미(餘美) 두 현을 병합하여 해미라 하였다는 기록이 있습니다. 원래의 해미읍성은 지금 자리보다 더 바다 쪽에 있었는데 왜구의 침입이 끊이지 않자 읍성을 내륙 쪽, 현재의 위치로 옮겼습니다. 해미읍성은 서문, 남문, 북문이 있고 동문이 없습니다. 동쪽으로 산을 면하고 있기 때문입니다.

해미읍성은 유사시에 민가들이 읍성 안으로 대피할 수 있는 구조입니다. 그래서 본 현감이 좌영장(左營將)을 겸했다고 합니다. 동헌과 객사, 감옥, 민가 등의 자리가 남아 있어서, 읍성의 구조와 기능을 추측할 수 있습니다. 성도 다른 지역보다 좀 높고 큰 편입니다.

해미향교는 읍성 밖, 북쪽 계곡 부근에 자리잡고 있습니다. 느티나무가 여러 그루 있어 좋은 입지를 북돋우고 있고 경치도 괜찮은 편입니다. 전북 고창 역시 읍성을 옮겼고 향교가 읍성 밖에 있어서 해미의 경우와 비슷합니다. 향교가 읍성 밖에 있는 이유는 읍성이 방어용이라는 사실과 관련이 있지 않나 합니다. 아무래도 방어용 읍성은 다른 읍성보다 출입이 자유롭지 않습니다. 그래서 공부하는 학생들이 드나들기 편하고 쉽게 이동할 수 있도록 아예 읍성과 향교를 분리한 것으로 보입니다. 물론 드나들면서 학생들이 주변 경물을 관상하는 것도 교육 효과의 하나라고 생각한 이유도 있지 않을까 합니다. 그래서 대부분의 향교 문루의 편액이 '풍화(風化)'라는 이름을 붙이는 것은 풍속을 교화시킨다는 의미가 있습니다.

해미향교는 높은 곳으로 타고 올라가는 지형에 지어졌습니다. 올라가는 쪽은 느티나무가 많고 남향으로 읍성이 보이는 까닭에 경치가 아름답습니다.

홍성의 고산사, 결성향교, 홍주읍성

다음으로 볼 고산사가 있는 곳은 원래 결성현이었습니다. 충남 홍성군 결성면 무량리 청룡산에 있는 이 고산사는 이름에서 볼 수 있듯이 높은 지형에 있습니다.

이 절은 산의 8부 능선쯤에 있습니다. 지형이 너무 높고 경사가 심해 금당과 요사채, 기타 건축물 등을 경사를 따라 배치할 수밖에 없었던 것

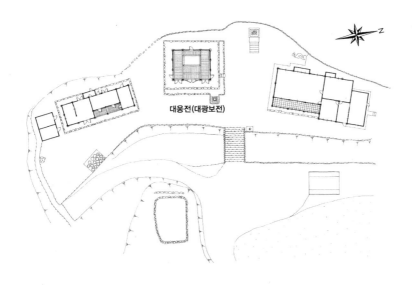

대웅전(대광보전)

고산사 배치도

으로 보입니다. 고산사는 세도가 안동 김씨 집안 일문의 원당 사찰이었습니다. 안동 김씨 집안이 커지면서 세가 많아지자 그 문중의 일부가 이 지역으로 내려가 정착했습니다. 고산사 부근의 지역도 이 집안의 향촌이었던 것으로 보입니다. 조선 후기로 오면서 종실과 외척 등에 나누어주던 사패지(賜牌地), 전답 등이 한계에 달했다는 이야기는 앞서도 했습니다. 서울 근교나 경기도에 한정되던 것이 나중에는 충청도, 강원도, 황해도 지역까지 확장되기에 이릅니다. 강을 따라서는 남한강의 경우 충주 탄금대 지역까지 이르렀습니다.

결성향교는 다른 시설들과 완전히 떨어진, 입지가 좋은 곳에 있습니다. 조선 전기의 문신이자 명재상으로 알려졌던 정광필이 어린 시절에 현감이었던 아버지를 따라 이 지역으로 와 관아의 동헌에서 지냈다 합니다. 결성향

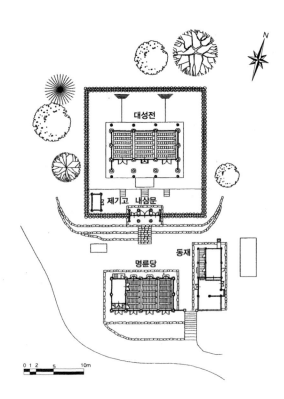

결성향교 배치도

교의 배치도를 보면 구조가 아주 명료한 대신 동무, 서무, 서재가 생략되
고 없습니다. 형식면에서 정품은 아니지만 향교 자체는 안정되어 있으며
깨끗한 구조를 보여줍니다. 아마 이 지역 사정이 상대적으로 윤택하지 못
했고 바닷가인 탓에 그랬던 것이 아닐까 합니다.

　우리가 살펴보고 있는 충남 해안 지역은 전체적으로 산과 평지로 이
루어져 지형의 격차가 심합니다. 높낮이가 뚜렷하다는 말입니다. 보령 오
서산까지 계속 높은 산이 쭉 이어집니다. 서산, 태안도 마찬가지인데 '산'
이 들어가는 지명도 많습니다. 서산 상왕산, 수덕사가 있는 덕숭산 등도
같은 산자락이라고 볼 수 있습니다. 이렇게 산들이 이어져 이 지역의 풍
광이 아름다운 것입니다. 산 높낮이가 뚜렷한 덕분에 이 지역은 주변보다
눈도 많이 오고 기후가 역동적인 편입니다. 이쪽에 사찰이 꽤 많은데 이
런 지형적 특징과 연관이 있을 것입니다. 물산과 기후, 풍광의 다양함을
즐길 수 있는 곳이라 답사를 하는 재미가 있죠.

홍성은 홍주라고도 부르는데 옛 읍성 일부가 남아 있습니다. 읍성은 주
류성(周留城, 백제 부흥운동의 근거지였던 성곽)이었는데, 석축으로 쌓았
으며, 둘레 5850척에 문이 4개 있으며, 곡성(曲城)이 8개가 있었다 합니다.
4문 중 하나인 조양문과 그 주변 성곽이 남아 있는데, 조양이라는 이름
자체가 동쪽을 가리킵니다. 자연히 조양문은 동문이 됩니다. 현재의 군청
자리에 동헌 뒤쪽 연못과 나무 몇 그루가 남아 옛 흔적을 보여줍니다.

　성삼문[3]으로 인해 그 아버지 성승과 그의 형제들을 비롯, 자식들까
지도 모두 죽음을 맞게 된 역사의 비극은 유명합니다. 숙종 병진년(1676)
에 세운 노은서원은 박팽년, 성삼문, 이개, 류성원, 하위지, 유응부 등과
더불어 별사에 성삼문의 아버지 성승이 배향되었다고 합니다. 이 성씨 가
문 일가의 향촌이 바로 홍성입니다. 집안의 서울 거주지, 즉 경택은 현재
의 정독도서관 자리인 화동이었습니다.

보령의 성주사지와 수사영지

다음으로 볼 보령의 성주사는 백제 시대부터 있던 곳 같습니다. 지금은 성주사지만이 남아 있는데 절터가 대단히 넓습니다. 규모로 유명한 익산 미륵대원보다 더 클 정도입니다. 이 성주사지 뒤쪽으로는 백운사라는 절에 보광탑비가 있는데, 최치원과 관련된 유적입니다.

성주사는 조선 시대까지는 남포현의 관할이었습니다. 남포현의 유적으로는 읍성 성곽을 비롯해서 문루, 동헌, 아헌, 향교 등이 남아 있습니다. 남포현은 중국과의 교역이 백제 시대부터 활발해 꽤 번화한 곳이었다고 합니다. 중국과의 교역 거점이었고 물산이 풍부하다 보니 사람들이 많이 이곳에 모였습니다. 이곳을 본관으로 하는 성씨들이 많아서 그 사실을 증명해줍니다.

남포현 출신의 인물도 많았는데 신라 때 문장이 뛰어나서 그 명성이 중국에까지 미쳤다고 하는 백중학(白仲鶴)을 비롯하여, 고려 시대의 백이정(白頤正) 등을 대표적으로 꼽을 수 있습니다. 백이정은 우리나라의 성리학에서 중요하게 평가되는 인물입니다. 그의 당대까지도 정주학(程朱學)[4]은 우리나라에 미치지 않았다고 합니다. 그가 원나라에서 정주학이라는 학문을 배우고 돌아오자 이제현, 박충좌 등이 백이정을 스승으로 섬겨 학문을 이어받았다고 합니다. 이때부터 정주학, 즉 성리학이 보급 확산되기에 이릅니다.

성주사는 성주산 자락에 자리잡고 있는 데서 그 이름을 얻었고, 또한 선문구산(禪門九山)의 하나인 성주산파의 중심 사찰이기도 합니다. 백제 법왕 때 창건된 오합사가 바로 성주사라는 사실이 이곳에서 발굴된 기와 조각으로 확인되었습니다. 신라 문성왕 때 당나라에서 귀국한 무염이 절을 중창하고 주지가 되어 선도(禪道)를 선양하자 왕이 성주사라는 이름을 내렸다 합니다.

성주사지는 임진왜란 때 전소된 후로 중건되지 못하여 현재는 절터

만 남아 있습니다. 국보 제8호인 낭혜화상백월보광탑비(朗慧和尙白月葆
光塔碑)를 비롯하여, 석탑·석등·석불입상·당간지주·석계단 등이 남아 옛
규모를 가늠할 수 있습니다. 보광탑비는 890년에 건립되었는데 최치원이
글을 지었다고 합니다. 나머지 석물들도 통일신라 시대의 유물로 알려졌
습니다.

현재 남아 있는 성주사지의 흔적으로는 요사채가 보이지 않습니다.
지금의 절터도 큰데, 이는 요사채가 따로 바깥에 있었다는 말이 되니 원
래의 규모가 얼마나 컸는지 짐작할 만하지 않습니까? 지금 남아 있는 5층
석탑도 유명하지만, 원래는 탑만 해도 여러 기가 있었다고 합니다. 절의 규
모가 남포라는 지역의 경제적, 정치적 중요성을 말해주는 듯합니다.

대천은 일제강점기에 생긴 해수욕장입니다. 옛 보령현의 일부로, 청양 지
역부터 이어져 내려오는 물길이 보령을 관통하여 서해 바다로 들어가는
데, 그 물길이 크다 하여 대천이라는 이름이 붙여졌습니다. 이곳은 대중

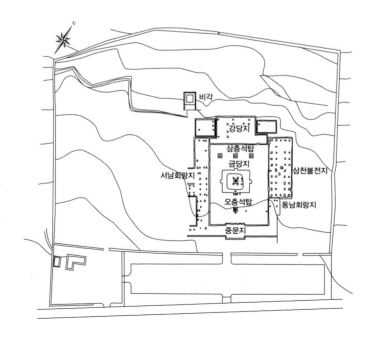

성주사지

해수욕장이 생겨 지역이 커졌습니다. 그러므로 역사적인 배경으로 보자면 성장의 원인과 과정이 남포와는 다릅니다. 읍치는 읍내리에 있는데 주산인 옥마산과 향교를 확인할 수 있습니다.

보령은 현재의 보령과 예전의 보령이 그 중심지가 서로 다릅니다. 현재의 보령은 행정 구역이 바뀌면서 새로 생긴 곳입니다. 구 보령은 오서산에서 내려와 맺힌 당산 자락에 위치하는 곳으로, 지금은 그곳에 학교가 들어서 성의 문 일부와 읍치의 누문이 남아 있을 뿐입니다. 아주 작은 규모인 데다가 훼손되면서 잘 알아볼 수가 없게 되었습니다.

정대가 남긴 «동헌기(東軒記)»에 이 지역의 읍치에 대한 기록이 있습니다. "세종 경술년(1430)에 순찰사 최윤덕이 감사 박안신, 원융 이흥발과 더불어 다시 성 동쪽 1리 지점인 지내동 당산(唐山) 남쪽을 심찰 책정하고, 서산 군자 박눌생과 현수 박효함으로 하여금 공역을 헤아려 기한을 명하였던 바, 수 개월이 못되어 낙성을 고하게 되었다. 내가 신해년(1431)에 박현수를 대신하여 이 고을에 왔고, 다음 해 비로소 객관과 동서름(東西廩), 제민당(濟民堂), 공아(公衙), 현사(縣司), 어풍정(馭風亭), 병기고(兵器庫), 영어(囹圄: 감옥) 등을 구축해 이루니, 모두 140여 간에 달하였다." 라고 되어 있습니다.

수사영지(水使營址)는 충청도의 수영(水營)이 있던 자리입니다. 조선 개국 직후인 태조 5년(1396)에 수영을 설치하고 수군첨절제사를 두어 보령을 관리하였습니다. 현재는 도로가 생기면서 원래의 지형이 다 깨져버렸습니다만, 지도를 잘 보면 수영지 주변으로 물이 깊이 들어와서, 빙도라는 섬을 돌아 움직이는 물길이 보입니다.

수영은 물길의 흐름이 중요했을 것입니다. 배가 들어와서 돌아 나갈 수 있어야 했을 테고, 이 충청수영처럼 마치 병목 형태로 입구가 좁아야 엄폐가 쉬웠을 것입니다. 수영으로 아주 적절한 입지를 선택한 것입니다.

이 수영에는 환영루, 영보정, 빙허당 등이 있어서 수경(水景)을 감상할 수 있는 환경으로는 최상의 여건이었습니다.

예산의 수덕사와 서산의 개심사

고려 때 지어진 목조 건물을 보유하고 있는 대표적 사찰로 흔히 수덕사와 봉정사, 부석사 세 곳을 이야기합니다. 그렇지만 저는 이 지역에 있는 홍주사의 만세루도 고려 시대의 건축으로 보고 있습니다.

수덕사의 대웅전은 맞배지붕이면서 명료한 구조를 보여줍니다. 목조 구조가 선명하고 단순하게 드러나면서 눈에 들어옵니다. 그래서 매력이 있습니다. 제가 보기에는 옛 건축의 매력이 실은 그런 데에 있지 않나 합니다. 불필요한 것 없이 잘 짜여진 건축 구조가 명료하게 눈에 들어오는 재미 말입니다. 공연히 여러 가지 것들이 덧붙여져 봐야 예전 같은 분위기는 나지 않는 것 같습니다. 수덕사 대웅전은 옛 건축의 아름다움을 잘 보여줍니다. 다만 사찰 규모가 너무 커져버린 현재의 절에 대해선 논란의 여지가 있겠습니다.

수덕사는 덕산현 덕숭산에 있는데 백제 법왕 2년(599)에 지명스님이 창건하고 647년 숭제스님이 법화경을 강설했다고 합니다. 대한제국 말에는 만공스님이 주적했다고 하며, 근대 인물인 일엽[5]스님이 거처했던 곳이기도 합니다. 일엽스님을 만나기 위해 나혜석[6]이 이곳을 자주 찾았다고 합니다. 나혜석은 화가이기 이전에 글 솜씨가 뛰어나서, 그가 남긴 수덕사 기행문을 읽어 보신다면 수덕사의 옛 정취를 느낄 수 있을 것입니다.

수덕사와 관련해서 한 가지 더 이야기를 드린다면, 전통 건축물을 짓는 목수 집단이 아직도 이 사찰 주변에 거주하고 있다는 것입니다. 수년 전 경상도 고령 미숭산의 반용사라는 절에 금당을 새로 옮겨 지을 일이 있었습니다. 반용사는 유물로 보면 고려 때 창건한 절로 추측되는 곳입니다. 반용사의 금당 불사(佛事) 당시 마침 저와 인연이 닿아, 이 일을 맡

수덕사 대웅전

을 목수를 사방으로 찾았습니다. 그때 수덕사 출신의 이모씨를 만나게 되어 같이 터를 잡고 규모도 따지고 하며 무사히 금당을 완공한 적이 있습니다. 각 부분을 담당한 전문인들이 조화롭고 성실하게 작업해서 저도 매우 즐겁게 참여한 기억이 납니다. 기회가 되시면 이곳을 한번 찾아가 보시는 것도 괜찮을 듯합니다.

개심사는 서산군 운산면 상왕산에 있는 절입니다. 654년 승려 혜감이 창건하여 재원사라고 하였는데, 1350년 승려 처능이 중창하고 개심사라 했습니다. 성종 때 화재로 소실된 것을 1475년에 재건했다고 합니다. 현존하는 건물로는 보물로 지정된 대웅전을 비롯하여 명부전, 심검당, 무량수각, 안양루, 팔영루, 요사채 등이 있습니다.

개심사는 비교적 최근까지 대중에게 알려져 있지 않았던 절입니다. 특히 입구에서 절까지 먼 거리를 걸어 들어가야 했습니다. 그런데 지금의 개심사는 원래의 모습을 많이 상실했습니다. 자동차를 위한 도로도 설치되고, 절 입구의 연지도 원래보다 1/3 정도 메워졌습니다. 원래는 연못 옆에 석물 경석(鏡石)이 있고 나무 다리를 지나 절로 올라가며 물에 비친 절의 모습을 바라볼 수 있어 '차경'을 즐길 수 있었습니다. 좁은 공간에 아주 밀도 있게 잘 지어진 절이라 깔끔하고 좋았습니다.

서산 마애삼존불과 보원사지

국보 제84호인 서산 마애삼존불은 동쪽을 향하고 있습니다. 제가 의아하게 생각하는 점은, 삼존불 중 좌우에 있는 협시불(夾侍佛, 본존불 옆에 모셔져 있는 부처님)이 반가사유상이라는 사실입니다. 좌우 협시불의 광배(光背, 부처의 몸에서 나오는 빛을 형상화한 것)에 비해 보존불의 광배가 월등하게 화려한 것도 특징이라면 특징입니다.

이곳에 왜 마애삼존불이 있는지에 대해서는 아직도 설득력 있는 설

개심사 입구 연지

명이 나오질 않고 있습니다. 이 지역이 태안에서 부여로 가는 지름길이라는 설명이 가장 일반적이지만 설득력이 떨어집니다. 이 지역이 충청도 서해안에서 산세가 가장 깊고 수려한 곳이기에 사찰이 운집했다고 해석하는 것도 딱 맞아 떨어지는 설명은 아닙니다. 유적을 볼 때 하나씩 개별적으로 볼 것이 아니라 백제 시대 마애불의 특성이 무엇인지, 불교의 사상적인 특징은 무엇인지를 밝혀내는 연구가 필요합니다.

이 불상들은 '백제의 미소'라고도 불리는데, 미술사가 황수영 박사의 연구 자료가 있습니다. 일부에서는 황수영 박사의 발굴 성과를 빗대어 '황수영의 미소'라는 별명으로 부르기도 합니다. 해가 떠서 기울 때까지 빛에 따라 불상의 표정이 달라지는 것을 관찰할 수 있습니다. 필자가 답사했을 당시에는 마애삼존불 앞에 보호각을 설치했는데 좀 더 과학적이고 세심한 배려가 필요하지 않았나 싶습니다. 경상북도 봉화군 물야면 북지리에 있는 마애불의 경우, 보호각을 설치한 후에 오히려 불상의 파손 속도가 더욱 빨라진 사례가 있기 때문입니다.

서산 마애삼존불

개심사를 포용하고 있는 산은 상왕산으로, 이 산은 수덕사가 자리 잡고 있는 가야산, 덕숭산으로 이어집니다. 상왕산 동쪽 기슭에 법인국사의 탑비가 있는 보원사지가 있습니다. 보원사지는 개심사의 반대편인 동쪽에 있습니다. 하나의 산에서 개심사가 서쪽 산자락에 있다면 보원사는 동록에 위치하고 있는 것입니다. 예전에는 두 절을 오가는 길이 있었다 합니다. 보원사지와 마애삼존불 사이의 마을들은 전에는 사하촌(사하리)이었다고 합니다.

이 절에선 법인국사 보승탑과 탑비 이외에도 당간지주, 5층 석탑, 석조(물을 담았던 큰 돌그릇) 등의 유적을 볼 수 있습니다. 보원사의 탑은 통일신라 시대의 기법을 보여줍니다. 유물들은 오래된 것이지만 절 자체만 본다면 고려 시대에 더 융성했던 것으로 보입니다. 자신을 기리는 탑과 비가 남아 있는 법인국사는 고려 시대의 승려입니다.

보원사는 석조와 탑, 당간지주 등을 봤을 때 백제 때부터 절이었을 가능성이 있습니다. 좁은 곳에 위치하고 있지만 들어가서 보면 건물이 시원시원하게 배치되어 있음을 알 수 있습니다. 백제의 건물이 남아 있지 않은 개심사도 백제 시대부터 내려오는 절이라고들 말합니다.

보원사지에서 덕산으로 가는 길에 예산 사면불(四面佛)[7]이 있습니다. 이 사면불은 역사적으로 꽤 중요한 의미가 있습니다. 사면불은 시대적으로 굉장히 오래된 유적입니다. 우리나라에 불교가 전래되던 초기에 조성된 사면불은 인도 힌두교의 영향을 보여주는 불상 형식입니다.

그렇다면 보원사지를 비롯한 이 지역의 종교적 연원이 상당히 오래되었음을 알 수 있습니다. 백제 시대부터 이쪽에 사찰들이 밀집되어 있었다는 것은 예사롭지 않습니다. 종교적인 성지 같은 의미가 있었던 지역이 아닌가 짐작할 수 있습니다.

이런 사실을 반증해줄 만한 사례로 보원사지 뒤쪽의 민가를 들 수 있습니다. 지금은 이 지역을 정비한다고 민가가 헐렸는데 전에는 이 동네에

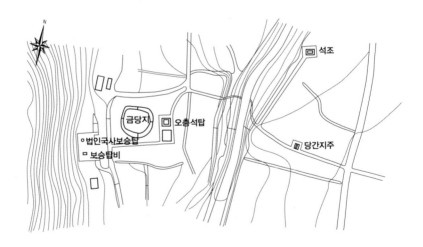

▲ 보원사지 전경

▼ 보원사지 배치도

천년이 넘은 오래된 탱자나무가 있었습니다. 저는 그 탱자나무가 혹시 옛
날 어느 중요한 고승이 수도를 하던 토굴의 울타리가 아니었을까 추측해
봅니다. 어느 날 가보니 나무가 베어지고 없었습니다. 역사의 흔적이란 그
런 나무 한 그루에서도 찾을 수 있는 것이란 생각도 해봅니다.

이번에는 충남 해안 지역 여러 곳을 살펴보았습니다. 풍광과 역사적 가치
에 비해 좀 덜 알려진 지역을 조명하고자 하는 의도 하에 여러 곳을 둘러
보았는데 불교 유적이 상대적으로 많았습니다.

　　백제 시대부터 통일신라, 고려로 이어져 내려오며 이 지역에서 불교
가 꾸준히 제 목소리를 낸 이유는 무엇일까요? 또한 백제 불교와 불교 미
술의 특징은 무엇일까요? 옛 건축을 살펴보면서 드는 생각은 우리 옛 문
화에 대한 기초 연구가 너무나 미비하다는 반성입니다.

　　현재 남아 있는 유적을 살펴보는 건 그리 어려운 일이 아닙니다. 하지
만 그 유적과 유물을 낳게 했던 문화적 토양을 고민하는 길은 그렇게 쉽지
않습니다. 그렇다고 어렵다고 해서 피해가거나 덮어둘 수는 없는 일입니
다. 여러분도 저와 함께 우리 문화의 정체성에 대한 고민을 해보지 않으시
겠습니까.

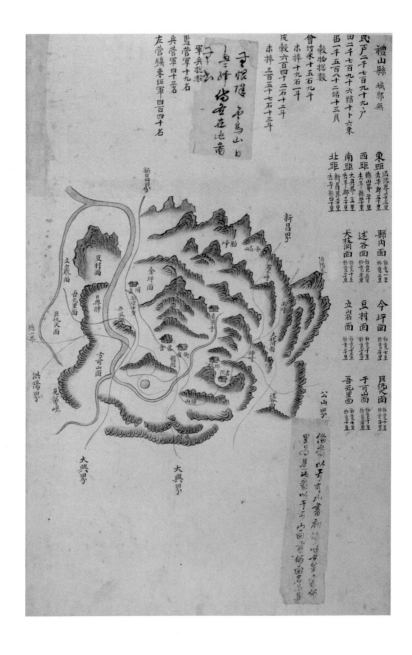

추사의 고조부는 영조의 부마로, 영조는 딸을 위해 이 일대를 전지(田地)로 내준다. 조선 초 이후로 왕실의 일가붙이가 늘어나자, 그들에게 하사하는 전지가 서울에서 점점 멀어졌다. 선조 때만 해도 부마들에게 내리는 전지는 거의 안산 부근이었는데, 영조 때는 여기 충청도까지 온 것이다.

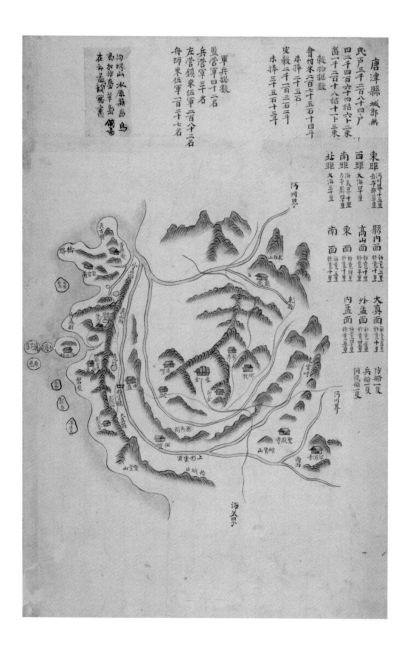

토성 성곽 일부가 아직 남아 있는 당진의 면천은 조선 시대까지는 꽤 컸던 지역이다. 면천의 '면(沔)'은 작은 물길들이 많다는 의미의 '잔물 면'자이다. 면천의 읍치에서 서쪽으로 7리쯤 되는 곳에 영탑사가 있는 데, 고려 때 창건된 오래된 절이지만 세월 속에서도 지형이 그리 많이 변하지 않았다.

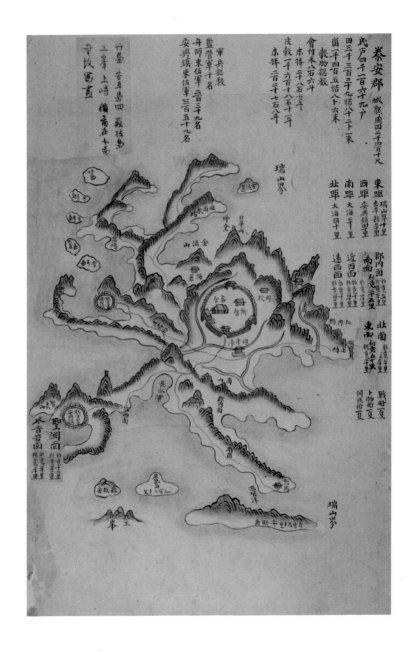

마애삼존불은 흔히 '백제의 미소'라 불리는 서산의 마애삼존불과 태
안의 마애삼존불이라 불리우는 두 곳이 있다. 상대적으로 소개가 덜
된 태안의 마애불은 백화산을 두고 홍주사와 동서로 양쪽에 있다. 백
화산에서 보자면 좌로는 홍주사, 우로는 태을암 삼존 조각상이 있는
배치다.

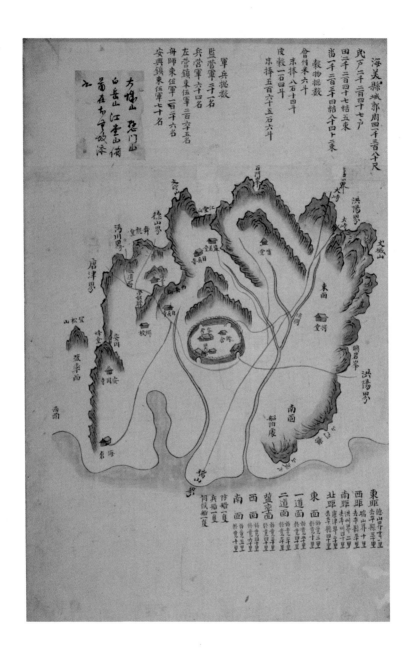

태종 7년(1407)에 정해(貞海), 여미(餘美) 두 현을 병합하여 해미라 하였다. 원래 해미읍성은 지금 자리보다 더 바다 쪽에 있었는데 왜구의 침입이 끊이지 않자 아예 읍성을 내륙 쪽, 현재의 위치로 옮겨졌다. 유사시에 민가들이 읍성 안으로 대피할 수 있는 구조다.

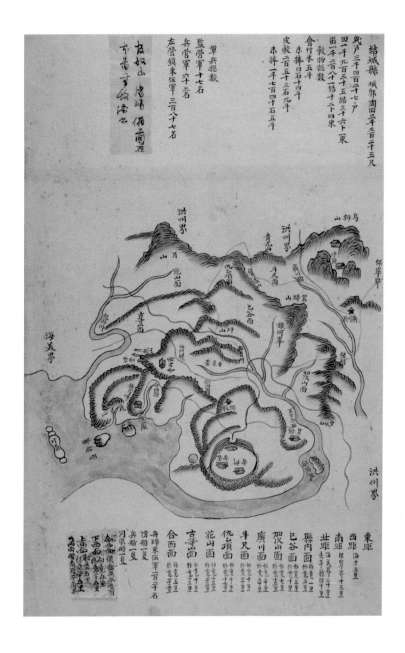

결성(홍성)현의 고산사는 이름에서 볼 수 있듯이 지형이 너무 높고 경사가 심해 금당과 요사채 등을 경사를 따라 배치할 수밖에 없었다. 고산사는 세도가 안동 김씨 집안 일문의 원당 사찰로, 안동 김씨 집안이 커지면서 세가 많아지자 문중의 일부가 이 지역으로 내려가 정착했다.

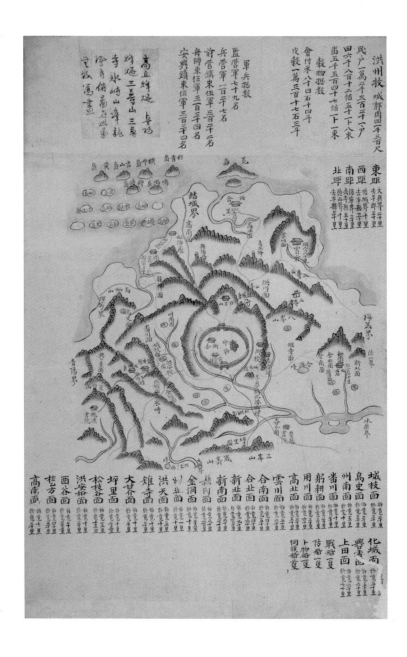

홍주에는 백제 부흥운동의 근거지였던 주류성의 읍성 일부가 남아 있다. 둘레 5850척에 문이 4개 있으며, 곡성(曲城)이 8개가 있었다 한다. 성삼문으로 인해 가족 모두 죽음을 맞게 된 역사의 비극은 유명하다. 이 성씨 가문 일가의 향촌이 바로 이곳 홍주에 있다.

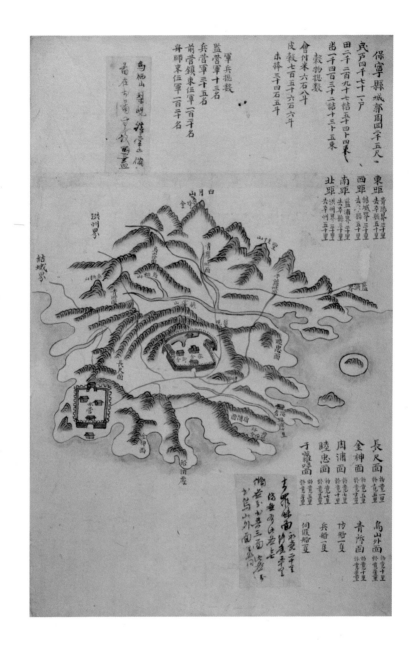

충청 수영(水營)이 있던 자리인 수사영지(水使營址)는 태조 5년(1396)에 설치하고 수군첨절제사를 두어 보령을 관리하였다. 물길의 흐름이 중요한 수영은 빙도라는 섬이 있어 배가 들어와서 돌아 나갈 수 있고, 병목 형태로 입구가 좁아 엄폐가 쉬웠을 것이다. 수영으로 아주 적절한 입지였다.

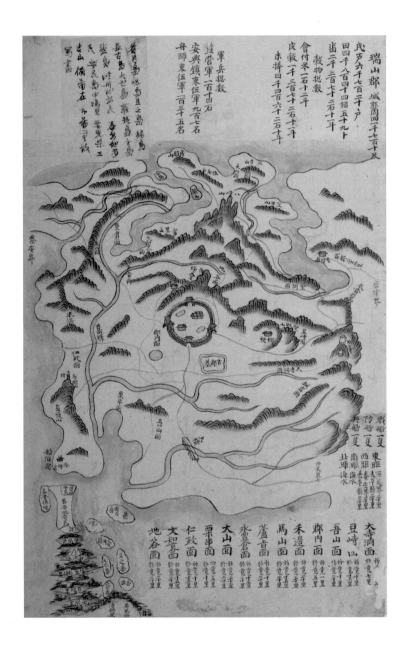

고려 때 지어진 목조 건물을 보유하는 대표적 사찰로 흔히 수덕사와 봉정사, 부석사 세 곳을 이야기한다. 수덕사의 대웅전은 맞배지붕이면서 명료한 구조를 보여준다. 개심사를 포용하고 있는 상왕산은 수덕사가 자리 잡고 있는 가야산, 덕숭산으로 이어진다.

역사는 지형과
건축으로 남는다

강화도의 간척사업

제가 전에 《대동여지도》를 들여다보면서 한창 열심히 공부하던 때의 이야기입니다. 고산자 김정호의 《대동여지도》와 현대 지도, 제가 답사하면서 만들었던 갖가지 기록들을 대조하면서 공부를 하던 중 강화도와 석모도를 보고 있었습니다. 그러다가 《대동여지도》에 기록된 이 섬들이 실제의 지형과 다르게 표기되어 있다는 사실을 발견했습니다. 그걸 발견하고 나서 솔직히 저는 무척이나 기뻤습니다. 좀 심술궂은 이야기이긴 하나, 공부를 하다가 다른 사람이 잘못한 부분을 찾아내는 재미도 적지 않기 때문입니다. 더구나 천하의 김정호가 잘못한 부분을 제가 찾아냈으니 왠지 으쓱해지기도 했던 것입니다.

부끄럽게도, 한참 지나 자세히 들여다보고 더 공부를 해 보니 김정호가 틀리지 않았다는 사실을 알게 되었습니다. 김정호는, 현재의 석모도와는 달리, 석모도를 두 개의 섬('席毛老'가 표기된 섬과 그 북쪽 '松家'라고 표기된 섬)으로 나눠 그렸는데 김정호 당대에 이 섬들은 두 개로 나뉘어 있었고, 나중에 간척사업을 통해 하나로 연결되었다는 사실을 제가 뒤늦게 발견한 것입니다.

이와 비슷하게 교동도 역시 간척으로 지형이 확연히 변한 것이라는 사실을 나중에 알게 되었습니다. 현재의 지도나 김정호의 지도에 나타난 교동도는 하나의 섬입니다. 그러나 그것은 원래 세 개 이상의 섬으로 구성되었던 이곳이 간척사업으로 인해 하나의 섬이 된 것을 나타내고 있기 때문입니다.

김정호의 《대동여지도》가 완벽한 건 아닙니다. 실제로 잘못 그려진 부분도 발견되는데, 예를 들어 홍천에 있는 공작산 부분은 사실과 분명히 다르게 그려져 있습니다. 하지만 석모도의 경우는 제가 명백하게 김정호의 오류라 생각했다가 다시 그가 옳았음을 알게 된 경우여서 지금도 기억에 남습니다. 공부는 시간을 두고 거듭거듭 다시 생각해야 발전이 있는 것 같습니다.

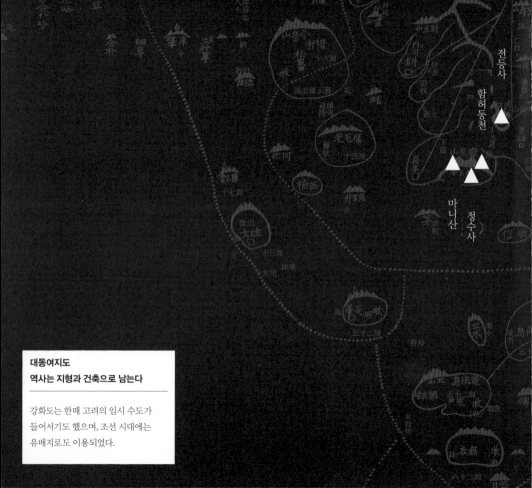

대동여지도
역사는 지형과 건축으로 남는다

강화도는 한때 고려의 임시 수도가
들어서기도 했으며, 조선 시대에는
유배지로도 이용되었다.

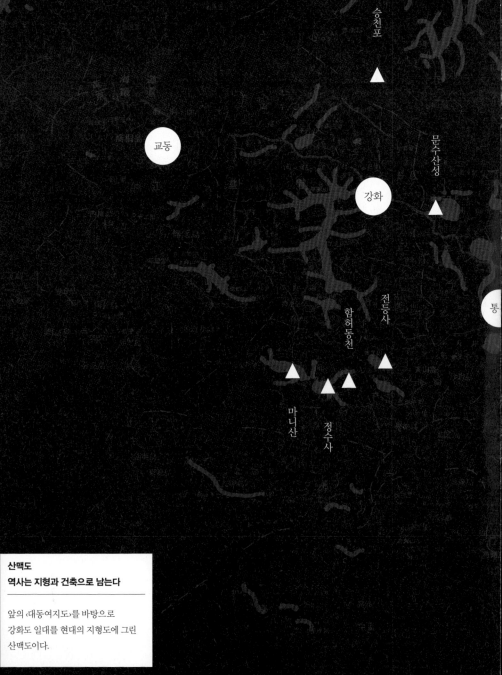

승천포

교동

문수산성

강화

전등사

함허동천

통

마니산 정수사

산맥도
역사는 지형과 건축으로 남는다

앞의 〈대동여지도〉를 바탕으로
강화도 일대를 현대의 지형도에 그린
산맥도이다.

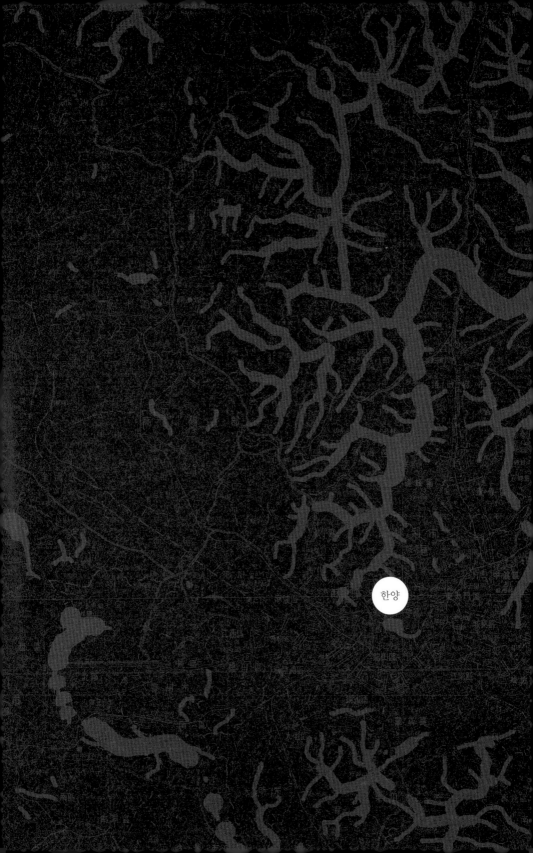

한양

오랜 기간에 걸친 강화도의 지형 변화

이번 시간에는 강화도를 살펴볼까 합니다. 강화도의 지형이 시대에 따라 변한 부분에 초점을 맞추려 합니다. 한강 하구에 있는 섬인 강화도는 앞서 말씀드렸듯이 간척으로, 또 한강 하구의 퇴적으로 인해 세월에 따라 지형이 많이 바뀌었습니다.

강화도의 석모도는 사람들이 많이 가는 관광지입니다. 이 섬은 자세히 살펴보면 바닷물로 나뉘었던 땅을 메워 연결하였음을 알 수 있습니다. 지도를 잘 보면 원래는 두 부분이었던 것이 드러납니다. 강화도의 간척사업은 고려 때 시작된 것입니다. 고려 명종 대부터 중국 강남에서 수경재배 방식을 들여오면서, 벼농사를 지을 논을 만들기 위해 간척사업을 대단한 규모로 지속했던 것입니다.

강화도는 고려 때 특히 중요했던 곳인데, 임시 수도로 쓰였던 역사적 사실이 지명 등에서 많이 드러납니다. 강화의 진산인 고려산, 고려천, 송악산 등이 그것입니다. 지명은 더 말할 것도 없이 대부분 개성에서 쓰던 지명이 사용된 것으로 압니다. 전등사, 첨성단, 정수암 등을 비롯해서 고려 고종릉, 희종릉, 곤릉, 가릉, 이상국으로 불리우던 이규보의 묘도 신석기 시대의 지석묘와 더불어 남아 있습니다.

그 외에 조선 시대의 유적도 많이 알려져 있는데 특히 고려 궁지에 있었던 외규장각 터(정조에 의해 조성)는 아직도 남아 있습니다. 서양인들이 한국의 전통 건축을 응용해 지은 목조 건축물, 강화 성공회 건물도 있습니다. 《동국여지승람》에서 강화도의 교동현 산천 조를 보면 수정산, 화개산, 응암, 송가도가 등장합니다. 인공적인 구축물로 화개산성, 월곶진, 수정산, 화개산 등의 봉수, 객관을 비롯한 향교, 동진원, 화엄사, 안양사 등이 있었다고 합니다.

도면을 볼 때 강화도에서 간척사업을 한 부분이 섬의 한쪽에 치우쳐 있다는 사실을 볼 수 있습니다. 이 방향은 한강과 임진강이 합해지면서

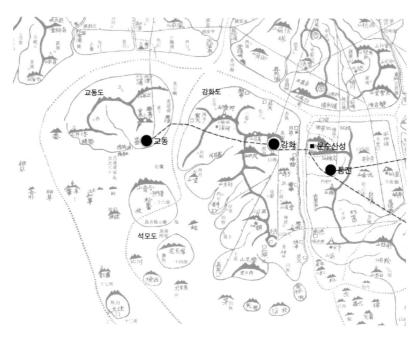

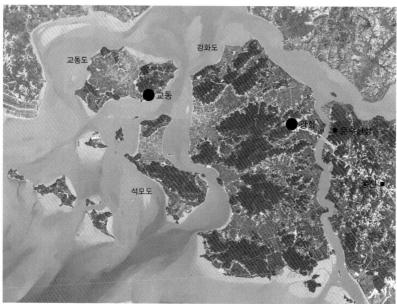

▲　≪대동여지도≫의 강화도와 교동 부분

▼　강화도의 많은 부분에 간척이 행해졌다. 특히 석모도는 땅을 메워 하나의 섬으로 연결되었다.

퇴적도 많이 일어나는 곳입니다. 원래 사구(砂丘) 같은 지형이 생기기 쉬운 조건입니다.

이렇게 한쪽 방향을 정해 간척을 계획적으로 실행한 데에는 다른 이유도 있습니다. 고려가 강화도로 천도한 것은 몽고의 침입 때입니다. 당시는 최씨 무신정권이 세력을 떨치고 있었습니다. 강화도로 들어와 수도를 만들었으니 수도에 어울릴 만한 여러 시설이 필요했을 것이고, 사람들이 먹고 살려면 농경지도 필요했을 것은 당연합니다. 그러니 더 넓은 경작지가 필요했던 것입니다. 그 결과 바닷물의 흐름을 따라 들쑥날쑥했던 강화도의 작은 만들을 메워나가기 시작한 것입니다.

이곳에서 벌어진 간척의 규모는 상당히 컸습니다. 강화도 인구가 최고 절정기에 이르러 가장 많았을 때도 이 섬의 한해 농사로 사람들이 5년을 먹고 살 수 있을 정도였다 합니다. 농경지의 규모가 어마어마했던 것임을 말해주고 있습니다.

고려 시대에 행해진 이런 간척사업은 요즘의 토목공사들처럼 하루아침에 이뤄진 게 아닙니다. 고려의 수도가 이곳에 있던 47년 동안 점진적으로 진행된 것입니다. 점진적인 공사 덕택에 자연생태계의 교란도 상대적으로 느슨하게 진행되었을 것입니다. 그런 과정을 통해 강화도, 교동도, 석모도 주변이 간척되었습니다. 현대인들이 배울 점이 아주 많습니다. 연구 가치가 충분하죠.

고려의 왕궁이 강화도로 옮겨지면서 왕실을 중심으로 한 여러 가지 기술이 이 지역에 전해졌습니다. 쌀농사뿐만이 아니라 개성 인삼 재배 기술 역시 강화로 이전되었습니다.

또한 강화도라고 하면 왕골을 이용한 화문석이 유명한데, 제가 보기에는 이 기술 역시 강화도 고유의 것이라기보다는 고려 왕실, 즉 개성을 중심으로 쓰이던 기술이 이곳으로 전해진 것이 아닌가 합니다. 이렇게 추측할 수 있는 근거는 왕골의 생태에서 찾을 수 있습니다. 왕골을 재배하려면 연못이 있어야 합니다. 그런데 현재 강화도에서 왕골을 재배하는 연못들은 대체로 강화도 안에서도 갯벌을 메워 농경지로 조성한 곳에 주로 분포되어 있습니다. 이 사실은 왕골을 재배하는 지역들이 고려 왕실이 옮겨온 이후 생겨난 곳임을 의미합니다. 또한 왕골을 이용한 화문석의 수요는 주로 왕실이나 귀족층입니다. 고려 시대까지만 해도 온돌이 실용화되지 않았기 때문에 돗자리는 생활하는 데 필수적인 물건이었습니다. 강화도로 천도한 이후 고려 왕실에서 상류층의 수요를 충당하기 위해 이 지역에 집중적으로 왕골을 키우고 그 기술을 전한 것이 지금까지 전래하는 것이 아닌가 합니다.

강화도의 지형을 보면, 옛날에는 겨울철이나 물이 나간 썰물 때 경기도 개풍군 같은 내륙에서 강화도까진 걸어 다닐 수 있지 않았을까 하는 게 제 생각입니다. 섬이긴 하지만 뭍에서 걸어 왕래할 수 있었을 것이란 말입니다. 그런 생각을 하게 된 이유는 북방식 지석묘의 분포 때문입니다. 남한에서 대표적인 북방식 지석묘의 분포지가 바로 강화도입니다. 강화도에서도 북쪽, 지도에서 보자면 오른쪽의 지형이 낮은 쪽에 지석묘들이 많습니다. 이건 채집 사회나 초기 농경 사회 때 사람들이 이 지역에 많이 몰려 살았다는 증거가 됩니다.

　　이 지역에는 어류 자원도 아주 풍부합니다. 신석기 시대 같은 선사 시대, 즉 기록이 있기 이전부터 이 지역에 사람들이 상당한 규모로 모여 살지 않았을까 추론하게 만드는 충분한 근거입니다. 북방식 고인돌이 이 지역에 집중된 것을 볼 때 경기도 개풍군 쪽에서 사람들이 이리로 들어와 살게 된 것이 아닐까 싶습니다.

　　그러던 강화도에 고려의 수도가 들어왔습니다. 유목민이던 몽고 군대에 쫓겨 갔죠. 왕실이 옮겨지고 온 나라는 몽고 기마병들에 의해 쑥대밭이 되었습니다. 그 결과 우리나라에 몽고, 즉 원나라의 흔적이 조선 시대까지도 많이 남게 되었습니다. 제주 돌하르방도 몽고와 연관이 있다고 보는 학자들도 꽤 있습니다. 또 돌 장승(벅수로 불러야 옳지만)이라고 불리는 것들도 있습니다. 이 돌로 만든 장승이 나타나는 위치들을 보면 정읍 쪽에서 나주, 화순, 운주사 부근에 이르는 전라도 지역입니다. 우리가 흔히

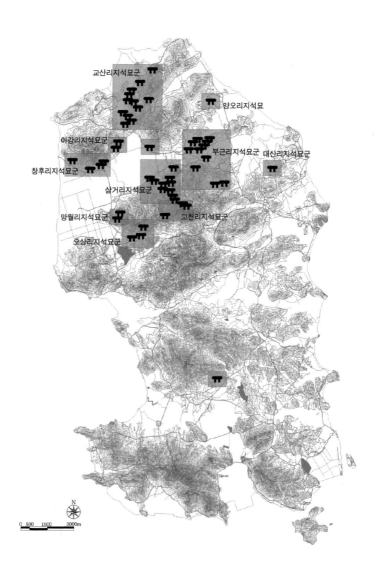

'농자천하지대본' 등의 글씨가 써 있는 것을 장승이라고 부르는데 이는 엄밀히 말하면 '벅수'입니다. 장승은 거리를 표시하는 이정표인 까닭에, 장승에는 그런 글씨가 써 있지 않습니다. 벅수를 자세히 보면 주나라, 당나라를 의미하는 글자가 들어 있는데, 우리나라 장승에 이런 글씨가 써 있을 이유가 없지 않습니까? 저는 이 벅수도 원나라의 침입과 관련이 있다고 보는 쪽입니다. 벅수의 생김이 하르방과 상통하기도 하죠.

고려가 몽고의 침입을 받았을 때 많은 고려 사람들이 원나라로 끌려갔습니다. 이들 중에는 전라도 지역 출신이 많았습니다. 나중에 고려가 원의 속국이 되었을 때 이 사람들이 원나라의 하급 관리로 다시 고려로 나오기도 했습니다. 이들 중 일부가 고향으로 와서 행패를 부렸다는 기록도 있습니다.

고려 공민왕 4년에 야사불화라는 사람이 원래는 고려 사람으로 원나라에서 어향사 벼슬을 받아 와 전주부에서 행패를 부렸는데, 그를 전라도 안렴사 정지상이 감옥에 가뒀다고 합니다. 그 사실을 보고받은 공민왕이 깜짝 놀라 도리어 정지상을 옥에 넣고 야사불화는 풀어주었다 합니다. 이와 같이 역사 기록들을 볼 때 벅수의 분포와 원나라 세력이 미쳤던 지역의 관계 등에 대해서도 연구를 할 만하다고 봅니다.

고려 말 원나라가 망했을 때 고려 땅에 있던 원나라 유민들이 미처 귀국을 못한 경우도 있었습니다. 그들은 고려에 정착해 살게 되었고 나라에서는 그들에게 능성 김씨라는 성씨를 주었다고 합니다. 그들은 지금의 운주사 근처, 능성현에 모여 살았습니다. 세종실록 지리지에는 "판정 백성으로 내처는 불명, 즉 어디에서 유래했는지는 모른다"는 기록이 있습니다. 운주사의 유명한 천불천탑 등의 문화 역시 제가 보기엔 이런 역사적 사실과 무관하지 않다고 생각합니다.

강화도에서는 큰 규모로 간척사업을 했고 그 결과 농경지가 많이 생겼다고 말씀드렸습니다. 대표적인 지역이 강화도의 서쪽, 망월리를 포함하는 하점면 일대의 지역입니다. 이곳에 농업을 중심으로 한 취락이 일정한 간격을 두고 형성됩니다. 세월에 따라 자연스럽게 생겨난 것이 아니라 간척 농경지가 생김에 따라 형성된 취락이라 취락 간 거리가 일정합니다.

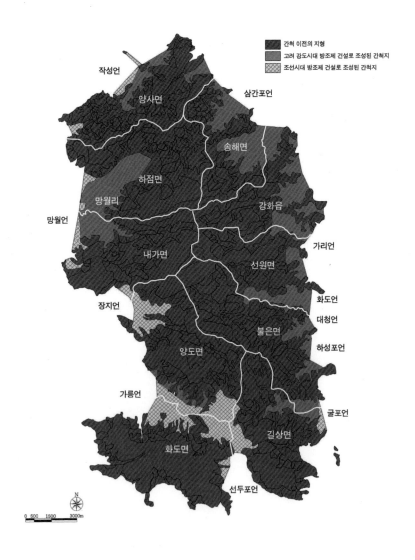

강화도의 서쪽 간척 농경지 분포, 김윤미, 〈강화도 취락의 입지와 분포변화에 관한 연구〉, 2004

강화도의 하점면 일대는 원래 갯벌이던 곳을 메운 곳입니다. 기존에 취락이 있던 산자락에서 접근하자면 새로 생긴 농경지에 이르는 거리가 너무 멀게 됩니다. 그래서 가운데쯤에 망월리 마을이 생겼습니다. 등고선을 염두에 두면서 아래의 지도를 살펴보십시오. 낮은 지형을 메워 농경지를 만들고, 그 가운데 망월리는 양쪽 마을에서 등거리에 있는 것을 확인할 수 있습니다.

제가 지도 작업을 하면서 추측해 본 다른 가설 하나는 원래 수천 년 전, 아니 만여 년 전에는 강화도가 김포 쪽과 붙어 있던 내륙이었다가 언젠가 섬으로 떨어져 나온 것이 아닐까 하는 것입니다. 강화도는 고려산에서부터 남북 방향으로 돌산으로 이루어져 있습니다. 그런데 지도를 보면 문수산성과 강화읍이 있는 쪽에선 간만의 차가 크고 대단히 좁은 반면, 바위가 하나도 보이질 않습니다. 신강화대교가 있는 쪽, 즉 당산돈대 부근의 산은 토산(土山)입니다. 간만의 차가 9~10m에 이르도록 하루 두 번씩 오랜 세월에 걸쳐 물이 급격하게 들고 나면서, 원래 뭍으로 이어졌던 부분이 패이다 못해 끊어져 섬으로 분리된 것이 아닌가 싶습니다. 왜냐하면 이곳이 원래 바위로 된 암산이라고 한다면 암반이 노출된 부분이 있어야하는데, 이 지역에는 그런 흔적이 전혀 없습니다. 그러니까 이곳은 그냥 토산이었다가 침식 작용으로 끊어진 것으로 보입니다. 그렇다면 앞서 말씀드렸던 지석묘 등의 사례들과도 자연스럽게 연결될 수 있을 것입니다.

만약 이런 가설이 들어맞는다면 강화도 본 섬은 김포 쪽에서 육지가 끊어져 나온 것이고, 반면 서쪽에 있는 섬들은 작은 섬 여럿이었다가 인간에 의해 메워져 경작지가 되었다고 볼 수 있습니다.

역사 속의 교동도

지형 이야기는 이 정도에서 끝내고 강화도에서 살펴볼 만한 건축물들을 말씀드리기로 하겠습니다. 먼저 교동도를 보시죠.

　　교동도는 강화도와 더불어 고려 말부터 조선 시대까지의 역사와 함께 다시 봐야 하는 지역입니다. 고려 희종(1204~1211 재위)은 왕권 회복을 위해 무신 최충헌을 제거하려다가 실패해 폐위되었을 때 강화도에 안치되었습니다. 충정왕(1349~1351 재위)은 재위 3년 14세에 폐위되어 강화도에 안치되었다 그 이듬해에 독살되었습니다. 조선 시대에 들어와서는 광해군이나 연산군을 비롯해서 수많은 왕자들이 문제가 있을 때 교동도로 유배 보내집니다. 광해와 연산, 정조의 이복동생들이 모두 교동도에서 운명을 달리했습니다.

　　왕자들만이 아니고 강화도로 유배를 간 왕실 사람들도 무척 많습니다. 세종의 3남 안평대군, 인조의 동생 능창대군 등 많은 왕족들이 이곳 교동도에 유배되어 사사당했습니다. 때문에 왜 서울에서 가까운 강화도로 유배를 보냈는지 정치사적인 의미에서 다시 연구해 볼 필요가 있을 것 같습니다. 확실한 이유는 저도 아직 잘 모르겠습니다만 몇 가지 추측해 볼 수는 있습니다. 일단 왕족이니만큼 왕실에서는 멀리 보내고 싶지 않았을 수도 있겠지요. 강화도는 서울에서 가까우니 유배 가기에 좀 덜 힘들었을 것입니다. 오늘날 우리의 생각과는 달리, 옛날에는 왕이라 해도 자기 마음대로 전횡을 휘두를 수는 없었습니다. 유배를 보내기 싫어도, 사약을 내리기 싫어도 신하들이 계속 주장하면 왕이 할 수 없이 따랐던 일도 많습니다. 그런 상황에서 임금이 그나마 결정해줄 수 있는 건 조금이나마 가까운 유배지로 보내는 정도가 아니었을까 합니다. 또 정반대의 이유로, 이곳이 섬이니만큼 쉽게 움직이기 어렵고, 만에 하나 유배지에서 도망치더라도 서울까지 보고가 빨리 들어와 추적이 쉬워 유배지로 적합했을지도 모릅니다.

　　교동도에는 향교와 수영의 성벽이 아직 남아 있습니다. 교동은 행정적으로 강화도와 분리되어 교동현이 된 적도 있고, 강화도와 합해진 적도 있습니다. 교동향교는 당연히 교동과 강화가 분리되었을 때 생겼을 것입니다.

교동향교의 규모는 그렇게 크지는 않습니다. 교동향교의 건립에 대해서는 두 가지 설이 있습니다. 1127년 고려 인종 때 공자의 상을 들여왔다고 하는데, 그 때 배를 댄 곳이 교동도라서 향교를 세웠다는 말이 있습니다. 또한 1243년 충렬왕 때 우리나라에 성리학을 도입한 안향(安珦, 1243~1306)이 원나라에서 가져온 공자상을 여기에 놓아 향교가 세워졌다는 설도 있습니다.

제 관점으로 봐서는 안향이 이쪽으로 건너왔을 것 같지는 않습니다. 중국에 갔다 개성으로 돌아오자면 강화도 쪽으로 내려오게 되지는 않습니다. 예성강 하구에 있는 유명한 벽란도가 바로 중국에서 개성으로 통하는 길에 접해 있습니다. 따라서 안향의 강화도 상륙 여부는 확인하기 어려운 설입니다. 교동향교는 원래 화개산 북쪽에 있었다 옮겨졌다고 합니다만 그건 읍치가 원래 그 자리에 있었기 때문일 것입니다. 읍치가 옮겨지면서 향교도 따라 옮겨진 것입니다.

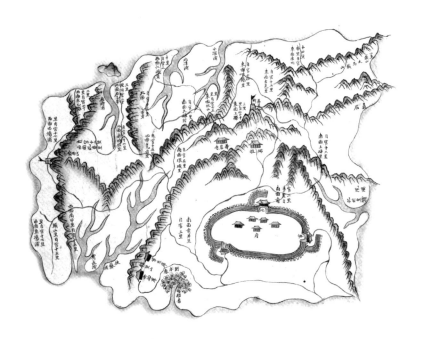

강화 교동부, 《해동지도》

▲ 교동향교

▼ 교동향교 배치도

　제가 보기에 교동에 대한 중요한 기록은, "조선 시대에 중국 사신들이 배를 타고 올 때 뭍에 닿기 전 교동도에서 하루를 묵고 들어왔다"는 내용입니다. 유숙하는 사신들을 이곳 교동에서 접대했던 것입니다. 중국 사신들이 온다면 보통 의주를 거치는 육로만 생각하기 쉬운데, 사실 사신이 들어오는 경로는 여러 길이 있었습니다. 특히 고려 시대에는 배로 충청도 서산의 안흥진까지 와서 육로로 수도였던 개성까지 오기도 했습니다. 그러다 그쪽 경로에서 자주 풍랑을 만나 다른 경로로 옮겼다는 기록도 남았습니다.

　시대를 거슬러 올라가자면 중국과의 무역 역시 예전에는 다양한 경로를 거쳐 이루어졌습니다. 조선 시대에는 관 주도의 교역만 허용되었다고 알려져 있습니다. 그런데 고려 이전에는 관에서만 교역을 한 게 아니라 여러 집안이 중국과 직접 교역을 했습니다. 대표적인 집안이 고려 태조 왕건의 집안인데, 이 왕씨 집안이 바로 중국과의 교역으로 성장했습니다. 그래서 이들은 뱃길에는 아주 능통했겠죠. 나중에 왕건이 후백제의 견훤과 전쟁을 할 때 해전에서는 왕씨 집안이 다 승리했다고 합니다. 물론 상대적으로 육지에서는 어려움을 겪었습니다. 이런 다양한 루트의 무역이 고려 건국 이후에도 한참 동안 계속되었다고 보입니다. 중앙만이 아니라 지역에서 직접 외국과 교통한 것입니다. 다양한 경로의 이와같은 무역이 조선 시대에 와서 제재를 받게 되었다고 보는 편이 옳을 것 같습니다.

강화도에 있는 강화읍성은 원래는 개성의 성 형식을 따르고자 했는데 강화도의 지형 특성상 변형된 것으로 보입니다. 개성처럼 처음엔 내성과 외성을 만들려고 했었데 그게 불가능했던 것입니다.

　개성의 성은 궁성, 황성(내성), 나성(羅城, 외성)[1]으로 구분합니다. 그런데 처음부터 이러한 성의 구조를 계획하고 의도적으로 축조한 건 아닌 것 같습니다. 특히 나성은 고려 태조 때가 아니라 건국한 지 한참 지난 현종 때에 쌓은 것입니다. 고려 전기에 북쪽의 거란과 여진의 침입이 계속되자 전란이 일어날 경우 백성들을 성 안으로 끌여들여 보호하기 위한 의도로 쌓은 것이었습니다. 방위를 위해 도성의 규모를 점차적으로 키운 것이죠. 그런데 그 목적을 달성하진 못했습니다. 이후 몽골의 침입을 겪었으니까요.

고려 이전의 평양성은 외성, 황성, 궁성, 산성 등의 켜를 처음부터 계획하고 디자인했습니다. 하지만 개성은 필요에 의해 성을 확장시켰습니다. 결과적으로는 비슷해 보이는 이중, 삼중의 성이 있다 해도 축성 원인은 다른 관점에서 이해해야 할 것 같습니다.

강화성은 개성의 경우와 비슷하게 만들어보려 했던 흔적이 보입니

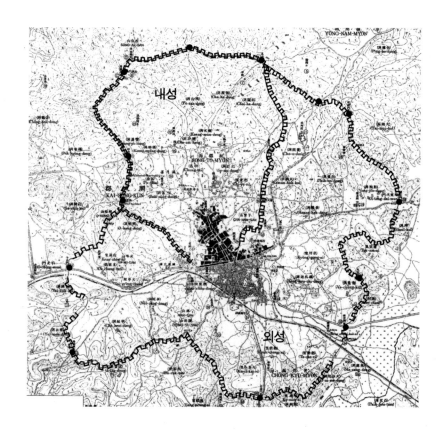

개성의 성곽 형태

다. 하지만 강화도의 지형상 그 구조가 달라진 것으로 보입니다. 섬 자체의 방위를 위해서 동쪽 해안 일부에만 해안 방둑의 형식으로 외성을 축조했는데, 지형상 성을 축조할 수 없는 구역도 있었을 것으로 보입니다. 강화성을 내성과 외성으로 나누려고 하는 시도도 있는데, 그렇게 합리적으로 보이진 않습니다.

고려궁지와 문수산성

강화도에서 또 유명한 곳이 고려궁지입니다. 고려궁지는 이름에서 보듯 고려가 고종 19년(1232) 몽고의 침략에 맞서 싸우기 위해 천도한 궁궐의 자리입니다. 또한 조선 정조 때 고려궁지 옆에 외규장각을 세웠는데, 병인양요(1866) 때 프랑스 함대가 침입해 이곳에 보관되었던 문서들을 약탈해 갔습니다.

정조는 왕궁에 있던 모든 자료를 한 벌씩 더 만들어 외규장각에 보관하도록 했는데 참 잘한 일이라고 봅니다. 비록 지금은 도난을 당해 프랑스 국립박물관에 가 있지만 결과적으로 중요한 자료가 이렇게라도 보존된 것은 다행이라 하겠습니다.

프랑스 함대와의 강화도 대면(병인양요)은, 우리나라에 서양 함대가 침입해 들어와 조선이 서양 군대와 싸워 이긴 첫 번째이자 유일한 사건입니다. 당시 프랑스군은 양헌수 등에게 기습을 당해 도망가고, 그 와중에 자료들을 불태우는 등의 일이 있었습니다. 이 당시 프랑스군이 약탈해간 외규장각 도서들에 대해 요즘도 정부와 민간 차원에서 반환 운동을 계속하고 있습니다. 고려궁지에는 외규장각과 같은 조선 시대의 관아 건물과 고려 시대 궁의 흔적이 이것저것 섞여 있는 상태입니다. 그래서 발굴이 쉽지 않을 것으로 보입니다.

강화도와 관련해서 재미있는 사실 하나는 강화도의 많은 지명이 고려의 수도였던 개성의 지명과 동일한 곳이 많다는 점입니다. 개성에서 온

문수산성과 초지진, 1872년 지방도, 〈강화부전도〉, 규장각 소장

세력들이 강화도에 왕궁을 지은 후 주위의 지명을 개성과 똑같이 붙였던 것이죠. 궁궐 북쪽의 자하동이 그 대표적인 사례입니다.

　　강화도에서 군사적으로 중요한 지점이 바로 문수산성입니다. 초지진을 감싸고 전체를 한눈에 조망하면서 통제하는 곳이 바로 문수산성이에요. 이곳에선 모든 지역을 조망할 수 있습니다. 고지도를 보면 이 사실이 선명하게 드러납니다.

　　사람들이 즐겨 말하길, 마니산은 단군 신앙과 관련이 있다고 하는데, 제가 보기엔 그건 후대에 덧붙여진 이야기입니다. 마니산 천제는 고려가 천도한 이후 지내게 된 것이기 때문입니다. 제를 지내는 단의 형식이 고려 시대의 양식입니다.

정수사, 함허동천, 사기막, 전등사, 강화성당

강화도 남쪽, 마니산 자락에 정수사라는 절이 있습니다. 창건 연도는 정확히 모르지만 아마도 고려의 천도 이후 지어졌던 절로 추측됩니다. 전해지기로는 신라 때의 절이라는 말이 있는데, 그 사실을 증빙할 만한 자료가 남아 있지 않습니다.

　　정수사 밑에 있는 곳이 함허동천입니다. 함허동천은 현재는 기독교의 성지 순례 장소입니다만, 원래는 함허대사가 수도하던 곳이 바로 근처에 있었습니다. 동천(洞天)이란 용어는 도교의 용어입니다.

　　함허동천에서 동쪽으로 조금 더 가면 사기막이었던 곳이 있습니다. 이곳에 양명학자 이건창의 생가가 있습니다. 강화도를 근거로 한 양명학의 강화학파는 유명합니다. 그들의 주거지가 대부분 강화도 서쪽에 있습니다. 이건창의 경우만 강화의 남쪽에 있습니다.

　　사기막이 어떤 곳입니까. 조선 시대 최하위 계급에 속했던 도공들이 살던 곳입니다. 이 지역에 이건창이 섞여 살았던 것입니다. 원래 이건창은 본관이 전주이다. 조선 제2대 왕인 정종(定宗) 별자 덕천군(德泉君) 후생

(後生)의 후손인데 글도 잘 썼고 학문으로도 이름이 높았습니다. 그런데 생활은 굉장히 어려웠습니다. 그가 쓴 양명학 관련 시가 중국에까지 알려질 정도로 대단한 학자였습니다. 극빈한 생활 속에서 그런 작품들이 나왔던 것입니다.

전등사에 가보신 분들 많으실 겁니다. 전등사는 제 견해로는 아마도 전등산에 있는 정족산성을 관리하는 승병들의 근거지였던 것으로 보입니다.

전등사의 종은 원나라에서 기증을 받았다는 이야기가 전해집니다. 아닌게 아니라 실제로 이 종의 형태가 우리나라의 종과는 좀 다릅니다. 전등사의 가람 배치는 옛날과 지금이 많이 달라져 있습니다. 지금은 진입하는 길에 의해 조성되는 축선상에 건물들이 거의 일직선으로 배치되어 있습니다. 하지만 옛날에는 산의 등고선과 거의 평행하게, 같은 능선을 따라 좌우로 건물들이 배치되어 있었습니다. 현재처럼 진입하면서 건물들이 하나하나 나타나는, 깊이에 따르는 배치가 아니었다는 말입니다. 원래는 문루가 있고 산 등고선을 따라 산자락에 옆으로 붙어서 건물들이 이

전등사 배치도

어졌습니다.

예전에는 기술과 장비의 제약으로 대규모 토목공사가 불가능했으니 지형을 최대한 따르면서 건축 배치가 이뤄졌습니다. 지금은 포크레인 같은 기술이 있으니까 기존의 지형을 정리하면서 축선 위에 깊이에 따른 배치를 인위적으로 하는 게 가능해진 것이죠. 위의 배치도는 전등사의 옛 모습, 즉 원래의 형태입니다. 배치도에서 사찰 건물들이 능선을 따라 좌우로 배치된 것을 볼 수 있습니다.

예전에는 이렇게 가파른 산자락에 있는 절들은 등고선과 평행하게 능선을 따라 놓이는 것이 자연스러웠습니다. 울진의 천축산에 있는 불영사는 곡류단절의 지형에 있는데, 산자락을 따라 가람 배치가 벌어져 있습니다. 등고선을 따라 산자락에 놓인 절의 대표적인 경우입니다.

강화도에서 볼 수 있는 재미있는 건물이 바로 성공회 강화성당입니다. 강화성당은 우리나라 전통 건축은 아니지만 전통 건축을 어떻게 이해할지를 보여주는 흥미로운 경우라 할 수 있습니다. 이 성당은 외국 선교사들이 들어와 1900년 무렵에 우리 건축 기술을 서양식 공간 개념으로 연출해 만든 목조 건물입니다.

사진으로 보면 그냥 넓고 큰 한옥처럼 보일 수도 있으나 유의해서 봐야 합니다. 서양 건축에서 공간 평면의 특징은 내부 공간이 깊다는 점입니다. 건물을 향해 진입하면서 깊이를 따라 공간이 펼쳐집니다. 반면에 한국 건축의 공간은 그렇지 않습니다. 단면이 얇고, 대신 좌우 즉 옆으로 벌어집니다. 좌우로 펼쳐지고 단면이 깊지 않은 것입니다.

강화성당은 문에서 들어가자면 솟을대문 형식의 3문이 있고 그 후 본채가 펼쳐집니다. 그런데 이 본채가 네 간으로 지어져 있고 내부 공간이 진입 방향으로 깊숙이 펼쳐져 있습니다. 단면이 깊은 서양식 공간 개념을 따르고 있는 것입니다.

강화성당

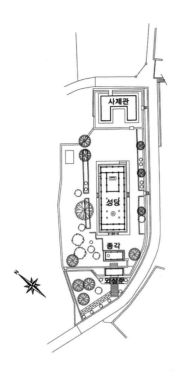

　　강화성당의 건축 양식은 겉으로 보기에는 한국의 전통 목조 건축입니다만, 공간 개념은 전혀 다릅니다. 한국에서는 좌우로 펼쳐지면서 전면이 넓은데 서양에서는 그 반대입니다. 강화성당은 그런 점에서 하나의 건축물에 상이한 건축 개념이 섞여 있는 매우 희귀한 사례입니다. 대단히 획기적이라 할 수 있는 건축물입니다. 그런 점을 감안해서 보신다면 이 건축물을 보는 재미가 더해질 것입니다.

강화도는 서울에서 가깝고 볼 것이 많아 많은 사람들이 찾는 곳입니다. 제가 이 시간에 설명드린 모든 곳을 한번에 다 보고 올 수는 없겠지만 기회 닿는 대로 이런 개념들을 염두에 두고 강화도를 찾는다면, 조금은 더 보람된 여행이 되지 않을까 합니다.

강화성당 배치도

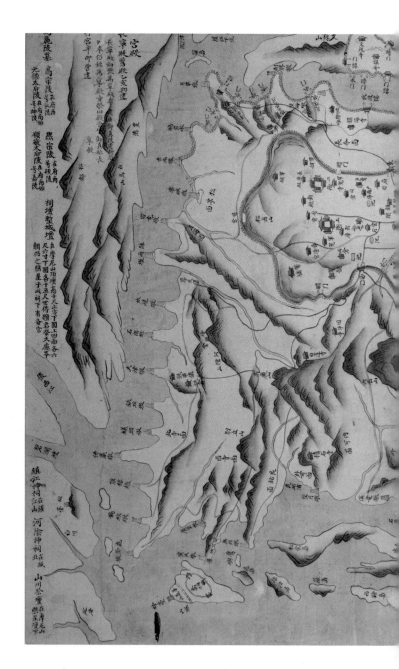

고려가 강화도로 천도한 것은 몽고의 침입 때이다. 강화도로 들어와 수도를 만들었으니 이에 어울릴 만한 여러 시설과, 사람들이 먹고 살기 위한 농경지가 필요했을 것이다. 그러니 더 넓은 경작지가 필요했던 것이다. 그 결과 바닷물의 흐름을 따라 들쑥날

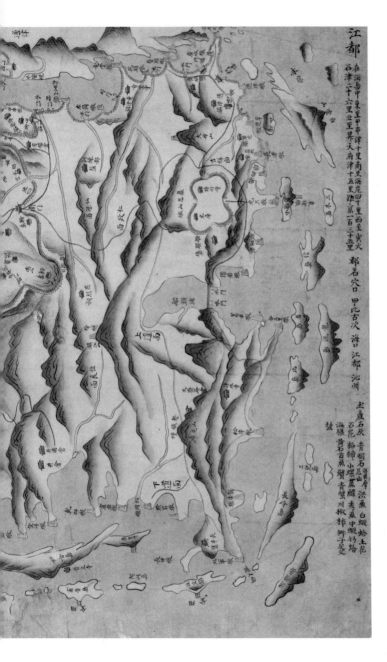

쑥했던 강화도의 작은 만들을 메워나가기 시작했다. 간척의 규모
는 상당히 컸다. 강화도 인구가 최절정기에 이르러 가장 많았을
때도 이 섬의 한해 농사로 사람들이 5년을 먹고 살 수 있을 정도
였다 한다. 농경지의 규모가 어마어마했던 것이다.

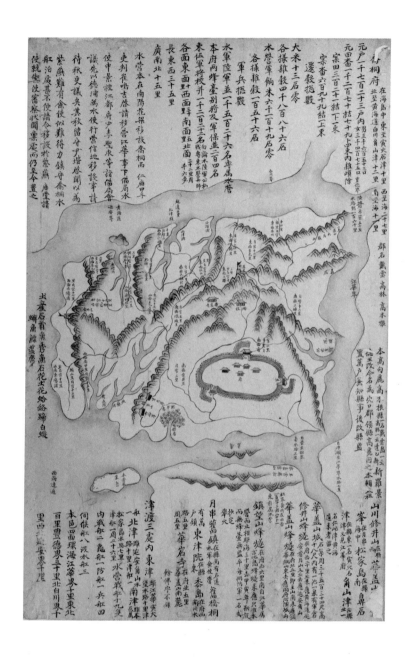

고려 희종은 폐위되었을 때 강화도에 안치되었으며, 충정왕은 재위 3년 14세에 폐위되어 강화도에 안치되었다 독살되었다. 조선 시대에는 광해와 연산을 비롯해서, 정조의 이복동생들 등 수많은 왕자들이 다 교동도에서 운명을 달리했다.

옛 산수화와
원림

원림은 건축물에 곁들이는 단순한 장식물이 아닙니다. 인간이 자연을 어떻게 이해하고 해석하는가를 가장 극명하게 보여주는 사례이기도 합니다. 원림 조경을 보면 그 시대, 그 문명의 자연관을 이해할 수 있습니다.

옛 원림이 현재까지 남아 있는 사례는 극히 제한적입니다. 드물게 남아 있다 하더라도 시간의 흐름 속에서 크고 작은 변형을 겪게 마련이고, 원래 형태와는 전혀 다른 규모와 모양으로 남는 경우도 많습니다. 이런 한계를 극복할 수 있는 연구 방법이 바로 옛 그림이나 지도에 등장하는 원림들을 살펴보는 것입니다. 특히 산수화는 가장 좋은 연구 대상이 되어줍니다.

원림을 이루는 구성요소 가운데 가장 중요한 것은 바로 입지입니다. 입지, 즉 어느 곳에 놓이느냐가 원림의 가장 근본적인 특성을 형성하기 때문입니다. 입지는 산수가 조화되어 이루어지는 것으로, 지형과 조망에 따라 다양해집니다. 이런 입지에 산(山) 경물, 수(水) 경물, 식물, 동물, 건축 구조물 등을 배치하여 조화롭게 각각의 풍경을 연출하는 것이 바로 원림입니다. 다음으로 중요한 원림의 구성요소로 지형을 들 수 있습니다. 세상 어느 한 곳에도 같은 지형이 없으니, 지형은 다양한 특징을 갖는 요소라 하겠습니다. 그 외에도 수목과 화훼, 건축물 들이 원림의 특징을 만들어 냅니다.

원림은 형식에 따라 유(囿)·원(園)·포(圃) 등으로 불립니다. '원'은 담을 둘러친 초목의 재배지, '유'는 금수(날짐승과 들짐승)를 놓아기르기 위하여 담을 친 구역, '포'는 채마전이라고 볼 수 있습니다.

산수화에 대한 기초 지식 몇 가지

자연은 지구 위의 모든 생명들에게 중요한 삶의 토대입니다. 인간은 자연을 탐구하고 개변하여 문명을 발전시키고 자연을 경외하면서 역사를 일구어왔습니다. 자연은 그 자체가 끝없이 변화하며, 역동적이고 다양한 측면을 갖고 있습니다. 따라서 필연적으로, 인간들이 삶을 이루는 터전은 시공간적으로 서로 다른 문화적 특색을 갖추고 독특한 지역성을 갖춥니다.

자연에 대한 인간들의 인식 중 가장 근본을 이루는 것이 바로 '하늘과 대지'입니다. 자연에 대한 사람들의 인식과 우주관을 묘사해 그린 것이 중국문화권에서는 산수화입니다.

산수화에는 인간이 점유하고 있는 하늘과 땅 등의 대자연에 산과 바다·강·내·호수 등이 등장합니다. 구체적으로 연(淵)·탄(灘)·천(泉)·주(洲)·소(沼)·택(澤)·계(溪)·폭(瀑) 등의 수자원에 식물 등이 첨가된 자연환경이 있습니다. 여기에 인간이 만든 누(樓)·대(臺)·정(亭)·교(橋)·장(墻)·지(池) 등의 인공 환경이 부가되어 소위 '경(景)'을 조성하는 것입니다. 이론적으로 경(景)은 다시 '물(物)'과 '색(色)'으로 분류됩니다. 산수화는 인간 생활의 토대가 되는 환경을 그리는 동시에 실제 환경보다 더 향상된 이상향에 대한 염원을 담고, 그 시대의 문명과 문화의 자연관을 반영합니다.

농경 문화를 배경으로 하는 시대에 발생한 이 산수화에는 그림이 그려진 지역의 시간관과 우주관이 담겨 있습니다. 농업 생산에는 기후와 지형 등의 자연 조건이 절대적인 조건이 됩니다. 따라서 농경 문화에서 자연은 절대적인 대상이며, 과학·문학·종교의 대상이기도 했습니다.

산수화는 문학과 밀접한 관계가 있습니다. 중국과 그 영향을 받은 중국 문화권에서는 문학 특히 시(詩)·가사(歌辭)·부(賦) 등의 장르와 회화가 뗄 수 없는 관련을 보여줍니다. 문학이 회화와 갖는 연관을 보여주는 예는 춘추전국 시대 공자에서도 찾을 수 있습니다. 공자는 제자인 자하(子夏)에게 "그림을 그릴 때는 흰색을 마지막에 칠한다는 말이다"라고 말하고, "네가 날 일깨워주는구나! 이제 너와 더불어 시를 이야기할 수 있게 되었다"라고 했다 합니다. 그림에 대한 담론에서 시에 대한 담론으로 전환되죠. 문학과 회화의 본질이 다르지 않음을 뜻하는 구절입니다.

문학과 회화의 이런 관련성은 중국 문화의 시대를 통틀어 계속 발견됩니다. 문학을 중심으로 한 사상 변화는 곧 그 시대의 회화에 반영되었습니다. 한대(漢代)에는 자연을 영적인 세계로 보는 신선사상이 유행했는데, 이 시대 그림 속에서 산은 도안적이고 상징적인 형태로 자리 잡으며 인물화의 배경으로 나타납니다. 남조와 송나라 때에는 은일(隱逸)·유람(遊覽)·구선사상(求仙思想)에 의해 산수화 개념이 본격적으로 형성되면서, 산수화가 순수한 감상과 정서 수양을 위한 그림으로 발전했습니다. 산수화의 전성기는 당 왕조인데, 이 시기를 거치며 산수화는 인물화의 배경에서 독립적인 형식으로 분화합니다. 인물화와 대등한 위치에 서게 된 것입니다.

당대(唐代)의 각종 사원들은 벽화로 전각 벽을 채웠는데, 불교나 도교를 선양하는 인물화 이외에 자연 풍광을 그린 산수화도 벽화로 등장합니다. 장조·필굉·주번·양정광·이소도 같은 저명한 화가들이 사의 벽화에 참가하였다고 합니다. 당나라 시대의 화가들은 동진(東晉) 이래로 내려온

청록산수화의 품격을 계승하는 것 외에 '수묵산수화'를 창시했는데 왕유(王維, 701~761)와 장조(8세기 초~8세기 말)가 활동적인 인물로 꼽힙니다.

송(宋)—새로운 시대, 새로운 예술이 된 산수화

송나라 시대는 이전에 비해 상인 계층이 매우 많이 늘어났으며, 대규모 인구가 거주하는 상업 중심지가 성황을 이루었습니다. 도시는 인구밀도가 높았으며, 시민 생활이 활성화된 상업 도시가 양자강 유역과 해안에 많이 형성되었고, 신도시도 많이 생겼습니다.

그 중에서 개봉은 행정 도시였지만 상업활동과 유흥활동이 도시 공간 대부분을 지배하는, 최초의 도시민 생활공간이었습니다. 1065년부터 개봉에서는 야간 활동이 허용되었고, 이에 따라 관리와 단속에서 풀려난 각종 상점들과 가내공업 작업장들이 도성 내 곳곳에 들어섰습니다. 각 이(里)와 방(坊) 사이에 있던 울타리가 철거되고, 구역의 이름보다는 거리의 이름이 사람들 사이에서 애용되었습니다.

도시 발달과 더불어 수많은 노동력이 토지로부터 벗어나 이동했습니다. 양자강 하류 지역에서는 벼가 과잉생산되면서 지역 사이의 교역을 촉진시켰으며, 가내공업의 성장과 성시의 발전에 크게 기여했습니다. 국가에서는 호수와 소택지 주변의 토지를 정비하며 경작 면적을 확대하기 위한 거대한 노력을 기울였는데, 이러한 수단으로 확보한 경작지를 위전(圍田)이라고 불렀습니다.

위전 주변에는 뽕나무(桑)·닥나무(楮)·삼을 재배의 목적에서뿐만 아니라 제방용으로 많이 심었다고 합니다. 또한 13세기에 이르러 면화 재배가 양자강 주변 몇몇 지방에 보급되기 시작했고, 수공업도 급속도로 발전해갔습니다. 북송 시대부터 금속 가공업은 자본력과 세련된 기술 덕택으로 성황을 이루었고, 사람들은 목탄 대신 석탄을 사용하며, 광산 채굴에 화약 폭파를 이용하거나 수력기를 개발할 정도의 기술을 갖추게 되었습니다. 3~4천 명 이상을 고용하는 대규모 공업 시설도 들어섰습니다.

상공업 발전과 더불어 유통망도 발달했습니다. 국토 전역에 걸쳐, 특히 양자강 유역 사천성, 복건성, 절강성 해안 지역에 상업 인구가 과밀한 성시(城市)가 생겨났고, 이 도시들을 연결하는 상업 교통망이 조직되기에 이릅니다. 처음으로 광대한 수상 교역망이 조직, 운영되었는데 양자강을 간선 수로로 해서 개봉과 항주를 진강(鎭江)에 연결시킨 것이 역사상 최초의 수상 교역망입니다. 그 외에 양주를 개봉에 연결시키는 운하를 북중국의 중앙으로 연장시킨 수로망도 있었습니다.

수적으로 늘어난 부호들, 여러 계급이 섞인 번화한 도시 생활, 불교 전래의 영향을 받은 화려한 건축물과 실내장식, 원림 기술의 발전과 사가(私家) 원림 출현, 조리실 및 화장실 장식 등도 송대 도시 공간에서 볼 수 있는 중요한 특징이었습니다.

10세기 경부터 중국에 나타난 이런 변화들은 정신사적, 문화사적으로 인간과 우주에 대한 개념, 시간·공간, 개인 생활 등에 대한 인식으로 이어졌습니다. 경험에 근거한 합리주의가 생겨났고, 사상·이론 분야에서 많은 논쟁들이 이루어졌으며, 예술·기술·자연과학·수학·사회제도·정치 등 모든 분야에서 지식에 대한 호기심이 매우 왕성해졌습니다. 지적인 문학, 회화, 서도, 서적과 예술품 수집, 사가 원림 경영 등이 이 시대 지식 계급의 주요 관심사였습니다. 이들은 고전시와 새로운 창법에 맞춰 지은 새로운 장르의 시를 발전시켜 '사(詞)'라는 새로운 문학 형식을 만들어냈습니다.

소상인층과 장인·고용살이 점원·하인·사무원 등으로 구성된 평민·중인 계급과 상인층이 가진 취미와 취향은 지식 관료계급 사람들과 달랐으며, 그들은 자신들에게 맞는 새롭고 다양한 생활환경을 만들었습니다. 지적인 문학과 병행하여 새로운 대중문학도 송대에 발전했는데 역시 그 배경은 도시였습니다.

당나라 때 종교화가 발달했다면 이 시대에는 사실주의 채색주의 전통 위에 산수·화조·영모 등의 형식을 담았습니다. 자연을 관찰해서 표현하거나, 특정 공간이나 화가의 심상에서 발생하는 이상을 표현하는 데에 많은 관심과 노력을 쏟는 경향이 있었습니다. 사실주의 계열의 북송 시대에는 궁정에 속한 직업화가나 휘종 같은 황제들이 산수화·화조화·영모화 등을 생산했고, 곽희·이당 등의 화가가 유명했습니다. 남송대의 사실주의 계열 화가로는 마원·하규 등을 꼽을 수 있습니다.

한편 이상주의 계열에서는 사대부와 선종의 승려·도사들이 선묘주의와 자유로운 수묵수법의 조화를 찾으려 했고, 그 결과 북송의 소식·미불·왕정균 등이 문인화를 남겼습니다. 남송에서는 목계·양해 등의 수묵화가들이 출현하기도 했습니다.

송대 회화에서 가장 특기할 만한 사항은 도시 풍경 풍속화라고 할 수 있는 장택단의 〈청명상하도〉, 경물·풍경화인 송적의 〈소상팔경도〉, 은일적·구도적 풍경산수화인 주희의 〈무이구곡도〉 등이 출현한 것입니다. 이 세 장르의 화풍은 문학과 더불어—〈청명상하도〉를 제외하고—고려 말부터 우리나라에 전래 수용되어 조선조 동안 우리나라 지식인들 사이에서 폭발적인 관심을 끌었고, 많은 방작을 양산하게 했습니다.

우리 옛 산수화에 보이는 원림—자연에 인공이 더해지기까지

이제 우리나라의 옛 산수화에서 원림의 흔적들을 찾아보겠습니다. 고려 시대의 산수화풍 작품은 별로 남아 있지 않아서, 공예 작품에 나타난 산수화문 몇 점을 대상으로 삼을 수밖에 없겠습니다.

고려의 공예 작품에 나타난 산수화문들은 대개 13세기 경에 제작된 것으로 알려진 '정병(淨瓶)'의 몸체에 장식으로 그려졌습니다. 수면이 중심이 되어 버드나무, 크고 작은 섬, 낚싯배, 기러기 등이 입사로 표현되어 있습니다.

10~14세기 경에 제작된 것으로 알려진 '동제 양각 동자유희문 원형

경'은 불교적 내용이 담겨져 있습니다. 가장자리 테두리에는 선으로 띠를 두르고 보상화문(寶相花紋)을 넣었는데, 그 사이로 여섯 마리 새를 같은 간격으로 배치하여 양각했습니다. 그 중심부에는 지그재그 형태로 난간을 둘러쳐서 공간을 구획하고, 안쪽으로 괴석과 파초 등을 배치하고 나머지 공간에 같은 종류의 화초가 띄엄띄엄 있는 사이로 5명의 어린 동자들을 타원형으로 배치했습니다. 동자들은 각각 피리·북 등의 악기를 두 손으로 잡고 즐겁게 연주하는 모습입니다. 원림의 한 단면을 묘사한 것인데, 그림 풍에 송나라의 영향이 보입니다.

983년 작품인 〈비장전 변상도(變相圖)〉¹는 북송대 산수화풍의 목판화입니다. 《어제비장전》은 우리나라에 991년 한언공에 의해 전래, 수용되었다고 합니다. 물이 감아 도는 천변에 임한 산사에서 수행하는 도반 스님과 이곳으로 몰려오는 수행승들, 동자승이 묘사된 이 작품은 수행하는 스님들의 모습이 없다면 자연스러운 산수화로도 읽을 수 있습니다. 이 그림에서 산간 사찰의 입지를 연구하는 데에 도움을 얻을 수 있습니다.

동제(銅製)양각(陽刻)동자유희문(童子遊戱文)원형경(圓形鏡), 고려, 25.5cm, 10~14세기, 호암미술관 소장

　15세기 문청의 작품으로 알려진 ‹산수도(山水圖)›는 원근법이 강조된 그림으로, 아래에서 위를 향해 근경·중경·원경이 구성되어 있습니다. 좌측 아래에는 나란히 서 있는 두 그루의 소나무와 두 사람이 있고, 바로 인접해 다섯 계단 정도 높이의 기단과 모정이 배치되었습니다. 우측으로 치우쳐서, 면폭이 바람에 날리는 듯한 모습으로, 폭포가 위로 지그재그로 향하여 좌측을 가로질러 사라지고 있습니다. 이 부분은 중경의 위치로, 그 좌우에 산이 경사져서 대응하고 있으며 좌측에 모정이, 중간 위치에 산봉우리가, 아래로는 저택이 배치되어 있습니다. 중경이 되는 산 좌우에 사선으로 묘사된 산자락을 의지해 건물이 배치된 것을 보면 당시의 입지관을 짐작할 수 있습니다.

　오늘날 우리에게 가장 친근한 옛 산수화 중 하나는 아마 안견의 ‹몽유도원도(夢遊桃源圖)›일 것입니다. 안평대군 용(瑢)은 ‹몽유도원도›의 발문에서 "정묘년(1447) 4월 20일 밤"이라고 시작하여 꿈에서 도원을 가 본 자초지종을 설명하고 있습니다. 이어서 도원 입지와 주변 산세를 설명하고 복숭아 꽃나무 숲과 오솔길, 깎아지른 절벽, 빽빽하고 울창한 숲, 시냇

물과 굽이굽이 꺾인 작은 길, 탁 트인 동천과 복숭아나무, 대나무 숲과 띠
풀 집, 사립문, 흙으로 만든 섬돌, 마을 앞 시내에 있는 조각배 한 척 등으
로 그곳을 묘사합니다.

　　도잠(도연명)이 지은 〈도화원기(桃花源記)〉에는 "무릉의 어부가 길을
잃고 배를 타고 물을 따라 올라가, 산에 구멍이 뚫려 있어 들어가 본즉 전
부가 복숭아꽃이요, 촌락이 있는데 거기에 사는 사람들은 진(秦)나라 때
에 모진 정치를 피하여 들어온 사람들로 6백 년이 되도록 바깥세상과 교
통하지 않고 편안하게 살고 있었다"라는 구절이 있습니다.

　　한편 이개가 남긴 〈무계정사기〉에는 성북문, 소나무와 회나무, 백악산
서북, 계곡물, 십수장 폭포, 연못과 연꽃, 복숭아꽃, 대나무 등의 원림 요
소를 설명하면서 이를 둘러싼 주변이 도원동과 비슷하다고 설명하고 있

〈산수도〉, 문청, 비단에 수묵, 54.8×35.6cm, 15세기, 일본 교토국립박물관 소장

기도 합니다.

사실 〈몽유도원도〉는 '은신처' 개념으로 이루어진 것이기 때문에 구체적인 원림 요소를 정리해서 찾기 어렵습니다. 하지만 옛 사람들이 이상적으로 생각한 산수관을 짐작해 볼 수 있는 기록이라는 점에서 의미를 찾아 볼 수 있습니다.

안평대군의 작품이라고 전해지는 《소원화개첩(小苑花開帖)》 속 시구에는 꽃, 문과 난간, 후원, 복비(宓妃), 진후(陳后), 사람, 붉은 벼랑, 석밀(石密), 발(장식용), 개미집, 청등대, 건축, 5월, 여름 등의 요소가 등장합니다. 이 시는 봄에서 5월 사이의 저택 후원을 읊은 것인데, 당대 정원의 구성요소를 알아볼 수 있는 기록이 되어줍니다.

15세기의 작품으로는 〈소동개문도(小童開門圖)〉와 〈절매삽병도(折梅挿瓶圖)〉가 있는데, 둘 다 강희안의 작품으로 전해지며 저택 원림의 구성요소를 보여주는 그림으로 송대 화풍의 영향을 받은 것으로 보입니다. 〈소동개문도〉에서 어린 소년이 대문을 열고 밖을 내다보고 있으며 문밖에는 활엽 관목이 배식되어 있습니다. 그림 아랫부분 지면 위로 낮은 괴석이 자연스럽게 우측에서 좌측으로 경사지게 배치되었는데, 이는 직선이 주

〈몽유도원도〉, 안견, 비단에 채색, 38.6×106.2cm, 1447년, 일본 천리대 중앙도서관 소장

는 긴장감을 와해시켜 부드러운 분위기를 조장합니다. 관목을 이렇게 심은 것은 담장 밖으로 돌출된 대문과 기단의 기하학적인 선을 시각적으로 차폐하여 부드럽게 하기 위한 것으로 보입니다.

〈절매삽병도〉는 안채와 사랑채를 가르는 울담과 그 담을 뒤로 한 사랑채 원림 부분을 묘사한 것입니다. 그림의 좌측 하단으로 노송이 한 그루 서 있고 분재 화분과 기타 화분들, 석조 화대에 서 있는 괴석과 매화나무, 대나무군 등이 보입니다. 괴석과 매화나무 앞과 오른쪽으로 어린 소년 둘이 서 있는데 오른쪽 소년이 매화 가지를 꺾고 있습니다. 우측 상단 모서리부터 시작해 담장 지붕선이 경사져 좌측으로 진행되어 앞뒤로 공간을 가르고 있습니다. 이것은 기능이나 용도가 다른 공간이 분할되어 있음을 암시합니다. 그림에 보이는 원림이 앞부분 사랑채에 딸린 원림의 한 부분이라면 담장 뒤로는 안채가 있을 수밖에 없을 것입니다.

〈소동개문도〉, 강희안, 23.1×17.2 cm, 15세기, 국립중앙박물관 소장

▲ 〈절매삽병도〉, 전(傳) 강희안, 17.9×24.2cm, 15세기, 국립중앙박물관 소장

▼ 〈산수도〉, 서문보, 비단에 수묵 담채, 39.7×60.1cm, 15세기 말~16세기 초, 일본 야마도문화관 소장

서문보의 〈산수도〉는 운무를 두껍게 수평으로 배치하여 화면을 나누는 기법으로 아래위 두 단을 구성하고 아래에 근경과 중경을, 위에 원경을 배치했습니다. 화면 왼쪽에 산과 수목·암석·건축·운무 등이 있고 오른쪽 근경은 수면으로, 중경은 가냘픈 대치면과 수목군으로, 원경은 운무로 구성했습니다.

좌측 하단에 작은 개울이 몇 그루의 소나무군과 거석으로 보이는 바위 등을 가르고 있고, 가파르게 솟아오른 산봉우리 꼭대기에 모정이 있습니다. 모정 뒷부분은 차폐를 위한 활엽 교목군들이 호위하듯 자라나, 완만한 사선으로 경사를 이루는 중경을 가립니다. 산자락에 가려졌지만 거대한 규모의 산사 건축물들이 보입니다. 우측에선 수면으로 채워진 윗부분을 낮은 구릉과 수목군이 메웠습니다. 중경의 수목은 활엽과 상록 교목으로 대응시킵니다.

16세기 전기의 작품으로 중종 대의 대표적 산수화로 꼽히는 양팽손의 〈산수도〉는 밑에서 위를 향해 근경-중경-원경을 배치했는데, 좌우대칭에 가깝게 산·수를 서로 대응시켰습니다. 근경을 이루는 하단에는 왼쪽에서 오른쪽으로 배의 돛대, 모정과 거기에 앉은 두 사람, 수목군, 집 몇 채, 암석으로 된 경사진 산자락이 있고, 그 위로 광활한 수면 위에 뜬 배, 암석 봉우리 좌측 벼랑 위 두 그루의 소나무와 활엽수군이 있으며, 단을 높여 세운 모정과 화목류로 보이는 차폐수들, 몇 채의 작은 초가집들, 산벼랑과 수목군 등이 차례로 보입니다. 중경 왼쪽에는 낮은 구릉과 수목들, 가운데에는 지그재그 형태로 왼쪽을 향한 작은 개울, 그 오른쪽으로 솟아오른 암벽 벼랑 위 두 그루 소나무와 잡목들, 대 위에 앉아 담소를 나누는 4~5명의 문인들, 음식을 준비하는 두 명의 동자들이 있습니다. 오른쪽으로 가파른 계곡 벼랑에 붙어 자라는 수목도 보입니다. 운무로 위아래를 갈라 중경과 동떨어진 위치에, 우뚝 솟은 고산 봉우리가 원경을 형성합니다.

16세기 말 작품으로 이경윤의 작품이라 전해지는 〈산수인물도〉는 화

폭 아랫부분 절반이 근경, 나머지 윗부분 절반이 중경과 원경입니다. 화
면 좌측에서 우측으로 반이 훨씬 넘는 면적이 근경을 이루는 산자락이
고, 나머지는 수면입니다. 하단 좌측에 나무와 얽혀 깎아지른 듯한 산이
배경을 이루고, 아래위로 돌출된 산자락 사이에 왼쪽을 향해 열린 널찍
한 대가 있습니다.

　겉에 동자를 거느리고 멀리 있는 기다란 다리를 건너온 듯한 노인이
서서, 낮은 바위 자락 옆에 도구를 놓고 걸터앉은 노인과 이야기를 나누고
있습니다. 아래쪽으로는 한쪽 다리를 들고 선 두루미와 나란히 앉아 찻
물을 끓이는 동자가 보입니다. 수면에 면해 낭떠러지 끝부분에 난간을 설
치한 것이 보이는데 이것은 자연에 인공이 가해진 형상입니다. 노송과 단
풍으로 물든 교목, 대나무와 이름을 알 수 없는 관목, 지피류 등이 여기저
기 군락을 이루고 있습니다. 중경으로 왼쪽에 수직으로 솟아오른 산자락,

〈산수도〉, 양팽손, 88.2×46.5 cm, 16세기,　　〈산수인물도〉, 전(傳) 이경윤, 91.1×59.5cm, 16세기 말,
국립중앙박물관 소장　　　　　　　　　　　　 국립중앙박물관 소장

오른쪽으로 기다란 다리가 길과 이어집니다. 그 뒤쪽으로 수면이 지면과 지그재그로 교차되고 더 뒤로는 널따란 숲 사이 여기저기 건축물들이 돌출되어 있는 것이 보입니다. 맨 뒤 원경에 고원 산수가 묘사되었습니다. 이 그림은 자연 상태에 인공이 가해져 원림이 조성된 것을 묘사한 조선 시대의 첫 산수화입니다.

자연이 등장하는 옛 그림으로는 이밖에 당나라 왕유의 "물이 다하는 곳에 이르러 좌정하고 구름 피어오르는 때를 바라본다(行到水窮處坐看雲起時)"라는 시구를 연상시키는 정선의 ‹좌간운기›, 역시 왕유의 "깊은 숲속이라 사람을 알지 못하고 밝은 달빛만 살며시 다가와 비추어 준다(深林人不知明月來相照)"라는 시구를 연상시키는 윤덕희의 ‹관폭포›, 김두량의 ‹월야산수도›가 있습니다. 심사정의 ‹설경산수도›, 윤왕의 ‹중산심청도›, 강희언의 ‹인왕산도›, 강세황의 ‹산수대련› 등도 계절감을 살려내면서 자연 풍광을 묘사한 작품들입니다.

옛 그림 속에 본격적으로 나타난 원림

김홍도의 ‹단원도›는 인공 원림, 즉 사람이 인위적으로 조성한 원림이 잘 구현되어 있습니다. 화제(畵題)에 단원 김홍도가 자신을 찾아온 창해옹·강희언과 셋이서 1781년(정조 5년) 청화절(淸和節, 음력 4월 초하루)에 '진솔회(眞率會)'라고 하여 시문을 짓는 모임(雅會)을 가졌다고 나옵니다.

그림 속 후원 쪽으로 연못과 괴석, 석상이 있고, 문 앞 버드나무, 사랑채 앞 오동나무, 주변 곳곳에 선 소나무 등과 관목, 호박돌로 쌓은 담장 등이 보입니다. 이런 원림은 협소한 산간에 위치한 가난한 선비 집 사가 원림의 전형이라고 생각됩니다.

초라하고 빈한한 별서 형식의 이런 원림들은 특히 전라도 무등산 지역에 흩어져 있습니다. '성산가단'이라 불리며 활동했던 산림처사들이 조성한 별서인 것입니다. 또한 경상도 의성군 금성산 자락의 영천 이씨 동족

취락에 사가 원림이라고 불리는 원림이 몇 곳 알려져 남아 있습니다.

이방운의 〈신매저순도〉는 이른 봄날 단칸의 조촐한 서실에 앉아 뜰
에 핀 매화를 보는 학인(學人)을 그린 그림입니다. 그림 아래쪽 좌우에 활
엽 교목과 관목이, 가운데에 매화가 있습니다. 서실 뒤쪽으로 대나무, 울
담 밖에 폭포와 산과 수목이 묘사되어서 이 작은 서실에 조성된 작은 뜰
과 서실의 입지를 보여줍니다.

이밖에도 정약용의 〈원인초의산수도〉, 임득명의 〈서행일천리〉 연작 중
〈화장추색도〉, 정수영의 〈만폭동〉, 〈신륵사〉, 유운홍의 〈청산고주도〉, 허련
의 〈죽수소정〉, 신명연의 〈산수도〉, 김수철의 〈송계한담도〉, 박인수의 〈강변
한거도〉, 유숙의 〈벽오사소집도〉, 안건영의 〈산수도〉 등도 원림과 관계가
깊은 산수화풍 작품입니다.

▲ 〈단원도〉, 김홍도, 135×78.5cm, 연대 미상, 개인 소장

▼ 〈신매저순도〉, 이방운, 33.6×56.7cm, 연대 미상, 개인 소장

▲ 〈송계한담도〉, 김수철, 33.1×44cm, 연대 미상, 간송미술관 소장

▼ 〈벽오사소집도〉, 유숙, 14.9× 21.3cm, 1861년, 서울대학교 박물관 소장

〈노재상한취〉는 포전(圃田)의 경계에 둘러쳐 세운 난간에 의지하여 두 팔로 턱을 괴고 채원을 내려다보는 나이든 재상의 모습을 묘사한 그림입니다. 인물의 좌측으로 구멍이 몇 군데 뚫린 괴석이 있고 우측의 뒷부분에 두 그루의 활엽수가 등장합니다. 그 앞으로 느릅나무, 뒤로 버드나무가 서 있어서 노재상의 집안 규모를 말해줍니다. 이징의 〈노안도〉, 윤제홍의 〈난국괴석도〉 등의 그림들도 모두 원림의 구성요소를 표현하고 있습니다.

옛 그림 속의 원림을 살펴볼 때 겸재 정선이 남긴 두 점의 소나무 그림은 특히 인상적으로 다가오는 작품들입니다. 그가 그린 〈사직노송도〉와 〈노송영지〉는 둘 다 소나무가 주제이지만 그림 속의 두 소나무는 전혀 다른 느낌을 줍니다. 사직단의 노송이 인간에 의해 관리되어온 느낌을 준다면 〈노송영지〉 속 소나무는 전혀 사람의 손이 가해지지 않은 곳에서 자연스럽게 자라 편안한 모습입니다. 게다가 후자의 소나무는 불로장생의 상징인 영지버섯과 더불어 묘사되어 있어서, 나이가 아주 많이 든 노송임을 강조합니다. 인간이 조성한 원림에서 인간의 보호와 관리를 받아온 노송과, 자연 속에서 오래도록 늙어온 노송의 차이가 그림을 통해서도 선명하게 드러납니다.

산수화 화법을 차용한 원림도

1650년 작 〈인평대군방전도〉는 그린 이가 알려져 있지 않습니다. 인평대군 이요(1622~1658)의 저택을 그린 것으로, 타락산(지금의 낙산)과 현재의 이화장 주변을 묘사한 것으로 보입니다.

이 집은 정면이 서향이라 저녁 햇살을 받는 까닭에 석양루라는 이름이었다고 합니다. 이 집 맞은편, 인평대군의 형이 되는 효종이 출생한 집은 정면이 동향으로 조양루(종로구 연지동 전 정신여자중고등학교 자리)라고 하는데 이 그림 속에선 한 폭의 화면에 배치되어 있습니다. 이 집들

▲ 〈사직노송도〉, 정선, 112×61.5cm, 연대 미상, 고려대학교박물관 소장

▼ 〈노송영지〉, 정선, 103×147cm, 연대 미상, 개인 소장

은 수려한 조망을 자랑하며 타락산 아래 제일이라는 평을 들었다고 합니다. 그 후 인평대군의 집은 장생전이 되고 효종의 집은 어의궁이라 불렸습니다. 그림을 통해 집의 구조와 배치, 입지와 더불어 후원의 모습도 짐작할 수 있습니다.

〈명당도〉라는 제목의 이 그림은 전라도 구례군 토지면 오미리에 위치한 운조루를 표현한 것입니다. 운조루는 1776년(영조 52년) 삼수 부사와 낙안군수를 지낸 유이주가 건립한 건물로 지리산 자락에 있습니다. 풍수지리에서는 '금환낙지(金環落地)'라고 하는 입지입니다. 운조루는 지리산 반야봉과 광양의 도솔산을 상대하고, 전면에 토지면 오미리 논자락과 섬진강을 두었습니다.

반야봉과 도솔산 모두 불가의 영향을 받은 산 이름인데, 운조루는 유림 집안이면서도 이 두 산을 축으로 해서 자리를 잡았습니다. 좀 특이한 부분이지만 아직까지 그 이유에 대해서는 규명되지 않고 있습니다. 운조루는 독특하게도 대문 앞에 연지가 있습니다. 집 앞으로 흐르는 개천 물을 끌어 들여 행랑채 규모와 같은 크기로 인위적으로 연지를 조성했습니다. 집 앞의 이 연지까지 운조루의 원림 계획에 포함시킬 수 있는데, 위의 인평대군의 석양루와 더불어 사가 원림에서도 '택원(宅園)'의 한 유형으로 분류될 수 있습니다.

〈장주묘암도〉는 1746년(영조 22년) 9월 왕의 명으로 화원이 그린 그림입니다. 화폭은 3단으로 구성되었고, 위쪽의 '어제제도(御製題圖)'라는 글귀는 윤급이 썼다 합니다. 그 아래에 배치된 〈회암선생장주묘암도기〉라는 글은 《주자어류》에서 재인용한 것입니다. 그림은 주희(주자)가 장주 지사 시절 관아 청사의 활터를 개조하여 묘암을 짓고 원림을 조성한 일화를 재현한 것입니다.

이 그림에서 특이한 점은 '팔진도(八陳圖)'를 응용하여 그림 화면을 구성한 것입니다. 팔진도는 중국 전쟁터에서 가장 흔히 사용되는 기본 진

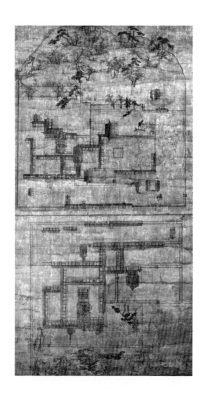

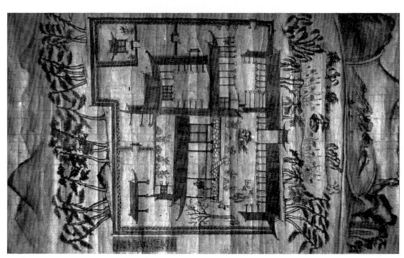

▲ 〈인평대군방전도〉, 작자 미상, 채색 필사, 184.9×90.7cm, 1650년대, 서울대학교 규장각 소장

▼ 〈명당도〉, 운조루, 유이주, 종이에 수묵담채, 크기 미상, 영조 대, 개인 소장

법인데, 병사들이 주둔하는 진성(鎭城)의 형태나 회화 구도에서 동서양을 불문하고 흔히 이용되는 형식이기도 합니다. 앞으로 더욱 연구가 필요한 주제이기도 합니다.

그림의 중심 위아래를 축으로, 사정(射亭)·모정·석축으로 쌓아 올린 대와 초가 등이 배치되고 축 좌우로 매화와 복숭아꽃이 섞여서 직선으로 심겼습니다. 좌우에는 소나무·전나무가 배식되고, 이것을 시작으로 가운데 축에 배치된 구축물과 매화·복숭아꽃 등 모든 것을 감싸는 대나무 숲이 둥근 환형으로 배치되었습니다.

주자의 일화를 구현한 그림이지만, 18세기 조선에서 그려진 그림이니만큼 당대 조선의 원림관을 보여주는 작품이라 하겠습니다. 앞서 보았던 사가 원림과는 다른, 조금은 공식적인 성격의 원림을 이 그림에서 볼 수 있습니다. 원림 구성요소이며 수목의 종류와 배식 방법, 형식 등이 사가 원림과 어떻게 다른지 관찰해보는 것도 재미입니다.

김홍도가 그린 〈북일영도(北一營圖)〉에도 활터가 등장합니다. 북일영은 관상감 고개(觀象監峴, 옛 휘문고등학교 자리 뒤편)에 있는데, 이 그림은 활터와 그곳에서 활시위를 당기고 있는 궁사들의 모습, 그들을 둘러싼 소나무 숲을 볼 수 있습니다. 가운데 버드나무 다섯 그루가 섰고 그늘 아래 몇 사람이 쉬고 있습니다. 그림에 보이는 커다란 바위는 가운데를 갈아서 글씨를 새기지 않았을까 추측됩니다. 이 그림에서는 특히 회랑식 담장이 건물을 둘러싼 점, 그 담장 안에 홀로 선 삼나무 한 그루가 보이는 점이 독특합니다. 이런 특징이 북일영뿐 아니라 남수영(南水營)에서도 발견되기 때문입니다.

역시 김홍도가 그린 〈남수영도〉는 현 서울 장충동 신라호텔 자리에 있던 남수영을 그린 작품입니다. 이 남수영 역시 회랑식 담으로 싸였고 마당 우측 중심에 삼나무 한 그루가 서 있습니다. 중심에 전각이 있고, 그 우측에 배치된 부속사와 부속사의 마당이 보입니다. 그림에는 무슨 행사

인지는 알 수 없으나 전각에 많은 인물들이 모였고 그들이 타고 온 말들도
서 있습니다. 담 주변으로 낙엽 교목이 불규칙적으로 여기저기 자랐고 전
각 뒤 돌 축대 위로 노송들이 쉼터를 제공합니다. 전각 앞 기단은 2단으로
그려져 눈길을 끕니다. 사가 원림과 확연하게 다르며, 또 일반적인 관청과도
확실히 다른 독특한 원림의 형태를 관찰할 수 있습니다.

한필교(1807~1878)는 1837년부터 관직에 나갔는데, 자신이 거쳤던
관아의 모습을 화공을 시켜 모사하게 한 후 이를 도첩으로 만들었습니
다. 그 중 하나가 이 〈사복시도(司僕侍圖)〉입니다. 사복시란, 조선 시대에
왕이 타는 말이나 수레, 마구와 목축에 관한 일을 맡던 관청입니다.

한필교는 1843년 5월 16일 판관으로 임명을 받아서 1855년 11월 2일
첨정에 임명될 때까지 재직했고, 1878년 공조를 마지막으로 벼슬에서 물

〈장주묘암도〉(부분), 도화서 화원, 종이에 수묵 담채, 112×63cm, 71.5×63cm, 1746, 개인 소장

러났습니다. 모두 15폭의 관아도를 모아 남겼습니다.

〈사복시도〉를 보면 사복시 판사가 집무하는 전각 앞에 말을 점검하는 장소로 쓰인 넓은 마당이 있고, 전각 뒤로 연지가 있으며, 주변에 버드나무와 느티나무, 이름을 알 수 없는 관목들이 심겼습니다. 정문 우측 모서리 안쪽으로 세 그루의 버드나무도 보입니다. 이 그림에 나타난 원림은 유형으로 본다면 관서 원림(官署園林)에 해당한다고 하겠습니다.

〈옥호정도〉는 순조의 장인 김조순(1765~1831)의 사저 옥호정을 그린 작품입니다. 백악산 동쪽 산자락에 조영되었던 옥호정은 1815년 경 건립된 것으로 보이는데 그림도 이때 함께 그려진 듯합니다. 이 작품은 19세기 저택 원림을 묘사한 유일한 산수풍 원림화이기도 합니다.

그림 속 옥호정은 일렬로 식재된 버드나무를 뒤로 한 행랑채와 채전, 제택과 소나무 숲을 가르는 석축 담장의 정원, 계단식으로 조성된 정원, 장방형 연지와 각각의 모정, 좌우로 모정과 소나무 숲, 자연 송림이 울창한 백악산 등 다섯 마디로 구획되어 있습니다. 출입구는 초가 행랑채군을 좌우로 가르며 나 있어서, 출입구 중심부가 마주한 곳은 직선으로 석축

〈북일영도〉, 김홍도, 44.5×33cm, 고려대학교박물관 소장

벽을 뒤로 한 초가집입니다. 이곳에서 좌우로 제택과 소나무 숲으로 가는 출입이 서로 나뉩니다. 그 다음부터 후원이 보입니다. 계단식으로 조성한 정원·연지·동산 등이 각각의 정자를 포함하고 있습니다. 뒤로는 모정과 소나무 숲, 백악산 자연 송림으로 이어지는데, 산자락을 이용하여 조성한 사가 원림의 한 예라 볼 수 있겠습니다.

소나무 숲이 울창한 백악산 동남 자락에는 '옥호동천(玉壺洞天)'이라는 네 글자가 붉은색으로 각자되었고, 산꼭대기 바위에는 '일관석(日觀石)'이라고 붉은색 글씨가 새겨졌습니다. 옥호정이 있던 자리는 현재 대지도 여러 필지로 분획되고 새로운 건축물들이 들어서버려 원형이 훼손되어 옛 모습은 찾아볼 수 없습니다.

유명한 소쇄원은 양산보(1503~1557)가 처음 터를 잡아 가꾸었던 별서로 전남 담양군 남면 지곡리에 있습니다. 양산보는 정암 조광조(1482~1519)의 문하에서 공부했는데 그가 19세 때 조광조가 능주로 유배되었습니다. 양산보도 이 때 낙향하였는데, 스승인 조광주가 유배지에서

〈남수영도〉, 김홍도, 44.5×33cm, 고려대학교 박물관 소장

사약을 받고 죽게 되자 세속적인 꿈을 버린 채 이곳에 운둔합니다.

소쇄원은 1536년에 양산보에 의해 일차로 완성되었지만 이후 계속 중건 작업이 지속되어 그의 손자 대에 이르러 완결된 것으로 보이는 원림입니다. 하서 김인후(1510~1560)와 송순(1493~1592) 등의 인물이 소쇄원 원림 조영에 큰 영향을 끼쳤을 것으로 판단됩니다. 양산보는 소쇄원이 완성되자 스스로 호를 소쇄옹(소쇄공)이라 칭하고 이곳에서 뜻이 맞는 벗들과 교우하였다 합니다. 당시 소쇄원을 출입한 인사들로는 그의 외종이 되는 면앙정 송순, 석천 임억령, 하서 김인후, 고봉 기대승, 제봉 고경명, 서하당 김성원, 송강 정철 등이 있었는데, 이들은 소쇄원에 여러 시문을 남겼습니다. 하서 김인후의 오언절구 〈소쇄원48영〉(1548년 작)를 비롯하여 제봉 고경명이 무등산 일대를 돌아보고 쓴 《유서석록》(1574), 《소쇄원사실》(1741) 등과 〈소쇄원도〉(1755) 목판이 남아 있습니다.

목판으로 판각된 〈소쇄원도〉에는 당시 원림의 배치와 구조, 식물의 배식과 종류, 수로와 못(池) 등이 상세하게 묘사되었습니다. 36cm x 25cm

〈사복시도〉, 작가 미상, 채색 필사, 40×60cm, 1843년, 하버드대학교 도서관 소장

의 암각 목판 윗부분에는 좌에서 우로 '소쇄원 48영'이라는 시제가 있고
좌측에 제작 시기와 '숭정기원후삼을해(崇禎紀元後三乙亥) 청화하완간
(淸和下浣刊) 우창평절등재재즉죽림(于昌平絕等齋齋卽竹林)'이라는 기
록이 판각되어 있습니다.

　〈소쇄원도〉에는 제월당과 광풍각 등을 비롯하여 고암정사, 부선당,
소정 등과 오곡문, 애양단, 시봉대, 매대, 도오, 담장 등이 있으며 괴석, 오
암, 광석, 상석(床石), 석가산(石假山), 탑암(榻岩) 등의 암석류가 있습니다.
또 수대(水碓), 소당(小塘), 산지순아(散池蓴芽), 조담(槽潭), 폭(瀑) 등의
물 요소와 식물 등도 등장합니다.

　광풍각과 제월당은 《송사(宋史)》 〈주돈이전(周敦頤傳)〉에서 황정견
이 춘릉 주무숙, 주돈이의 인품을 평하여 "가슴 속과 마음이 상쾌하고
시원하기가 비온 뒤에 부는 바람과 비 개인 뒤 떠오르는 달과 같다(胸懷
灑落 如光風霽月)"라고 비유한 표현에서 유래합니다. 소쇄원은 이 건물
들을 비롯한 모든 건축물들의 명칭을 송대 성현들의 시와 부 등에서 차

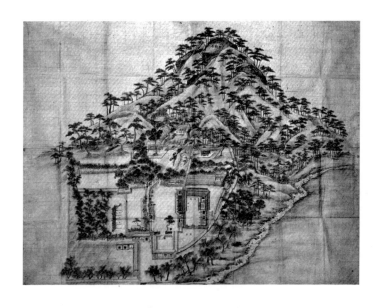

〈옥호정도〉, 작가 미상, 종이에 담채, 150×280cm, 19세기 초, 개인 소장

용하고 있습니다.

〈백련구곡도〉는 경남 울산광역시 울주군 두동면과 언양읍을 가르는 연화산을 감아 도는 대곡천에 위치한 구곡을 그린 그림입니다. 백련구곡은 최남복(1759~1814)이 조성한 구곡으로 알려져 있습니다. 연화산은 당시 경주부에서 아름다운 산수로 이름이 나 있었고, 최남복은 만년에 거처할 장소로 백련서사를 지었는데, 당시 경주 부윤의 도움으로 무난하게 서사를 경영할 수 있었다고 전해집니다.

그는 1808년(무진 순조 8년) 〈백련구곡도가병소서10수〉를 지었습니다. 이 작품은 수시(首詩)를 비롯, 제1곡 장천사수구(障川寺水口), 제2곡 천사항계루(川寺杭溪樓), 제3곡 구도동(求道洞), 제4곡 선장암(仙丈巖), 제5곡 수옥정(漱玉亭), 제6곡 영귀문(詠歸門), 제7곡 달관대(達觀臺), 제8곡 호계(虎溪), 제9곡 소요벽(逍遙壁) 등으로 구곡을 읊고 있습니다. 제5곡 수옥정의 동쪽은 우애헌, 서쪽은 만대루라 지었는데 이는 모두 주자의 〈무이잡영병기(武夷雜詠幷記)〉에서 온 이름입니다. 최남복은 제5곡이

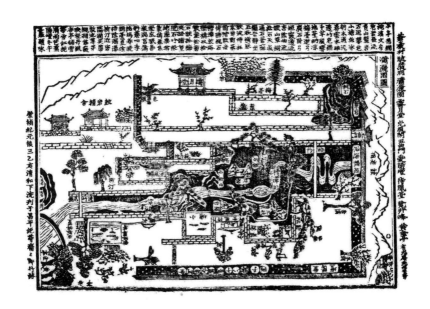

〈소쇄원도〉, 작가 미상, 1755년, 양각 목판, 36×25.5cm

있는 수옥정 주변의 경물들을 다룬 시 〈연사잡영(蓮社雜詠)〉에서 수옥정, 랑음대, 연어대, 정절대, 찬미대, 사군봉, 귤은대, 도화동문, 녹문, 자하봉 등을 각각 주제로 열 편의 시를 읊기도 했습니다.

백련구곡에서 제7곡과 제9곡은 신라 시대 화랑들의 유오지(遊娛地)로, 화랑들이 노닐며 즐기고 수양하던 곳으로 알려졌습니다. 국보와 도 지정기념물로 지정된 글씨와 그림이 남아 있습니다. 특히 제9곡 소요벽은 반구대라고 부르는데 선사 시대의 유명한 암각화가 있는 곳입니다.

마지막으로 살펴볼 옛 그림은 〈동궐도(東闕圖)〉입니다. 이 그림은 조선의 법궁(法宮; 正宮)인 경복궁 동쪽에 위치한 궁궐, 즉 창덕궁과 창경궁을 함께 그린 작품입니다. 원래 동궐도는 3본(天-地-人)으로 만들어졌던 것으로 보입니다. 순조 연간(1824~1827)에 도화서의 화원들에 의해 제작되었다고 추정되는 〈동궐도〉는 후원─금원(禁園)·상림원(上林園)─의 모습을 상세하게 묘사하고 있습니다.

병풍으로 제작된 〈동궐도〉 그림은 비단 바탕에 먹과 채색 염료를 써

〈백련구곡도〉, 작가 미상, 종이에 담채, 크기 미상, 18세기, 개인 소장

서 주변 산과 언덕에 싸인 창덕궁과 창경궁의 전체 모습을 두 시점에서 비껴 내려다본 부감 구도로 묘사했습니다. 먼저 지형과 수계를 묘사하고 다음으로 궁궐 각 전각과 재실, 두정, 탕방, 당청, 궁장 등의 건축물과 교량, 문, 담은 물론이고 연못, 괴석 등 원림 구성요소들과 그밖의 시설물들까지 자세하게 묘사하고 있습니다. 궁궐 원림을 어떻게 조성했는지를 그림을 통해 쉽게 알 수 있습니다.

　그림 속의 건축물들은 실제 배치에 따라 계화적(界畫的) 기법으로 선명하게 묘사되었습니다. 궁 주변의 산과 언덕들은 준법으로 구사되었지만 건물의 표현과 원근의 처리 등에서는 새로 도입된 서양의 다시점 화법도 보입니다. 이 그림은 시각적인 면이 강조되어 있기 때문에 건물 배치나 양식 등을 고증하는 데 활용될 수 있는 사료적 가치가 크다고 생각됩니다.

　여러 학자들은 〈동궐도〉의 제작 동기로 순조 때 일어난 화재를 듭니다. 순조 3년(1803) 12월에 선정전 서행각에서 화재가 발생해 인정전까지 소실된 일이 있었습니다. 같은 해 12월 27일 선정전과 서행각, 인정전은 복구에 착공하여 이듬해 1804년 12월 17일 완공되었는데, 이 완공을 계기로 〈동궐도〉가 제작된 것으로 보는 것입니다.

글을 마치며

조선 시대에 궁궐도가 제작된 데에는 중국 송나라의 〈청명상하도〉의 영향이 큽니다. 조선 후기 북학파에 의해 〈청명상하도〉 모작이 들어온 것과 정조가 화원들에게 명하여 〈성시전도〉를 제작하게 한 사실은 연관이 있는 것으로 보입니다. 〈성시전도〉 제작은 다시 〈동궐도〉와 〈서궐도〉 등으로 이어져 18세기 말, 19세기 초 도성과 궁궐에 관한 그림들이 제작되는 계기가 된 것으로 추측됩니다. 이런 경향은 아마 민간에도 영향을 주었을 것입니다. 사가 원림도가 제작된 데에는 도성과 궁궐도의 제작이 계기가 되었으리라 보입니다.

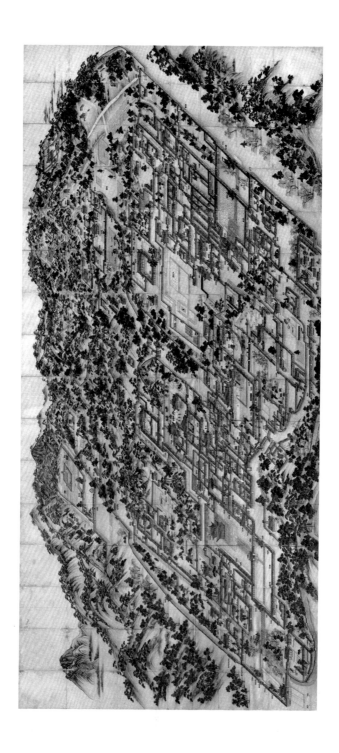

‹동궐도›, 작가 미상, 576x273cm, 19세기, 고려대학교 박물관 박물관 소장

　　사가 원림을 시서화로 묘사한 우리나라 작품은 극히 제한적입니다. 현존하는 사가 원림도 소수에 지나지 않습니다. 국가의 운영 체제와 획일적인 통치 이념 등 때문에 민간에서 원림을 조성할 수 있는 여건들을 충족시키기 어려웠기 때문일 것입니다.

　　조선 시대 성리학의 이념은 청빈함을 제일로 삼았으며, 경제 기반이 농업에서 탈피하지 못했기 때문에 원림 조성에 필요한 경제적 부를 축적하는 데는 한계가 있었습니다. 게다가 강력한 봉건적 정치 체제가 사가 원림의 출현에 제약을 가했으며, 성리학자들은 일관되게 주자만을 흠모하여 사가 원림에 연관된 사고를 자극할 만한 다양한 학문 사조에는 거의 관심이 없었습니다.

　　부수적으로는 시서화에 두루 능한 산수화가가 드물었고, 농업 기술이 벼농사에 집중되어 다양하게 발전하지 못하면서 사가 원림 조성의 중요한 요소인 수목에 대해 풍부한 기술 경험이 없었다는 점 역시 사가 원림 발달에 장애요소가 되었습니다. 이런 여건으로 우리나라에서 원림 예술이 중국의 소극적인 모방에 그치거나, 원림을 인위적으로 조성하기보다는 '차경(借境)'이 주가 되는 원림 예술관이 발달하는 결과로 작용하지 않았나 합니다.

지금까지 우리 옛 그림들과 그 속에 표현된 옛 원림을 개략적으로 살펴보았습니다. 근래 우리 옛 건축에 대한 관심과 연구가 조금씩 늘어나고 있는 것은 반가운 일입니다. 그렇지만 그런 관심들은 정밀하고 과학적인 접근으로 이어져야 할 것입니다. 옛 원림에 대한 연구도 이제는 제대로 시작되어야 할 시점입니다.

주석

우리 옛 건축이 자리를 잡는 방법: 정면성의 법칙

1 «대동지지»: 30권 15책.
고려대학도서관·국립중앙도서관 소장.
고려대학 소장본은 저자의 친필로 추정된다.
1861년(철종 12년) 편찬에 착수하여
1866년까지 보완된 것으로 추정된다. 고산자
김정호의 지도 제작은 지리서 저술과 짝을
이루고 있었으며, 이 책은 ‹청구도(靑邱圖)›,
‹동여도(東輿圖)›, «대동여지도»로 진전시켜온
지도 제작과 «동여비지(東輿備志)»,
«여도비지(輿圖備志)» 등의 지리서 제작
성과를 바탕으로 저술되었다. 또한 조선 지지
편찬의 전통과 실학적 지리학의 연구 성과를
집대성하고 한국 지리학의 새로운 발전 방향을
제시한 책이라고 평가된다. 이 책 가운데
‹정리고›는 전국의 도로와 교통 행정, 중국
·일본 등과의 교통로를 담았다. ‹역대지›는 단군
이래의 역사지리에 대한 것으로 역대 지명의
위치 추정, 지명 변천 등에 대한 내용을 담고
있다.

2 공자: 공자는 이름이 구(丘), 자는 중니(仲尼)로
춘추 시대 노(魯)나라 취읍(陬邑: 현재
산동(山東) 곡부(曲阜)) 사람입니다. 그의
선조는 상(商)나라 후예로 송(宋)나라
귀족 출신이라고 합니다. 공자는 기원전
551년~479년, 73년을 살다가 일생을
마쳤습니다. 젊어서부터 뜻을 세워
요·순·문무·주공 등이 남긴 도덕 규범과
문물전장(文物典章)을 익혀 난세를 구해보려는
의지를 품고 있었으며, 그 이상을 실현하고자
노나라의 관리가 되었으나 그 뜻을 실현하기가
어렵다고 판단하여 벼슬을 버리고 포부를
펼 수 있는 나라를 찾아 주유천하를 하여

위·송·진·채·초나라 등을 찾았습니다. 그러나
그의 이상을 실현할 수 있는 나라는 없었고,
그의 나이 56세 때 시작한 13년의 유랑
끝에 조국인 노나라로 돌아와 제자들을
가르치고 유교 경전을 편찬했다고 합니다.
제자를 가르치는 데에는 육예(六藝)인
예(藝)·악(樂)·사(射)·어(御)·서(書)·수(數)를
과목으로 삼았고, 육경(六經)인 시(詩)
·서(書)·예(禮)·악(樂)·역(易)·춘추(春秋)
를 편찬하였습니다. 공자의 중심 사상은
인(仁)이며, 그의 정치사상은 덕치주의로
예(禮)·악(樂)에 바탕을 두었다고 합니다.
그가 길러낸 제자가 3천여 명에 달하였고, 그
중에 육예에 통달한 자는 72명이나 되었다고
합니다. «논어(論語)»는 그의 사후에 제자들이
그의 언행을 기록하여 놓은 책으로 우리에게도
잘 알려져 있습니다.

3 창녕 조씨: 경상도 창녕은 조(曺)·성(成) 두
성씨가 인물을 많이 배출함으로써 세간에
잘 알려진 곳입니다. 특히 성씨 가문은 고려
말부터 걸출한 인물이 많이 배출되면서
세상에 알려졌는데, 여완(汝完) 및 그의 세
아들 석린·석용·석인 등을 시작으로 해서
조선 시대에 만개하였습니다. 사육신의 한
사람인 성삼문도 이 가문의 사람입니다.
창녕의 물계서원(勿溪書院)에는 여완을
비롯해 수침(守琛), 운(運), 혼(渾), 제원(悌元),
승(勝), 삼문(三門), 중암(重庵), 윤해(允諧),
담수(聃壽), 송국(松國), 사제(思齊), 희(熺),
수경(守慶), 권남(權擥), 문담(文澹), 만징(晚徵)
등이 배향되어 있다.

4 선산: 다른 이름은 일선(一善)이라고 합니다.
이곳은 속현인 해평(海平)과 합쳐져서
강을 끼고 넓은 농경지를 점유하고 있는
까닭에 신라 때부터 사람과 물류의 요충이

되어왔습니다. 이러한 환경 탓에 신라 시대 불교의 시초가 되는 도리사(桃李寺)도 이곳에 위치하고 있습니다. 더우기 많은 인물이 배출되었는데, 후삼국 시기 고려 태조를 도운 김선궁(金宣弓)과 두 아들 봉술(奉術), 훤술(萱術), 윤군정(尹君正)과 그 아들 만비(萬庇), 이맹전(李孟專), 낙봉(洛峯)서원의 김숙자(金淑滋), 김취성(金就成), 박운(朴雲), 김취문(金就文), 고응척 등이 있습니다.

서울에서 남한강의 물길을 거슬러 올라가다: «도담행정기»를 따라 가는 여정

1 한백겸: 조선 중기의 문신으로 역서와 지리에 밝아 «동국지리지»를 편찬하였다.

2 이자벨라 버드 비숍: 영국 출신의 19세기 여행가이며, 지리학자이자 작가이다. 저서로 «조선과 그 이웃 나라들» 등이 있다.

3 우탁: 고려 후기 유학자로 본관은 단양, 자는 천장(天章), 탁보(卓甫), 호는 백운(白雲), 단암(丹巖)이고, 시호는 문희(文僖)다. '역동(易東)선생'이라 불렸다. 문과에 급제하여 영해사록(寧海司錄)이 되어 민심을 현혹하는 요신(妖神)의 사당을 철폐하였다.

4 우거: '향촌우거'라는 말에서 따온 표현이다. 한양에서 벼슬을 하던 사대부가 관직에서 물러난 후 지방 향촌에 터를 잡고 거주하던 곳을 말한다.

5 김창흡: 조선 후기의 학자. 기사환국 때 아버지가 사사되자 형인 창집, 창협과 함께 은거하였다. 후에 관직이 내려졌으나 모두 사양하였다. 성리학에 뛰어나 형 창협과 함께 이이 이후의 대학자로 이름을 떨쳤으며 낙론(洛論)을 지지하였다. 저서 «삼연집», «심양일기», «문취», «안동김씨세보»가 있다.

6 최영준: 고려대학교 지리교육과 교수로 있다가 은퇴했다. 저서로 «국토와 민족 생활사», «영남대로», «용인의 역사지리» 등이 있고, 주요 논문으로 ‹천수만 지역의 어업환경 변화와 어촌›, ‹18, 19세기 서울의 지역 문화› 등이 있다.

7 우륵: 신라 시대 음악가로 대가야왕 가실왕(嘉實王)의 뜻을 받들어 12현금(가야금)을 만들고 이 악기의 연주곡으로 12곡을 지었다. 국원(國原, 충주)에 살며 대내마(大奈麻) 계고(階古)와 법지(法知) 등에게 가야금, 노래, 춤을 가르쳤다 한다.

8 신립: 조선 중기의 무장. 북변에 침입한 이탕개를 격퇴하고 두만강을 건너가 야인의 소굴을 소탕하고 개선했다. 함경북도 병마절도사, 우방어사, 중추부동지사, 한성부 판윤을 지냈고 임진왜란 때 충주 탄금대에 배수진을 치고 적군과 대결했으나 패했다.

9 하늘재: 충주 미륵사지에서 경북 문경 관음리를 동서로 연결하는 옛 길로, 북쪽 포암산과 남쪽의 주흘산 부봉 사이에 발달한 계곡을 따라 1.5km 정도 나 있는 구간이다.

10 한벽루: 고려 충숙왕 4년인 1317년 당시 청풍현 출신 승려인 청공이 왕사가 되어 청풍현이 군으로 올려지자 이를 기념하기 위해 객사의 동쪽에 한벽루를 세웠다. 원래 위치는 청풍면 읍리에 있었으나 충주댐을 세우면서 1983년 청풍면 물태리로 옮겼다.

11 황준량: 호는 금계로, 조선 중기의 문신이며 학자다. 퇴계학파의 맏형으로, 청빈과 애민을 실천한 목민관이다. 저서로 «문계집»이 있다.

옛사람들은 왜 동쪽 바다로 갔을까: 강원도 관동8경을 따라가는 여정

1 청간역: 김극기의 시, «신증동국여지승람» 권5
2 말사: 큰 절에 딸린 작은 절.
3 서왕모: 중국 상대(上代)에 받들었던
   선녀(仙女). 성은 양(揚), 이름은 회(回).
   신선설(神仙說)의 유행으로 신선화되었다.
4 범일: 신라 승려로 품일(品日)이라고도 한다.
   계림 김씨로 15세에 중이 되고, 20세에
   서울에 가서 비구계를 받고, 흥덕왕 때
   김의종(金義琮)을 따라 당나라에 가서
   염관제안이 '도는 닦는 것이 아니요,
   더럽히지만 말 것이며, 부처나 보살이라는
   소견을 짓지 말지니, 평상한 마음이
   도니라'하는 말에서 깊이 깨닫고 6년 동안
   섬겼다. 소주에 가서 조사의 탑에 참배하고
   847년 귀국하여 851년 백달산에서 정진했다.
   명주도독(溟州都督) 김공의 청으로 40여
   년을 굴산사에서 지내는 가운데 경문, 헌강,
   정강왕등이 중사(中使)를 보내어 국사로
   모시려 하였으나 끝내 거절하였다. 시호는
   통효(通曉), 탑효는 연휘(延徽)다. 선종 구산문
   가운데 자굴산(闍堀山)의 개조이기도 하다.
5 허목: 호는 미수. 조선 중기 학자 겸 문신.
   사상적으로 이황·정구의 학통을 이어받아
   이익에게 연결시킴으로써 기호 남인의
   선구이며 남인 실학파의 기반이 되었다.
   전서(篆書)에 독보적 경지를 이루었다. 문집
   «기언(記言)», 역사서 «동사(東事)» 등을
   편집하였다.
6 안성의 시: «신증동국여지승람» 권44
   삼척도호부.

우리가 의외로 알지 못하는 풍경: 경남 남해안 지역의 건축

1 송나라 진덕수(陳德秀)가 편찬한 «심경(心經)»
   이었다 함.
2 6가야: 나머지 다섯 가야는 고령(高靈)
   대가야(大伽倻), 고성(固城) 소가야(小伽倻),
   성주(星州) 벽진가야(碧珍伽倻),
   함안(咸安) 아라가야(阿那伽倻), 함창(咸昌)
   고령가야(古寧伽倻) 등이다.
3 안골 왜성: 웅천 읍성에서 남쪽 1km 지점,
   해발 184m의 남산(南山) 산기슭에서 능선을
   따라 산봉우리까지 뻗친 석성이다. 성을
   쌓았던 석재는 대부분 건축 자재로 사용하기
   위해 반출되고 지금 남은 것은 산록과 산정의
   일부뿐이며 나머지는 축대만 남아 있다.
   이곳은 제포(薺浦)와 안골만(安骨灣) 사이에
   반도처럼 돌출한 남산의 정상부에 위치하면서,
   북쪽으로 웅포만(熊浦灣)을 포용하고 있다.
   육로는 물론 해로로 안골포, 마산, 가덕도,
   거제도와 연락이 쉬워 왜군이 본국으로 철군할
   경우에도 위치상 가까운 요지였다. 현재 남은
   성벽 길이는 700~800m이며 높이는 대개 2m
   정도이다. 대형 면석을 상하로 고루 쌓고 그
   사이사이에 작은 괴석을 채우고 지면에서 70°
   가량의 경사를 이루고 있다.
4 세종대왕 태실: 1967년 신라오악총합
   학술조사단에 의해 조사되었다. 1929년
   태실이 경기도 양주군으로 이전되어 현재는
   석재의 일부가 남아 있는데, 사방 계곡에
   매몰 파손되었다. 수습된 석재는 탑좌가 약간
   파손된 귀부와, 태항을 안장하는 중동석과
   상개연엽석, 석난간, 난간 지대석, 전석,
   팔각대석, 세종대왕 태실비와 석물 9점 등이다.
   이를 근거로 태실의 복원된 모습을 상상해

보면, 중앙 팔각의 대석 위에 중동석과 상개 연석이 놓인 뒤 주변에 전석을 깔고 팔각으로 석난간을 설치하였다고 추측된다. 조선 왕실은 세종대왕의 탄생을 경하하기 위하여 태실을 봉안하고자 풍수지리가 제일 좋다는 이곳 태봉산(당시 소용산)을 택하여 세종 원년(1419)에 태실을 설치하였다. 봉안할 때 석물은 충청도에서, 지물과 집기는 전라도에서, 식량과 사역은 경상도에서 담당했다고 전해진다.

5 옥천사: 현재 대한불교 조계종 제13교구 본사인 쌍계사의 말사로, 670년(신라 문무왕 10년)에 의상이 창건하였다. 대웅전 뒤에 맑은 물이 나오는 샘이 있어 옥천사라고 불리게 되었다. 의상이 당나라에 가서 화엄종 시조인 지엄에게 화엄학을 배우고 돌아와 강론한 곳이다. 1208년(고려 희종 4년)에 진각국사 혜심이 중창했고 임진왜란 때 소실된 것을 1640년(인조 18년)에 학명(學明)과 의오(義悟)가 다시 중창하였다. 1883년(고종 20년) 용성(龍城)이 중건하였고 1919년 이 절의 강사였던 영호(暎湖)가 두 차례 중수하였다. 이 절은 한국 불교 중흥을 위해 많은 활약을 한 승려 순호(淳浩, 1902~1972)가 1927년 출가한 사찰이기도 하다. 현재 남아 있는 건물은 대웅전, 자방루, 심검당, 적묵당, 명부전, 금당, 팔상전, 나한전, 산신각, 독성각, 칠성각, 객실 등이다. 그간 일곱 차례나 중수되어 창건 당시 건물은 남아 있지 않지만 현재의 건물들이 모두 큼직하고 가람의 지붕이 마치 연꽃무늬처럼 배열되어서 외형적인 규모로는 본사인 쌍계사를 능가한다. 주요 건물로 둘 다 경남유형문화재인 옥천사 자방루와 옥천사 대웅전이 있다. 자방루는 지은 지 300년이 넘는 우아한 건물이며

대웅전은 1745년(영조 21년)에 창건된 목조 건물이다. 귀중한 유물로는 보물 제495호인 임자명반자(壬子銘飯子)가 있는데, 이는 1252년(고려 고종 39년)에 만든 동으로 된 악기로, 불교 의식에 사용되었다. 1744년(조선 영조 20년)에 제작된 〈삼장보살도〉, 〈지장보살도〉, 〈시왕도〉를 비롯하여 1766년(영조 52년)에 만들어진 반종(飯鍾, 경남 유형문화재 제60호)과 조선 초기의 향로(경남 유형문화재 제59호) 등이 있다. 부속 암자로 백련암, 청련암, 연대암 등이 있다.

6 용화사: 1983년 경남 문화재자료 제10호로 지정되었다. 신라 선덕여왕 때 은점(恩霑)이 미륵산 중턱에 절을 짓고 정수사(淨水寺)라고 하였는데, 1260년(고려 원종 1년)에 산사태로 허물어져 3년 뒤 자윤(自允), 성화(性和) 두 승려가 미륵산 제3봉 아래로 자리를 옮겨 짓고 천택사(天澤寺)라고 하였다. 1628년(인조 6년)에 화재로 소실된 것을 1752년(영조 28년)에 벽담(碧潭)이 다시 짓고 용화사라 하였다. 경내에는 정면 3간 측면 2간의 맞배지붕인 보광전, 효봉영각(曉峰影閣)을 차려 놓은 명부전, 미륵불 좌상을 봉안한 용화전, 강당인 탐진당, 선실인 적묵당, 문루인 해월루 등 목조 건물과 육모정 형태의 종루가 있다. 위쪽에 진신사리 7과를 봉안하고 있는 불사리 4사자법륜탑과 효봉대종사 5층 사리탑이 있다.

7 사등성: 주위 986m, 높이 5m의 석성이다. 평지인 들판에 석축을 쌓아서 만든 성으로 동서남북에 성문이 있고 성각이 네 곳에 있다. 타원형으로 된 성은 문 입구가 외부로부터 완전히 엄폐되었고 전체적인 형태는 만(卍)자 형을 이루었다. 성 주위는 인접 들판보다 20m 폭으로 낮게 만들었다. 지역 주민들의

말에 따르면 원래는 성 주위에 물이 흐르도록 하였다고 한다. 현재 성내에는 마을과 학교가 있으며, 성외는 모두 전답이다. 사등성은 원 삼국시대 독로국의 왕성으로 축성되었다고 전해져왔으나 이를 고증할 만한 문헌은 없다. 최근 거제군 동헌 건물인 기성관을 보수하는 도중 발견된 객사 상량문에 따라, 거제가 변진(弁辰) 24국의 하나인 독로국이라는 사실이 확인되었지만 이 성과 독로국이 관련되었는지는 명확하지 않다. 문헌에 보이는 사등성 축성 기록은 문종실록 원년 5월조에 등장한다. "이에 앞서 거제현 사람들이 글을 올렸다. 본 읍은 옛적에는 섬 안의 수월리에 목책을 설치하고 있었습니다. 지난 병오년에 사등리로 옮겨 관사를 세우고 성과 연못을 수축하는 일이 무진년에 이르러 끝났습니다. 이번에 도체찰사 정분의 심정으로 인하여 또다시 고정리로 옮겨 쌓으려 합니다. 본 읍 사람과 이관, 노비들이 이미 모두 정주하여 성(盛)하게 되었는데 지금 읍을 옮기게 하시면 영선이 끝이 없습니다. 원컨대 옮기지 말게 하여 백성이 편안히 생활할 수 있게 해주시고 하는 수 없으면 육지로 나가 거처를 옮겨 살도록 도모하여주십시오."라는 기록이다. 이 기사에 의하면 고려 말 왜구를 피해 거창으로 피난 갔던 거제도민이 조선조에 왜구의 침략이 점차 줄어들자 섬 안 수월리에 목책을 세워 거주하다가 병오년인 세종 8년(1448)에 수월리에서 사등으로 관아를 옮기고 축성을 시작하여 무진년인 세종 30년(1448)에 완성한 이후 고현성으로 치소를 이전할 때까지 거제 읍성으로 사용했다고 보인다. 따라서 현재 남은 사등성은 이때 축조된 것으로 추측된다. 1980년 나라의 지원으로 성곽 일부를 복원하고 주위 정화사업을 실시하여 지금까지 관리하고 있다.

해안선을 따라 절이 지어진 이유: 전남 해안 지역의 사찰 건축

1 흥국사: 12세기 말 보조국사가 창건.

2 국사: 국가나 임금의 사표(師表)가 되는 고승(高僧)에게 임금이 내리던 칭호. 중국 북제(北齊)에서는 550년에 법상(法常)이 제왕의 국사가 된 것이 시초이며, 우리나라에서는 고려 시대에 광종(光宗)이 혜거(惠居)대사에게 국사의 칭호를 내린 것이 처음이었다. 국사는 왕사(王師) 위의 최고의 승직으로, 큰 영예였다. 974년(광종 25년)에 혜거가 죽자 뒤를 이어 탄문(坦文)을 제2대 국사로 추대했는데, 이 제도는 조선 초까지 지속되었다.

3 왕사: 불교를 국교화했던 고려 시대에 임금의 스승 역할을 하였던 고승(高僧). 태조 왕건은 '훈요10조'에서도 불교를 왕성하게 할 것을 장려하였다. 그리고 왕사 제도를 처음으로 채택하였다. 왕사를 둔 것은, 왕에게 불교의 가르침을 행하기 위한 것과, 대부분의 백성이 불교를 신앙하였으므로 그들을 정신적으로 지도하는 위치에 있는 고승을 왕의 스승으로 임명함으로써 고려의 숭불적 정치이념을 실현하려는 것이었다.

4 원당 사찰: 왕이나 사대부 등이 여러 가지 기원이나 사후 극락왕생을 위해 스님들에게 위탁하여 염원을 행하는 사찰.

5 북지리: 북지리 마애여래좌상이 있는 수월암에서 남쪽으로 약 1km 떨어진 지점에는 북지2리 지산마을이 있는데 이 마을에서 남쪽으로 약 100m 정도 떨어진 밋밋한 능선 아래에 절터가 있다. 동쪽에 봉화천이 흐르고

915번 지방도가 남북으로 연결된 얕은 야산에
절터는 에워싸여 있는 형국이다.

노래를 읊으며 자연을 바라보다:
전남 가단문학과 정자

1 송순: 본관은 신평(新平), 자는 수초(遂初),
성지(誠之), 호는 기촌(企村) 또는
면앙정(俛仰亭)이다. 조선 중기 문신으로,
구파의 사림으로서 이황 등 신진 사류와
대립했다. 대사헌 등을 거쳐 우참찬에
이르러 기로소에 들어간 후 물러났다.
강호가도(江湖歌道)의 선구자로 시조에
뛰어났다. 담양 구산서원(龜山書院)에
제향되었다. 문집에 «기촌집» «면앙집»이 있고
작품으로 ‹면앙정가(俛仰亭歌)›가 있다.

2 양산보: 조선 시대의 문인이며, 담양 소쇄원의
창건자이다. 1519년 기묘사화 이후 17세의
나이에 고향으로 돌아와 소쇄원을 지었다.
이곳에서 세속과 거리를 멀리하고 성리학에
몰두하였다고 하는데, 학문적 행적은 뚜렷하지
않다. ‹효부(孝賦)›와 ‹애일가(愛日歌)›가
작품으로 전해진다. 소쇄원은 1528년까지
정자 한 채만 있었고 양산보의 말년에
이르러 '원(園)'의 형식을 갖추었다. 별서
원림(別墅園林)을 직접 완성하지는 못한
상태에서 세상을 떠났다. 현재 남은 사적
제304호 담양 소쇄원은 임진왜란 때 불탄 것을
양산보의 손자 양천운(梁千運, 1568~1637)이
1614년에 재건한 것이다.

3 한수정: 1608년(선조 31년) 조선 시대
학자 권래(權來)가 지은 정자이다. 원래 이
자리에는 조선 중기의 문신 권벌이 세운
거연헌(居然軒)이라는 건물이 있었다.

화재로 이 건물이 소실되자 그의 2대손인
권래가 이 건물을 세우고, 이름도 새로
한수정(寒水亭)이라고 고쳐 붙였다.
한수정이란 찬물과 같이 맑은 정신으로
공부를 하는 정자라는 뜻이라고 한다.
권벌(1478~1548)은 본관은 안동, 호는
충재·훤정(萱亭)이며, 시호는 충정(忠定)이다.
중종 때 사람으로 도승지, 예조참판을
거쳐 경상도관찰사·형조참판·한성부판윤
등을 지냈으나 1547년(명종 2년)
양재역벽서사건(良才驛壁書事件)에
연루되어 구례에 유배된 후, 삭주(朔州)에
이배(移配)되어 배소에서 죽었다. 후에
좌의정에 추증되고 봉화의 삼계서원에
배향되었다. 이 건물은 T자형으로 되어
있다. 정면 3간, 측면 2간의 팔작지붕 건물에
직교하여 바닥을 1단 높게 하여 온돌 2간과
사방에 마루를 둔 건물을 붙여 세웠다. 3면을
연못이 둘러싸고, 주위의 울창한 수목이
정자와 잘 어울려 수려한 경관을 만들어내고
있다.

4 김인후: 조선 중기의 문신. 1540년
문과에 합격하고 1543년 홍문관 박사
겸 세자시강원 설서를 역임하여 당시
세자였던 인종을 가르쳤다. 인종이
즉위하여 8개월 만에 사망하고 을사사화가
일어나자 고향으로 돌아가 성리학
연구와 후학 양성에만 정진하였다.
성경(誠敬)의 실천을 학문의 목표로 하고,
이항(李恒)의 이기일물설(理氣一物說)에
반론하여, 이기(理氣)는 혼합(混合)해
있는 것이라고 주장하였다.
천문·지리·의약·산수·율력(律曆)에도
정통하였다. 문묘(文廟)를 비롯하여
장성의 필암서원(筆巖書院), 남원의

노봉서원(露峯書院), 옥과(玉果)의
영귀서원(詠歸書院) 등에 배향되었다. 문집에
«하서전집», 저서에 «주역관상편(周易觀象篇)»
«서명사천도(西銘四天圖)»
«백련초해(百聯抄解)» 등이 있다. 매년 4월에
선생을 기리는 춘향제(春享祭)가, 9월에는
추향제(秋享祭)가 필암서원에서 열린다.

5 명옥헌: 조선 중기 오희도(吳希道,
1583~1623)가 자연을 벗삼아 살던 곳으로
그의 아들 오이정(吳以井, 1574~1615)이
명옥헌을 짓고 건물 앞뒤에 네모난 연못을
파고 주위에 꽃나무를 심어 정원을 아름답게
가꾸었다. 명옥헌은 정면 3간, 측면 2간의
아담한 정자다. 교육을 하기 좋은 형태로
건물이 지어졌다. 건물을 오른쪽으로 끼고
돌아 개울을 타고 오르면 바위 벽면에
'명옥헌계축(鳴玉軒癸丑)'이라는 글씨가
새겨져 있다. 건물 뒤 연못 주위에는
배롱나무가 있으며 오른편에 소나무 군락이
있다. 명옥헌 뒤에는 이 지방의 이름난
선비들을 제사지내던 도장사(道藏祠)의 터가
남아 있다. 우리나라의 옛 연못이 모두 원형이
아닌 네모 형태를 한 것은 땅이 네모지다고
여긴 선조들의 생각에서 비롯되었다. 또한
계곡의 물을 받아 연못을 꾸미고 주변을
조성한 솜씨가 자연을 거스르지 않고 그대로
담아낸 옛 사람들의 마음을 반영하였다.
물소리가 구슬이 부딪혀 나는 소리 같다고
해서 명옥헌이라고 하였다. 건물에는 '명옥헌
계축'이라는 현판과 더불어 '삼고(三顧)'라는
편액이 걸려 있다. 명옥헌 오른편에는 후산리
은행나무 또는 인조대왕 계마행(繫馬杏)이라
불리는 은행나무가 있다. 300년 이상 된
노거수로 인조가 왕이 되기 전에 전국을
돌아보다가 오희도를 찾아 이곳에 왔을

때 타고 온 말을 매어 둔 곳이라 이 이름이
붙었다고 한다. 2009년 9월 18일 명승
제58호로 지정되었다.

6 환벽당: 광주 북구 광주호 상류 창계천
가 충효동 쪽 언덕 위에 있는 정자. 나주
목사를 지낸 김윤제(金允悌, 1501~1572)가
낙향해서 세우고 후세 교육에 힘쓰던
곳이다. 정면 3간, 측면 2간의 팔작지붕
목조와가(瓦家)이며, 당호는 신잠(申潛)이
지었다. 송시열이 쓴 제액이 걸려 있고,
임억령(林億齡)·조자이(趙子以)의 시가
현판으로 걸려 있다.

7 송강정: 서인에 속했던 정철은 1584년(선조
17년) 대사헌이 되었으나, 당쟁의 소용돌이
속에서 동인의 탄핵을 받아 다음 해
대사헌에서 물러났다. 그 후 창평으로 돌아와
4년 동안 조용히 은거했다. 그곳에 초막을 짓고
살았는데 당시는 초막을 죽록정(竹綠亭)이라
불렀다. 지금의 정자는 1770년 후손들이
그를 기리기 위해 세운 것으로, 그때 이름을
송강정이라 붙었다. 정철은 이곳에 머물면서
식영정(息影亭)을 왕래하며 ‹사미인곡›과
‹속미인곡›을 비롯하여 많은 시가와 가사를
지었다. 송강정은 동남향이며 정면 3간,
측면 3간의 단층 팔작지붕 기와집이다.
중재실(中齋室)이 있는 구조로, 전면과 양쪽이
마루이고 가운데 칸에 방을 배치하였다.
정각 바로 옆에 1955년에 건립한 ‹사미인곡›
시비가 있으며, 현재의 건물 역시 그때 중수한
것이다. 정자 정면에 ‘송강정(松江亭)’이라고
새겨진 편액이 있고, 측면 처마 밑에
‘죽록정(竹綠亭)’이라는 편액이 있다. 둘레에는
노송과 참대가 무성하고 앞에는 평야가 펼쳐
있으며, 멀리 무등산이 바라보인다. 정자
앞으로 흐르는 증암천(甑岩川)은 송강(松江)

또는 죽록천이라고도 한다.

8 월경지(越境地): 특정 국가나 특정 행정구역에
　 속하면서 본토와는 떨어져, 주위를 다른
　 나라나 행정구역 등에 둘러싸여 격리된
　 곳을 말한다. 월경지 외에 비지(飛地),
　 비입지(飛入地), 포령(包領) 등의 용어도
　 쓰인다.

9 윤두서: 조선 후기의 선비 화가. 시서화에 두루
　 능했고 유학에도 밝았다. 조선 중기의 화풍을
　 바탕으로 한 그림을 주로 그렸지만, 특히
　 인물화와 말 그림은 예리한 관찰력과 묘사력을
　 보여준다. 대표작으로는 현재 그의 종손가에
　 소장되어 있는 자화상(국보 240호)이 있다.

넉넉한 경치, 풍요로운 문화:
충남 해안 지역의 건축

1 맹사성: 조선 초의 재상. 여러 벼슬을 거쳐
　 세종 때 이조판서로 예문관 대제학을
　 겸하였고 우의정에 올랐다. 태종실록을 감수,
　 좌의정이 되고 《팔도지리지》를 찬진하였다.
　 조선 전기의 문화 창달에 크게 기여하였다.
　 최영(1316~1388): 고려의 명장, 충신. 1359년
　 홍건적이 서경을 함락하자 이방실 등과 함께
　 이를 물리쳤다. 1361년에도 홍건적이 창궐하여
　 개경까지 점령하자 이를 격퇴하여 전리판서에
　 올랐다. 이후에도 흥왕사의 변, 제주 호목의
　 난을 진압했으며 1376년 왜구가 삼남지방을
　 휩쓸자 홍산에서 적을 대파했다. 1388년
　 명나라의 철령위 설치로 요동 정벌을 계획하고
　 출정했으나 이성계의 위화도 회군으로
　 좌절되었다.

2 김정희: 조선 후기의 서화가·문신·문인·
　 금석학자. 1819년(순조 19년) 문과에 급제하여
　 성균관 대사성, 이조참판 등을 역임하였다.
　 학문에서는 실사구시를 주장하였고,
　 서예에서는 독특한 추사체를 대성시켰으며,
　 특히 예서·행서에 새 경지를 이룩하였다.

3 성석용: 고려 말 조선 초의 문신이다. 고려
　 우왕 때 대언·지신사·밀직부사·밀직제학 등을
　 역임하였다. 조선 건국 후에는 원종 공신에
　 책록되었으며 대사헌·개성유후·예문각 대제학
　 등을 지냈다. 글씨를 잘 썼으며, 말수가 적고
　 직책에 성실하였다고 한다.

4 정주학: 유학의 한 갈래. 그 이전에는 심화,
　 분류되거나 체계화까지는 이르지 못했던
　 유학은 송나라 때 정호(程顥), 정이(程頤),
　 주희(朱熹:朱子) 등에 와서 집대성되었다. 북송
　 때 인물인 정호는 천리를 논하였고 아우였던
　 정이는 '성즉리(性卽理)'의 학설을 제시했다.
　 그 외에 여러 학자들이 학설을 편 것을 남송
　 때 주희가 집대성하고 정리해서 철학 체계를
　 세웠다. 성리학, 주자학이라고도 한다.

5 일엽: 출가하기 전 속세에서 신여성으로,
　 문필가로 이름을 날린 인물이다. 성이 김씨요,
　 본명은 원주였는데 이화학당에서 공부하고
　 일본에서 수학하였으며 화가 나혜석과 함께
　 대담한 행동과 문필로 여성의 사회 활동을
　 일깨운 선구자였다. 1920년에 문학 활동을
　 시작해 문예지 《폐허》 동인으로 참가하고
　 우리나라 최초의 여성 잡지인 《신여자》를
　 간행하였다. 1962년에 나온 수상록 《청춘을
　 불사르고》가 많이 알려졌다. 20세 이전까지는
　 기독교 신자였으나 1933년 수덕사에 입산하여
　 만공의 제자가 되었다.

6 나혜석: 한국 최초의 여성 서양화가.
　 조선미술전람회에 제1회부터 제5회까지
　 입선하였고, 1921년 3월 경성일보사 건물 안
　 내청각에서 한국 여성화가 최초의 개인전을

가졌다. 소설가로도 활약하였다.

7 예산 사면불: 1983년 충청남도 예산군
봉산면 화전리에서 발견된 것으로 돌기둥
4면에 불상이 새겨져 있는 백제 시대 유일의
사면불이다. 사면불은 일명 '사방불'이라고도
하는데, 동서남북의 방위에 따라 사방 정토에
군림하는 신앙의 대상인 약사불, 아미타불,
석가불, 미륵불을 뜻한다. 남면에는 본존불로
생각되는 여래좌상이 있고, 나머지 면에는
여래입상이 각각 1구씩 새겨져 있다. 머리
부분은 많이 훼손된 채 서향과 북향만이
남아있고, 따로 끼울 수 있도록 된 손은 모두
없어졌다. 4구의 불상은 모두 양 어깨에
옷을 걸치고 있으며 가슴부분에 띠매듭이
보인다. 옷주름이 매우 깊고 가슴아래에서
U자형으로 겹쳐 있다. 머리 광배는 원형으로
불꽃무늬·연꽃무늬가 새겨져 있는데 이는
백제 특유의 양식이다. 우리나라 최초의 석조
사방불로서 서산 마애삼존불과 비교할 수
있어 백제미술사와 불교사 연구에 매우 귀중한
작품이다.

역사는 지형과 건축으로 남는다:
강화도의 간척 사업

1 나성: 성의 영지를 가장 외곽으로 둘러싼 성.
내성과 외성을 포함하는 가장 넓은 범위의
성역을 둘러친 성을 말한다.

보론. 옛 사람들의 자연관:
옛 산수화와 원림

1 〈비장전 변상도〉: 중국 북송 태종이 지은
《어제비장전》에 삽입 그림 형식으로
들어간 변상도를 말한다. 변상도는 불교의
경전 내용을 보통 사람들이 알기 쉽도록
설명해서 그린 그림이다. 《어제비장전》은
불교시집이라고 볼 수 있는데, 불교의
약 1,000수의 오언시로 읊은 것이다.
우리나라에는 고려 시대에 들어와 간행되었다.